中原工学院学术专著出版基金资助

全国高校思政课教学科研团队择优支持计划资助

中国思想文化概览

柳素平　杜维霞　著

中国社会科学出版社

图书在版编目（CIP）数据

中国思想文化概览/柳素平，杜维霞著. —北京：中国社会科学出版社，2016.5

ISBN 978 - 7 - 5161 - 7746 - 4

Ⅰ.①中…　Ⅱ.①柳…②杜…　Ⅲ.①思想史—研究—中国②文化史—研究—中国　Ⅳ.①B2②K203

中国版本图书馆 CIP 数据核字（2016）第 045765 号

出 版 人	赵剑英
选题策划	刘　艳
责任编辑	刘　艳
责任校对	陈　晨
责任印制	戴　宽

出　　版	中国社会科学出版社
社　　址	北京鼓楼西大街甲 158 号
邮　　编	100720
网　　址	http://www.csspw.cn
发 行 部	010 - 84083685
门 市 部	010 - 84029450
经　　销	新华书店及其他书店

印　　刷	北京君升印刷有限公司
装　　订	廊坊市广阳区广增装订厂
版　　次	2016 年 5 月第 1 版
印　　次	2016 年 5 月第 1 次印刷

开　　本	710×1000　1/16
印　　张	20
插　　页	2
字　　数	322 千字
定　　价	72.00 元

自　序

中国传统文化博大精深，其内核——思想与价值理念无处不闪耀着熠熠之辉，一部中国文化史实际上是一部上层知识精英的思想流变史。中国传统社会，知识分子是思想的掌握者和践履者，上层知识精英的思想是思想世界的精华，这些精华一旦进入社会，不仅支配着政治，而且也实实在在地支配着生活，其中那些具有普遍性、开放性、哲理性、典型性的思想理念，在历代立足现实的思想家和阐释者那里，不断地被具体化或者解构重建，经过各层人民的实践，逐渐沉淀为中国文化的内核。这是因为，古代"学而优则仕"的思想和教育、考试、做官三位一体的制度，使得中国知识分子们达则为官一方，以自己的学识、思想理念治理一方百姓；穷则退居一隅，或教书育人，或自修独善，以自身的修养、价值观念影响教化乡里，故而，精英思想的信奉者不仅在知识阶层，它也上达达官贵人，下至平民百姓，在实践中不断得到升华。

自 2006 年武汉大学专门史博士毕业以来，我一直给中原工学院专门史专业研究生讲授中国思想文化史课程，在教学与研究的过程中，发现众多版本的参考书，要么偏重思想史，要么偏重文化史，也有的偏重单一一种思想观念的发展史，有的是思想学说史，或者思想家的学术传记史，几乎没有一部将思想史和文化史结合在一起撰写的。目前首次打通也是唯一打通思想史和文化史的成果是张岂之先生主编的《中国思想文化史》，该书自 2006 年出版以来，一版再版，受到思想文化史研究者和爱好者的喜爱。但该书以专题的形式进行撰写，知识性、学术性很强，而对于历代思想文化间的内在联系、发展机制的研究却有所局限。因而我在讲授的过程中，自编讲义，注重"三个打破"：一是打破思想史、文化史分别研究的状况，将思想史与文化史结合起来，既凸显中国思想史发展的脉络，又体现出各个时期大文化现象的生成机制和发展演变的内在联系。二是打破断代史的局限，贯通整个中国古代史、近现代史，便于给学生讲解整个中国思想文化史的演变动态。三是打破以往思想史单纯以思想家及其思想为内容的写法，而着眼于中国思想史整体发展变化趋势。这本讲义年年更新、完善，形成了比较完整、系统的积累。在此基础上，《中国思想文化概览》的写作欲望与日俱增，自2014年开始动笔撰写。

因我的研究领域在中国传统思想文化方面，近现代思想文化的发展理路非我强项。杜维霞博士毕业于华中师范大学，近年来也多次给学生讲授近代思想文化，对这方面有较深的见解和研究，因而本书的下篇——近代思想文化，由杜维霞博士撰写。我们俩通力合作，终成24万字的定稿《中国思想文化概览》，上编由我负责校对，下编杜博士负责核对，三校后，我负责定稿。

呈现在大家面前的这本《中国思想文化概览》，着眼于从思想角度看中国文化，探讨中国思想文化发展演变的内在规律，既分析同一时代内部思想文化的产生及其联系，又探析不同时代间思想文化演变的逻辑行程。本论著的特色，在于突破前人以各个思想家之思想的历史来研究思想文化史的局限，从社会、朝代层面，宏观把握每一个时代思想文化的概况及诸思想因子的内在联系，进而探研整个中国思想文化的生成机制和发展演变规律。本书从先秦起，下限至中华人民共和国的诞生，旨在宏观把握整个中国思想文化发展的动态性，而不局限于点和面的研究，更有线的发展探讨。本书还在每章最后列出一些相关的历史典籍或阅读书目，可供读者进一步了解每个时期的思想文化参考使用。

我的硕士、博士阶段，分别受业于李振宏、冯天瑜两位恩师，学术理路、见解思想多宗两位恩师，书中的许多看法不仅有来自他们论著的，也有来自读书时笔记心得的，无论是专门在脚注说明的，还是没标明具体出处的。在这里皆一并致谢，感谢恩师给我的教诲，传给我观点、理路、方法。还要感谢中国社会科学出版社的编辑们，为本书认真地校对，指出了许多错漏之处。

学历有欠，资历不深，本书难免有挂一漏万之错，更会有鲁鱼亥豕之误，期待方家绳愆纠谬，不胜感怀！

是为序。

柳素平

于郑州书香名邸陋舍

2015 年 11 月 2 日

目　录

下　篇

绪　论

一　文化、文化史和思想文化史

文化的实质性含义是"人类化"，人类超越本能、有意识地作用于自然界和社会的一切活动及其产品，都属于广义的文化。文化分为技术体系和价值体系。前者指物质成果，后者指物质成果中所包含的人类主观精神、价值、审美理念方面的内涵。文化的这两个层面——技术体系和价值体系，是相辅相成的，二者共同组成文化。比如一种文物，"文＋物"才能构成"文物"，单从"物"的角度看并没有什么意义，"物"中所反映的历史时代人们的观念、思想、审美才使之有了意义，物体和意义一起就成了文物。

价值体系就是狭义的文化，即观念形态文化，也叫精神文化，包括人们的价值取向、审美观念、思维方法、行为模式等。其中最重要的内容就是人们的思想，思想是观念文化的重要组成部分。马克思说过："历史从哪里开始，思想进程也应当从哪里开始"[1]，人类思想的历史发展历程，是与整个人类历史、与整个人类观念文化的历史相始终的。就历史文化意义上的思想而言，它是上升到社会层面的一种系统的、成体系的意识，而非单个人的随心所想，不是个案的、松散的，而是用来让人们共享并为其认知的；它是上层精英文化的基本架构，又是下层民间文化的一种反映或投射。它以文字、符号、图画为载体，在历史中传承着人们的价值取向、审美观念、思维方式，从这一点看，思想既是社会一定阶段政治和经济的反映，又是精神文化的内涵，承载着对文化的

---

[1]　《马克思恩格斯选集》第二卷，人民出版社 1995 年版，第 43 页。

记载。

文化史是以研究观念为内核的历史,附之以各代的文化政策、文化传承、主流文化的脉络走向等种种发生在历史中的文化表现,探究文化运动中的发展规律。如果说思想史是借助先代遗存的哲思文献直接把握观念的历史进程,那么文化史则是以这些观念性材料为依托,着眼于诸观念层面的综合考察,通过对物化的精神和精神的物化双向探求,了解族群、国家、民族的文化性格生成机制、基本特色和发展走势。文化史尤关注于人类创造文化时的主体意识,即思想观念价值的历史,因此可以说,文化史的研究内容大于思想史,思想史是文化史的内核组成部分。

思想文化史就是以思想史为主要内容的文化史,研究对象是历史上各个社会文化发展阶段的社会思潮、人们的信仰、主要学派及其内在联系,将之放在各代的文化政策下,通过探研每一代发生的重要文化现象和思想演变的规律,来廓清整个思想文化发展演变的历史。它既是一部思想史,也是一部文化史;既研究思想的发展脉络,又探求文化的演变规律;既要研究思想文化的历史,还要研究历史中的思想文化,是以思想史为主要内核和线索的文化史。

中国思想文化素以浩如烟海的文献典籍和从未中断的传统闻名于世,不论是先秦百家学、汉代经学、魏晋玄学,还是宋明理学、清代朴学、近代新学,都以鸿儒硕学各领风骚,这是中国思想文化的主力和精粹,由这些学人提炼的思想或制度,具有系统性、主导性和稳定性,是谓主流文化或大传统;然而普通民众在生活方式、情感行为、文化心理和风俗习惯中所表现的种种形态和文化意识,因为自发性、多样性和易变性,又与主流文化或大传统有一定的间距,成为非主流文化或小传统。① 无论是主流思想文化传统,还是小传统,都是思想文化史所研究的内容。

二 思想与学术、哲学

顾名思义,思想文化史涉及的中心命题是"思想"与"文化",在

---

① 刘志琴:《悠悠古今》,广西人民出版社1999年版,第279页。

当代，无论是中国学术界，还是西方人文社会科学领域，最纠缠不清的应该就是"思想"与"文化"了。但是作为一门学科，定义其范围是避免不了的。有一种界定很简单，也很能说明问题，有人将"思想文化史"与英文的"intellectual history"对译，"intellectual"即智力的、思维的，也即有关人们认识世界的能力与方法。从这一角度更细地划分思想文化史应包括三个层面：一是人对自然环境、物质条件的认知与适应；二是人对人类社会生活、组织、制度的改造与适应；三是人对已知或未知世界的想象、信仰和崇拜，也包括人对自身的经验、知识和思想的反思反省。前两者是人们对物质层面和制度层面的理解和认识，很容易界定，第三层即抽象的意识层面的东西，涉及思想与学术、与哲学关系的问题，下面我们试展开论述。

1. 思想与学术

既然思想有承载文化的作用，那么思想就具有知识性的特征，和研究知识与学问的学术就有着一定的联系。学，即学说、学问；术，即方法。张立文先生认为，"学术在传统意义上是学说和方法，在现代意义上一般是指人文社会科学领域内诸多知识系统和方法系统，以及自然科学领域中科学学说和方法论"①。

中国学术史直面已有的哲学家、思想家、学问家、科学家、宗教学家、文学家、史学家、经济学家等已存在的学说和方法系统，并借其文本和成果，通过考镜源流、分源别派，历史地呈现其学术延续的脉络和趋势，这便是中国学术史。各个时期具有学术创新性的诸多学问家的学术宗旨、治学思路、方法、范围和成就，其源流、派别、学术事件及活动的记录，汇聚成各个时期的学术思潮及其演变的总和，就是学术史研究的对象。张立文先生主编的《中国学术通史》（人民出版社 2004 年版），以 300 万字、6 卷本的宏著，自先秦始，经秦汉、魏晋南北朝、隋唐、宋元明，直至清代，不仅系统地把中国传统学术中的经学、子学、史学、文学等各类学问做了通盘考察，而且还对中国历史上的自然科学学说及其方法论做了深入阐综，足见学术史所涉及内容的宏大。

① 教育部社科司：《第四届中国高校人文社会科学研究优秀成果奖获奖成果简介》，高等教育出版社 2007 年版，第 107 页。

"思想是指人对于宇宙（可能世界）、社会（生存世界）、人生（意义世界）的事件、生活、行为所思所想的描述和解释体系。"① 中国思想史就是研究历史上各个社会文化发展阶段对宇宙、人生和社会思考体系的发展变化，包括各个历史时期的社会思潮、人们的信仰、主要学派及其内在联系，从而来廓清中国思想发展演变的历史。因此，思想史也可以说是学术史研究的一个范畴。

2. 思想与哲学

思想是宽泛的，它关注民生，关注国家政治和民族命运，关注人的生存状态；哲学是理性的、重思辨的，关注的是现实世界外的存在哲思，着眼于形而上的层面，与人们的现实世界关系不大。思想思考的是事物的本身，而哲学则是反思思想所有的概念和逻辑，强调对心性、本体、思维的反思与整体把握。思想求实，求效；哲学求真，求思辨。哲学是一种系统的思想，是思辨的智慧，是思想的精华部分。所有的哲学都可以称为思想，但不是所有的思想都能称为哲学，只有那些系统的、精密的、富有思辨的思想才是哲学。

在中国学术界，思想与哲学一直存在着畛域不清的问题。20 世纪上半期的中国思想史大家如冯友兰、胡适、任继愈、杨荣国、李锦全等，将中国思想史称为哲学史。严谨地说，这是不准确的，中国历史上能称为哲学家的思想家并不多。中国思想家较多关注治国、学问、伦理问题，很少对大自然、对终极世界有抽象的思考。如孔子、墨子、孟子、荀子的思想无非是对治国、为君、修身、伦理等人类生存问题的现实关怀，他们中固然有对天道、自然、神鬼未来世界的论说，但往往以服务现实为宗旨，缺乏抽象的思辨的缜密之论。战国时名家、道家思想倒是有一种思辨的哲学意味，如"道可道，非常道，名可名，非常名"、"白马非马"等论，确实蕴含着无法言尽的思辨，但遗憾的是，前者的发展陷入了诡辩的旋涡，后者的前途迷恋于鬼神斋醮，最终都没有发展成为一种真正意义上的哲学。真正的哲学在西方，像苏格拉底、柏拉图，很早就关注形而上的抽象东西，"人为什么不能同时踏进同一条河流"这在古希腊时期就被哲学家们思考，中国的思想家则不会理

---

① 张立文：《中国学术的界说、演替和创新》，《中国人民大学学报》2004 年第 1 期。

睬这种无关痛痒、不涉温饱的东西，所以严格地说，中国至宋代一直没有真正的哲学。程朱理学的最大特色，就是用一套思辨的唯心哲理修正了孔子学说那种缺乏哲理抽象的朴素的政论形态，因此可以称为哲学。一句"格物致知"就充满了神秘纯粹的思辨色彩。所以，20世纪初的先辈们，将中国一切思想家及其思想的历史，都统之为哲学史，是值得推敲的。

事实上，真正的哲学著作是很难读懂的，如康德哲学、海德格尔哲学、萨特哲学，对于海德格尔来说，此在的存在不是他思考的对象，他的《存在与时间》无关人生与社会问题，而是本原的问题，读起来深奥难解。像牟宗三这样的思想大家读起这种哲学来，还直呼"的确难读，无谓的纠缠绞绕令人生厌"，"实无兴趣读完"①。但是中国的思想著作就不是这样，《论语》《孟子》《荀子》这些先秦著作，在今天读来仍朗朗上口，"有朋自远方来，不亦乐乎"，"仰不愧于天，俯不怍于人"，这种句子连小学生都能读懂，即使一个普通人也能从这些经典中找到解决人生问题的答案。中国思想经典和西方哲学经典着实存在着不同。

还需提到的是，有一种广义的哲学，如我们常说的"某某哲学"，如艺术哲学、宗教哲学、历史哲学、人生哲学等，这时我们意指的是一类源自我们思考某某事物时的想法。这些想法必定是哲学的，它们一定具有普遍意义和必然性，而各种想法、观念意外地联系起来不是哲学。

三 中国传统思想文化的特质

中国思想文化是百家之学的总汇，学派纷呈，丰富多彩，它们对中华民族的发展都有贡献。从中国思想文化史的演变来看，不同学派间有理论论争，显示出各自的特色，但更重要的是，它们相互间又有融合，在融合中表现出创新与发展，由此塑造出的中国传统思想文化并非保守型的，而是开创型的。中国思想文化史与西方哲学一向不同，西方哲学注重以纯理性的态度解释世界，以信仰上帝的态度看待人生，中国思想

---

① 牟宗三：《智的直觉与中国哲学》，台北商务印书馆2000年版，第367页。

文化史总的来说缺乏认识论和有神论，其特质主要表现为以下几个方面：

1. 重伦理、重治国、天人合一的思维模式

伦理、治国、天人合一，这些实际上是人们对价值世界和现实世界关系的认知，中国传统思想文化的这一特质，可以通过中西方对二者关系不同看法的比较分析得出。

古代中西方对这两个世界关系的认识差异相当大。西方人认为价值世界和现实世界是泾渭分明的，人格化的上帝是至善至美的化身，天国是理想世界、人生最后归宿地。用上帝和天国反观现实的人与世界，现实的人和世界及其活动都没有独立价值，均是取悦上帝、回到上帝身边的手段。人与现实世界都是有缺陷的，因而是恶的存在，人的使命就是超越自身，皈依上帝。因此在文艺复兴前，西方的思想是以上帝为中心的，而为尘世世界服务的政治思想、伦理思想都是上帝的奴婢。这一点决定了西方中世纪伦理、政治思想没有什么地位，人们也不重视它们，至少相对于宗教思想是如此。神学思想一直处于西方思想界的统治地位。

正因为在处理价值世界、现实世界关系上，西方坚持对立观点，并以上帝为中心，与之相应，宗教神学发达，教会地位崇高，换言之，尘世的政治、伦理思想衰落不振。有些人把西方政治、伦理思想不发达的原因归为科学思想的发达，这显然偏离了西方思想的大背景。实际上，同政治、伦理思想一样，西方古代科学也没有地位，也是宗教的奴婢，否则布鲁诺就不会被烧死，苏格拉底也不会被判处死刑。

相对于西方，中国思想文化中价值世界和现实世界是交织在一起的。中国先贤们认为，天是道德观念和原则的本原，人心中天生具有道德原则，这种天人合一乃是一种自然的又非自觉的合一。但由于人类后天受到各种名利、欲望的蒙蔽，不能发现自己心中的道德原则。后天的人类必须修行，其目的便是去除外界欲望的蒙蔽，"求其放心"，达到一种自觉履行道德原则的境界。到此之前，天与人的关系看法，中西是一致的，即"天人合一"，但二者异在以什么为中心方面。与西方以神为本的观点相反，中国天人合一中，人则处于中心地位。正因如此，中国古代思想自始至终都重人事，围绕人与人的关系——伦理展开思考。

而处理好人事、伦理是治国的关键，那么治国思想也理所当然地成为思想家关注的重心。这就是中国思想文化中重人事、重治国思想、天人合一的特质。

正是因为西方文化对于源头的执着追求，才有了价值世界和现实世界的分离，形成一个独立于人类世界的神界，让人类无条件地遵守；而中国文化只限于对超越源头的价值世界的肯定，没有去深究，中国的价值世界是模糊的、不清晰的，只是为了给人类一个稳定的秩序而设定的终极依据，其目的是为人类世界服务，随着人类世界的复杂变化，天的世界解释也不断发生变化，因而两种世界始终是交织在一起、相互交涉的，"天人合一"成为中国思想家们考虑处理人事、政事的重要思维模式。

中国思想文化重人事、重治国思想、天人合一思维模式的这一特质，在中国思想文化史上贯穿始终。翻开中国先哲们的著作，从先秦的百家争鸣，到清代的经世实学，无一不体现了两个中心：一是怎样处理人际关系。从孝敬父母、善待朋友到忠君爱民，中国人有一整套成熟的理论体系。厚厚的"三礼"（《周礼》《仪礼》《礼记》）细密地规范了人们的日常伦际行为，完善的礼文化是中国思想伦理性的极致表现。二是关于治国方面的。中国的知识分子——士，产生于政治复杂、征战频繁的战国时期，他们的理想就是实现国家统一、富国强民，实现自己辅佐君王治理国家的抱负。因此，从他们成为社会的一个阶层开始，就有着积极入世、以天下为己任的历史使命感和忧患意识。思想家作为知识分子的一部分，有着知识分子的共性，他们的著述也因此多体现如何治国、如何从政的政治思想。《诗经》《尚书》《周易》《周礼》《仪礼》《礼记》《左传》《公羊传》《穀梁传》《孝经》《孟子》《论语》《尔雅》十三经，无非就是人伦与政事的读本，而其他书籍大多围绕十三经而著。

2. 重经学形式

中国传统思想文化史上，最经久不衰的就是儒学思想，一部儒学思想的历史，其实就是经学的历史。自从孔子开创儒学先河以后，他的思想、话语包括他之后的孟子的思想、著作都成为后世的经典，历经两汉、魏晋、隋唐、宋元、明清，绵延流传达两千多年之久，从两汉的独尊儒术、解经注经，到隋唐的五经正义，再到宋代的四书集注，乃至明代的五经四书大全，中国思想的大传统、主流文化都是围绕儒家经典展开，绵延成一部经学史的。从五经到四书，科举考试内容对儒学经典的锁定，使得中国一代代士人将经学思想烂熟于心并不断传递，孔子"学而优则仕"的思想通过与这一科举制度的完美结合，将历代士人的视线牢牢地定格在经学上，而他们的思想也深深地打上了经学的烙印。

中国思想文化重经学形式的特点，也成为中国文化绵延不绝、从未中断的重要原因。相反，西方古希腊、古罗马哲学只有复兴没有经学，因而它们的文化中断了。但这并不是说西方的现代思想和其古代传统脱离了关系。即柏拉图的思想为后世西方哲学家的思想、思维奠定了基本模式，他们研究思考的根本的人生问题，都离不开柏拉图确立的基本范畴和所提出的命题。世界各大文化都是如此，它们虽有变迁，但其价值的中心部分，至今仍充满活力。正如西方哲学史是柏拉图的注脚但也有发展创造一样，中国思想文化虽重视经学形式，强调代圣立言，但也不断创新，将之发扬光大。如先秦子学、两汉经学、魏晋玄学、宋明理学、清代朴学，其间的创造发展、变化是显而易见的。

在今天，正确评价经学的理论价值及其现代价值，有一点要予以注意，就是不能简单套用西方观点。中国、西方古代对两个世界的关系理解不同，因之其价值体系中现实世界和人的价值也各异。西方的基督教神学和中世纪经院哲学中，其以神为中心的基本理论框架和价值模式必须抛弃、砸碎，才能促进以人为中心的现代人文精神的产生、兴起和发展。但中国不能和西方一样，必须砸碎经学，才能奠定现代人文思想。中国的经学，始终都以人为中心，这是经学的价值核心，也是经学的精华所在，这一精华不论何时都不能抛弃，也抛弃不了，正是此精华成就了中国经学两千余年生命不衰，其以人为中心的价值核心，至今依然有其存在的理由。

3. 注重取验务实的理性思维

中国思想文化中的理性思维，不脱离现实社会的内心超越，形成中国思想取验务实、注重实践的思维模式，成为中国思想文化的主流精神。这一精神使得思想家们的思维大部分驻足于实用、功利上，排斥那种玄妙的、神秘的迷信思想，也使得中国思想界乃至普通人的生活中始终没有形成全民族性的宗教狂潮。中国是个无宗教的国度，其根本原因正在于此。在传统思想文化中，不论是儒家还是墨家、法家，都有这么一种重实际、除玄思的致思趋向。孔子的无神论思想表现在他对鬼神敬而远之的态度上，他很少谈论"怪、力、乱、神"。当他的弟子问他人死后是否有知，孔子的回答不在于有没有的问题，而在于以何种方式回答能够对现实生活产生积极的影响。他既不说有，因为怕孝子"以生事死"；又不说无，怕子孙对父母"弃之不葬"。他的回答很巧妙，说"等你死后自己去实践吧"，用一种现实主义的态度来对待鬼神问题。墨子的"三表法"，即本之者、原之者、用之者，就是说从历史经验、人民实践、现实人们的利益出发来验证对与错。这种重视实践的思维，渐次沉淀为一种习惯和精神，使思想家在研究学问时，人们在日常思考中，往往围绕现实生活去发问。"苹果为什么会掉在地上"的古怪想法不可能在中国思想家那里产生。章太炎先生在总结这种务实的思维方式时说："国民常性，所察在政事日用，所务在工商耕稼，志尽于有生，语绝于无验。"① 这种务实思维成为中华民族兴旺发达、务实求用、脚踏实地的源泉，中国思想家们入世的思想始终压倒出世思想，实用精神始终压倒玄思，将生命的永恒注入历史的长河中。

4. 隐晦、折中的语言表达方式

《老子》第一章说："道可道，非常道，名可名，非常名。"这句话的意思是说：真正的道是不可言的，如果说出来了就不是道了。正如"言"一样，一旦达到目的，就应该被忘记。《庄子》也有"筌者所以在鱼，得鱼而忘筌，蹄者所以在兔，得兔而忘蹄。言者所以在意，得意而忘言"②。《论语》每一章寥寥数语，而且上下章之间没有任何关系，独立成篇。中国思想这种隐晦、折中的语言表达，深深地影响了中国人的思维。中国人说自己哪一点不好，千万不要认为的确不好，若是附和说就是不好，那就要得罪人家了。这种隐晦的表达方式，莫说在西方人那里，就是在受西方人影响的香港人那里也很难理解。记得一次和香港的

---

① 章太炎：《驳建立孔教议》，见汤志钧编《章太炎政论选集》（下），中华书局1977年版，第689页。

② 《庄子·外物》。

一个朋友碰巧在同一个城市小住几日，一次分别时，笔者随口说句"有空来玩儿"，她立刻就认真地问："玩儿？玩什么？"笔者竟一时语塞，只好说，比如聊天、喝咖啡、谈诗论道等，果然两天后她就来找笔者"玩儿"了。中国思想的这种富于暗示的特点与中国艺术、诗歌的理想是一脉相通的。比如诗歌，一首好诗应该是"言有尽而意无穷"，诗人所表达的或传达的往往不是诗中直接说的，而是诗中没有说的，即诗的言外之意。一幅好画也是如此，西洋画讲究写实，中国画务虚，要求意境深远，一只燕子加上另一只燕子的翅膀或者尾巴，就表示一群燕子。所以中国思想明晰不足，暗示无穷，充满诗情画意，这也是中国哲学较西方哲学更充满诗意的原因所在。

当然，中国古代的这种思想模式也不是没有缺陷的，就像西方哲学没有诗意一样，中国哲学固然境界甚高，内涵深刻，但思想表达不清晰，缺乏西方哲学以现代实验科学为依据的方法，更鲜有现代实验科学发展的新成果。同时还缺少西方哲学所拥有的必要的逻辑分析，其哲学言论多前后重复矛盾，从中国哲人的著述就可以看出这些不足。以《论语·泰伯》篇中"民可使由之不可使知之"一句为例，简单的语言，隐晦的表达方式，却包含着深刻的内涵，以至于历代人看待这句话，持有多种不同的见解。赵又春所著的《论语名家注读辩误》曾分析过这句话，文中说：

　　康有为标点为："民可，使由之；（民）不可，使知之。"牛泽群先生在其《论语札记》中，游戏式地标点出九种花样来，仅从字面看，每一种都可以成立。但一般还是采用以上句读，杨伯峻的翻译则代表了一般的理解："老百姓，可以使他们照着我们的道路走去，不可以使他们知道那是为什么。"……李泽厚先生也是作这种解释，但是又为孔子作辩护……

　　台湾出版的《孔孟月刊》第 398 期（1995 年 10 月号）上发表的、谭承耕先生的《孔子提倡愚民政策吗？》一文，对这一章作了全新的解说。①

---

　　①　赵又春：《论语名家注读辩误》，岳麓书社 2012 年版，第 153—154 页。

　　由此可以看出，由于语言隐晦、表达含糊，造成了多种翻译标准，让人很难弄清到底哪一个是圣人的真正内涵。经典著作尚如此，其他思想史论著更不用说。

　　之所以这样，是因为中国传统学术是从人事入手的，掺杂着人的主观臆断，容易造成物类不分的缺陷，缺乏层次感，故而使得中国思想文化语言隐晦、折中。

四　思想的作用及对待之态度

　　思想的作用概之有二：

　　一是对社会的作用。"五四"时期的先哲们提倡以思想、文化变更的方式来解决社会问题，原因是人的思想如果改变了，行为方式就改变了，然后其他社会问题就会随着人们思维方式的改变而解决，这固然有将思想对社会的作用简单化的一面，但也道出了思想在人们主观能动性中所起的作用。实际上，社会变革，往往从经济的变革开始，然后是政治上的，思想的变动则是滞后的，但也是最彻底的，一旦思想界发生解放运动，人的思维活跃起来，创新创造就会不断被激发，社会整体性变革就能全面展开。一部中国近现代史就是这一过程的展示：鸦片战争后，中国人看到自己落后了，然后就效法古人"穷则变，变则通，通则久"的规律，开始寻求出路，先是洋务运动，从技术、物质层面进行变革，然后是戊戌变法，从制度层面改变中国命运，最后是新文化运动，是在思想层面的思变。经过最后思想界的变革，中国传统糟粕得到批判，西方新思想、新事物大量涌现出来，中国最终彻底摆脱传统社会，跨入近现代社会的行列，从服饰称谓到言谈举止，从行为方式到思维习惯都发生了近代化转变。西方历史中，文艺复兴、宗教改革运动、启蒙运动，也无不成为新技术革命的领头羊，而科技中心在哪里确立，哪里就成为世界的焦点，其经济领域乃至社会变革领域都会发生很大变化。改革开放后的中国也先后进行着经济、政治、思想层面的改革，先是在经济领域，从计划经济向市场经济转化，然后是制度层面，避开姓"资"姓"社"的问题，不强调社会主义的五大特征，从"三个有利于"方面理解社会主义的本质特征。接着是在思想文化领域，2011 年党的十七届六中全会，第一次将"文化命题"作为中央全会的议题，集中审议通过深化文化体制改革推动社会主义文化大发展大繁荣的文件。随着中国各项改革的深入推进，尤其是思想文化层面的变革，将会使中国社会进入更加文明化、法制化、民主化、市场化的快速发展轨道。

二是对理论思维的作用。思想不是空想，不是幻想、梦想，而是搜集各种事实的根据，加以严格逻辑的审核，而后构成的一种具有周密系统的精神结晶。所以，一知半解不足以称为成熟的思想，强不知以为知更不能称为成熟的思想。思想是不容易成立的，必须经过逻辑的陶熔、科学的锻炼。凡是思想家，都是不断劳苦的工作者。"焚膏油以继晷，恒兀兀以穷年。"他的求知活动，是一刻不停的，所以他才能孕育出伟大成熟的思想。思想家为求真理而蒙受的牺牲，绝不亚于在战场上鏖战的牺牲。拿科学的实验来说，譬如在实验室里试验炸药的人，被炸伤或炸死者，不知多少；又如到荒僻的地方调查地质、生物、人种的人，或遇天灾而死，或染疾而死，或遭盗匪蛮族杀害而死的，也不知多少。[1]唯其如此，才能锻炼人的理论思维，成就人的逻辑能力。

我们揣摩、阅读前人的思想，来锤炼自己的思想，提升自己的理论思维，就要以对思想负责的态度去看待之，才能有所收获、有所提升。思想既然是不易得到的真理，则一旦得到，就应该负一种推进和扩充的责任。真理是不应埋没的，是要发表出来与人共享的。若为他人精辟的学说所折服，那就应当本着大无畏的精神把它更尖锐地推进，更广大地扩充。我们读西方科学史，科学家为真理的推进和扩充而奋斗牺牲的事迹不绝史册。哥白尼最先发现地动学说，提出太阳是不动的，地球及其他行星都在它的周围运行，他就因此受了教会无尽的阻碍。后来布鲁诺出来继续研究，承认了这个真理，极力传播，致使教会大怒，他不仅被捕入狱，而且被"点天灯"而死。伽利略继起，更加以物理学的证明，去阐扬这种学说，到老年还铁锁琅珰，饱受铁窗之苦。他们虽受尽压迫和困辱，但始终都坚持原来的信仰，有"鼎镬甘如饴，求之不可得"

---

[1]　参见罗家伦《历史的先见：罗家伦文化随笔》，学林出版社 1997 年版，第 20 页。

的态度。他们虽因此而牺牲，但是科学上的真理，却因为他们的牺牲而确定。像这种对于思想负责的精神，才真正是推动人类思想文化前进的伟大动力。[①] 作为一个学者，一个知识分子，应该具备为真知思想献身的精神，这才是对待思想的真正态度，才能真正让思想在社会和理论思维中起到作用。

五　对待中国传统思想文化的态度

我们以负责任的态度对待思想，也要以负责任的态度对待中国传统思想文化。要从正面认识和学习中国思想文化，以善待的态度看待之。待人处世要见人之长，用人之长，对历史文化也亦然。

从正面看中国传统思想文化，首先从长远看，以历史眼光，不能专自近处、当前看。思想文化演进是波浪式的，不能以几十年，或者二三百年的成败给一个民族的思想文化下结论。对自己的思想文化不能犯短视病，一切都从近处、横断面看。例如，有人说中国思想文化有价值，是现代化的资源。有些人就会问，既然有价值，中国为何成了今天这个样子。若这个逻辑成立，那我们也可以问责西方思想文化：柏拉图思想那么伟大，为何没有阻止希腊、罗马的衰落；康德、黑格尔那么伟大，为何有希特勒。文化犹如人体，有时健康或生病，衡量其体况，该看其前后进程，看思想文化也亦然。

从正面看中国传统思想文化，还要从长处看。其实论一种思想文化之短处，正该从其长处着眼来观其短处。比如一个教师，他不是演员、模特，不是演员并非是他的短处，讨论他的长短处也不能以是否是个好演员来议，而是从其长处——教学和研究来看他是否具备资格，有何短处。一个人研究思想文化史，这是他之所长，若找他的短处，正应该从他的研究成果中去寻找、去指责，而不能以他是否能够挣钱、是否白富美来衡量。中国思想文化重伦理，言语隐晦，此是其长，其短亦在此中，评论之要从重伦理、语言隐晦对中国文化的作用来看。要评价一种思想文化形态，应根据思想或文化形态的内涵本身对它作出评价，而不是根据与之相关的经济、政治

---

① 参见罗家伦《历史的先见：罗家伦文化随笔》，学林出版社 1997 年版，第 20—21 页。

和社会形态的兴衰来对它作出评价。说中国传统思想文化落后的，往往是因为近代中国经济落后了、国力衰弱了、社会动乱了，就归结到文化身上。这实际上是一种功利主义的态度，若说中国文化只有落后、专制、封建，说中国家庭就是扭曲人性，古代婚姻就是三妻四妾，传统道德就是虚伪吃人，政治就是专制，心态就是封建保守，若中国文化真的就是这些，那中国文明根本不可能经历几千年而长久不衰。

当然，对待中国传统思想文化，即使正面看待，也不能回避它的糟粕。关键在于"糟粕文化"的核定，是以现代人的标准，还是以当时人的标准；是以政治经济的标准，还是以文化形态自身内涵的标准。比如说古代婚姻的三妻四妾制度，从现在看，是对女性的不公，是一种糟粕，但以当时看，传统农业社会，生产技术相对落后，若想富足，提高收入，就要提高人口数量，有更多的劳动力投入到生产中，人丁兴旺、儿女成群往往是富裕人家的标志。而三妻四妾制与一夫一妻制相比，更能增加子女的数量。因而，三妻四妾制度在当时并非是一无是处的，否则它也不会流传千年。因此，只有将思想文化放在它自己的历史环境中，以当时的标准，以其自身内涵的标准，才能评判其优与劣，才能做到公允。

六　中国思想文化参考书

为了更深层次、更透彻地了解中国思想文化，还需要广泛阅读这方面的相关书籍，部分参考书列之如下：

1. 葛兆光：《中国思想史》，复旦大学出版社 2009 年版。

2. 李泽厚：《中国思想史论》，安徽文艺出版社 1999 年版。

3. 张岂之主编：《中国思想文化史》，高等教育出版社 2013 年版。

4. 匡亚明主编：《中国思想史与思想家评传》，中华书局 2002 年版。

5. 李振宏主编：《中国元典文化丛书》，河南大学出版社 1995 年版。

6. 冯天瑜、何晓明、周积明：《中华文化史》，上海人民出版社 1997 年版。

7. 柳诒徵：《中国文化史》，上海古籍出版社 1997 年版。

8．张岂之：《中国思想学说史》（九卷本），广西师范大学出版社2007年版。

9．吴小如主编：《中国文化史纲》，北京大学出版社2001年版。

10．胡适：《中国哲学史纲》，上海古籍出版社2001年版。

11．皮锡瑞：《经学历史》，商务印书馆1928年版。

12．马宗霍：《中国经学史》，商务印书馆1936年版。

13．贾丰臻：《中国理学史》，上海三联书店2014年版。

14．余英时：《士与中国文化》，上海人民出版社2003年版。

另外，哲学通史方面，有李锦全、杨荣国、任继愈、冯友兰等先哲大家的著作。历史上每个时期专门思想研究方面，有梁启超的《先秦思想史》，徐复观的《两汉思想史》，许抗生的《魏晋思想史》，赵文润的《隋唐文化史》，侯外庐、邱汉生、张岂之的《宋明理学史》，稽文甫的《晚明思想史》等。

上　篇

第一章　先秦思想文化

先秦包括殷商西周和春秋战国两个时期。中国有文明的历史一般从夏朝开始，约公元前21世纪，到现在为止，有四千多年的历史，那么我们常说的五千年历史从何说起？五千年的历史是从传说中的黄帝开始的，从黄帝开始，历经五代至禹，禹后而为启，夏朝开始。但是传说中的历史不能做真实的历史，更不能做文明史，从黄帝、颛顼、帝喾、尧、舜①，五帝即有一千年的历史，这在以后中国的任何朝代都是不可能的，也证实了五帝传说的虚妄性。

按照雅斯贝尔斯的说法，文明的标志是文字、金属冶炼术、城市国家（城邦）、宗教礼仪等，夏朝并不具备这些。我国的文明史确切地说应从商朝开始。郑州之所以被称为"商城"，是因为这里发现了商朝较早的城市遗址，规模相当完善，说明商朝已经有了城市，另外还出土了商代的青铜器，这是拥有金属冶炼术的历史见证，青铜器上面的钟鼎文、龟甲兽骨上的甲骨文，以及甲骨文记载的盛大战争祭祀场面、皇室帝系图等，都是文明的象征。因此，本书的中国思想文化史就从殷商开始讲起。

一　殷商西周:从神本文化到人本文化

1. 从神本到人本

世界上任何民族的思想文化，都经历了由"以神为本"向"以人为本"的转变发展过程。早期人类面对自然界的淫威，深感无能为力，

---

① "五帝"的说法很多，这里采用《史记·五帝本纪》中"五帝"的说法。

不得不将自身的幸福寄托于那无所在又无所不在的种种"神灵"。在西欧，整个中世纪一直处于神学时代，神学思想主宰整个思想界，人们的生活中是以神为本而非以人为本的。直到文艺复兴时期，才开始恢复到人本世界。在中国，殷商时代也是神学思想统治的时代，从甲骨文中可以看出，商人无论是在政治生活中，还是在国家社会生活中，抑或在个人日常生活中，很多事都要进行占卜，求助神灵的帮助。那时在神坛兴起的巫史，便是这种神本文化的人格化体现。从事求神占卜等活动的人叫"巫"，掌管天文、星象、历数、史册的人叫"史"，这些职务最初往往由一人兼任，统称"巫史"。商代的巫史活动已遍及社会生活的每个角落，无事不卜不筮，无神不祭不祀。"以卜筮而论，其权威超越人心向背与商王意愿，是最终的神秘力量。而凭借巫术力量进而握有政治决策实权的巫史集团，不仅是商代的政治精英，更是文化精英"①，因为巫史介于天和人之间，有着"绝地通天"的特权，他们不仅独自把握着对神权世界的解释，又通过神权把持政坛，通过掌握思想文化知识把持学坛，掌握着对思想的唯一解释权。这些垄断神坛、把持政坛、执掌学坛的巫史，就成为中国有文字传世以来的第一批知识人与思想者。

巫史主要从事卜筮、祭祀、书史、星历甚至教育、医药。他们通过占卜、祭祀进行人神交通，成为神之意志的唯一权威阐释者和神权的实际掌握者；通过掌管著史来从事政事，以天的意志自居，有权训御君主的言行；通过掌管教育、星历、医药来指导平民百姓的生活，因此他们是文化的唯一掌握者，是那个时代最具有知识、技术和最具有文化意义的象征性人。巫史的知识系统包括三个方面的内容：一是把握外部世界的星占历算之学，这些知识显示了当时文化人对外部宇宙的认识；二是整顿人间秩序的祭祀礼仪之学，是后世宗教性礼仪的源头，也是当时区分血缘等级秩序和维护社会伦理秩序的方法；三是洞察人类自身的医药方技之学，体现着人们对自己生命和身体的认识。② 而这三类知识构成了当时思想与信仰世界的主要内容，成为以后中国文化思想的渊源。巫

---

① 田秀芳：《简读中国文化》，黄山书社 2009 年版，第 27 页。
② 葛兆光：《七世纪前中国的知识、思想与信仰世界》，见《中国思想史》（第一卷），复旦大学出版社 1998 年版，第 101—102 页。

史垄断神坛、把持政坛、执掌学坛的多重身份，使得中国思想文化一开始就打上畛域不清的烙印，以至于中国传统思想文化史上呈现出学术与政治纠结、科学与神学交织、自然科学与社会科学混杂、文史哲汇通的特点。

在殷商统治阶层，巫权远远大于王权，甲骨文和古文献等多重证据表明，商代社会的治乱兴衰，与高级巫职人员能否在政治决策中发挥作用关系极为密切。王权为了自己的统治，只好与巫权妥协，与之紧密结合。空拥有政治贵族称号的王权逐渐不满，自祖甲改制后，"不仅卜事减少，占卜的范围受到更多的局限，而且商王亲自占卜，有意疏离太巫、太史。随着巫史对占卜技术的独占被打破，巫权与王权的冲突逐渐显露出来，这就意味着殷商晚期政治结构正在发生新的变化，意味着一种新的思考方式正在萌芽，意味着巫史开始走向衰微"①。

在民间，随着实践经验的丰富和智力、体力水平的不断提高，人们对于神的力量的崇拜渐次淡薄，而对于自身能力的信心则与日俱增，巫史权力的式微也消减着人们对神的膜拜程度。于是，从西周开始，以神为本的思想文化逐渐向以人为本过渡，社会文化浓郁的宗教迷信氛围渐次被注重人事的精神所冲淡。

周商鼎革，王朝易代，西周人在历史事实面前，对天命神权思想多了份思考，他们看到，天命思想从殷人那里继承下来，殷人那么重视祭祀和占卜，结果仍被天所弃，导致商代最终灭亡的还是朝歌的士兵。极尽奉神事鬼之能事的殷人，终不免牧野倒戈，江山易主，使周人意识到：真正可畏的并非天命神鬼，而是芸芸众生。因此，周人又生出一种敬德保民的思想。周人对天的敬畏之情，有了更多的思考，得出"天命靡常"，如何应付靡常的天命，周人开始从纯宗教的范畴扩展、转移到现实政治领域，"受禄于天"的必要条件就是在于保民，在人事中多做努力。于是出现了"德"的概念，敬天、保民、内省自修都为"德"，这正是对殷人尚鬼、神本的文化反拨。周人提出"德不失民，度不失事，民亲而事有序"②，这也正是周朝文王、武王、周公勤勉执

---

① 田秀芳：《简读中国文化》，黄山书社 2009 年版，第 28 页。
② 《左传·襄公三十一年》。

政、亲民爱民的执政理念之源，也是西周社会从神本文化向人本文化过渡的政治表现。

自此以后，神本逐渐退出中国历史舞台，人本、民本走向政治中心。后世人对周代治国者周公敬德保民、励精图治的政治韬略极度推崇，"德治"、"仁政"之说历数千载而不丧其在中国政治思想领域的至尊地位，都滥觞于西周以人为本的治国思想。民本德治成为几千年来统治者和人民均极力盛赞的政治模式，今天，我们国家的领导人还提出了"以德治国"的为政纲领。

2. 人本的核心：礼与宗法

周人从以神为本转向以人为本，统治模式上也从神学祭祀转向了德治仁政。德治仁政的核心就是敬德保民，推行宽松政治，这两个都需要权力的顺畅传递、人伦关系的安固稳定和社会生活的有序可依。为此，周人推行了家国一体的统治方式，以宗法制来规定各个阶层的生活轨迹，以礼文化来规定每个人的行为准则，使得家庭和国家按照同一个模式有效统治。

为了权力稳固传承，不至于落入他姓之手，夏商二代王权、族权的继承实行兄终弟及制度，但至朝代中后期，兄弟子侄争夺王位造成了权力更迭的混乱，流血冲突事件不断。周代吸取教训，实行嫡长子继承制，即在皇室，正妻所生的第一个儿子——嫡长子，继承王位；在家族，正妻所生的第一个儿子——大宗，传延家族权力，这就规定了王权和族权传承人的唯一性，避免了冲突纷争。为维护嫡长子继承制的合法有效执行，周代又推出了宗法分封制、礼仪制度。

宗法分封制　按照周代的宗法制度，宗族中分为大宗和小宗。周王自称天子，称为天下的大宗。天子除嫡长子以外其他儿子被封为诸侯，居住在诸侯国，分给土地和人民，此即分封制。诸侯对天子而言是小宗，但在他的封国内是大宗。诸侯的嫡长子——大宗继承诸侯权，其他庶子被分封为卿大夫（或简称大夫），居住在采邑内。卿大夫对诸侯而言是小宗，但在他的采邑内是大宗，他的封地和权力由嫡长子承袭，其他庶子分封为士，士有禄田。士以下便是一般的平民百姓。各个等级的嫡长子作为大宗，不仅享有对宗族成员的统治权，而且享有政治上的继承权，大宗在继承宗权后，对于其他小宗有分封权，小宗对自己的大宗

负责。天子大宗将天下的土地分封给小宗即即诸侯，诸侯大宗将自己诸
侯国的土地分封给小宗即大夫，大夫大宗再将自己的采邑分封给小宗即
士，如下图所示。

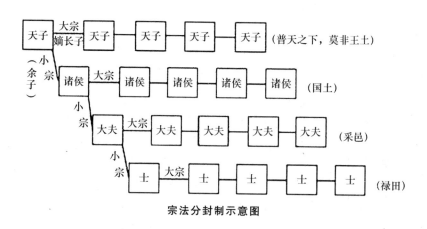

宗法分封制示意图

宗法分封制长期推行，形成宗法文化，对中国社会影响久远。宗法
制使得中国父系单系世系原则广泛实行，在世系排列上完全排斥女性成
员，女性在继承方面没有权力，成为传统中国女性没有地位的根源。在
西周，家族关系与宗法制度密切联系，突出地表现为"父权统制，男
尊女卑"的观念，以及夫妻关系的不平等。宗法制还使得家族制度长
盛不衰，家族制度由祠堂、家谱、族权维系，凭借血缘宗法制的优势，
在下层统治中发挥重要作用，因为它比政权赤裸裸的灌输更加有效，更
容易管摄天下人心。故族权在维护封建秩序、巩固封建统治方面，很大
程度上承担了地方政权的职能。再者宗法制还使得家国同构的政治模式
长期执行，具体表现为"家是小国，国是大家"。在家庭或家族内，父
亲地位至尊，权力最大；在国内，君主的地位尊贵，权力无上。这种结
构表明宗法关系渗透到社会各个方面，它掩盖了阶级关系、等级关系，
直接导致了家庭或家庭成员和国家子民品质的统一，这就是忠、孝同
义，忠和孝进而最终成为中国道德文化的本位。

礼仪制度　以人为本的西周，为了使人与人之间的关系更加稳定，
有序可行，在宗法制的基础上制定并实行了周礼，以礼制形式确保宗法
分封这一人伦秩序的连续性和稳定性。周公将远古至殷商的各种礼仪加

以整理、改造，结合政治伦序、文化教育各个领域的要求，形成一套完整的规章制度，此即周礼。周礼分凶、吉、军、宾、嘉五礼，囊括当时中国政治、经济、军事、文化、社会生活的各个方面，细密地规定了社会上下尊卑关系，以及每个阶层在社会关系中所处的地位、所应遵循的行为法则。

在这套以维护贵族等级为核心的礼制下，统治阶级内部天子、诸侯、卿大夫、士四个等级之间的政治权力、经济特权、社会地位有着不同的规定，并配以不同规格的音乐强化这种差异。各个贵族人物等级高低的标准，依据其与周王血缘关系的亲疏远近而定。这种等级结构是世代承袭不变的，不仅肯定了周天子独尊地位的世袭性，还使上层社会秩序处于超常稳定状态。因此，礼主要局限在上层社会，是统治阶级内部调整关系和规范行为的准绳。除此之外，周公还不遗余力地把礼制推广应用，使之成为衡量社会生活中一切事物的准绳，成为宗法分封制度的基石和出发点。《礼记·曲礼上》中说："道德仁义，非礼不成；教训正俗，非礼不备；分争辨讼，非礼不决；君臣上下、父子兄弟，非礼不定；宦学事师，非礼不亲；班朝治军，莅官行法，非礼威严不行；祷祠祭祀，供给鬼神，非礼不诚不庄。"① 可以看出礼在道德修养、安家治国、沟通神人、社会交往中的重要作用，也说明了上层社会生活中的亲疏之定、嫌疑之决、同异之别、是非之争都是以礼作为衡量标准的。这种情况十分清楚地反映了礼已经深深地渗透到了社会生活的各个方面。②

周代的礼制文化，拉开了中国礼乐文明的序幕。以后的岁月里，经过历代儒家尤其是汉儒和宋儒的丰富和完善，以及各朝统治者的倡导和推行，礼逐渐成为维护社会秩序的重要手段，礼治最终成为中国古代社会的治国方略。作为约束人们思想和行为的重要准则及维护社会秩序的基本规范，礼不仅成为中国传统文化的主体，而且成为华夏文明的标志。中国被称为"礼仪之邦"，中华文明被冠以"礼乐文明"，其根源就在于此。

---

① 《礼记·曲礼上》。
② 魏向东等：《中国古代文化史》，苏州大学出版社 1998 年版，第 31 页。

礼文化长期熏陶着中国人，使中华传统文化打上了深刻的烙印，同时也作为一大特色成就了中华传统文化。礼文化中所包含的丰富的人文精神——重视生命价值、主体精神，塑造独立人格，追求人与自然、与社会的和谐，及其所包含的深厚的理性资源——克己复礼的自我理性追求、以礼治国的社会理性治理、公允中和的处世智慧①，使得中华文化具有强大的包容同化能力，作为独树一帜的文化类型，屹立于世界民族文化之林，其影响力堪与古希腊文化相媲美。

礼文化长期影响中国人，成为中国传统思想文化的核心，构成了独具民族特色的文化模式。自周代开始，礼在中华大地孕育而生，在历史长河中绵延向前，成为整个中华民族长期认同的文化形态，是中华民族的共同心理、共同情感以及强大凝聚力形成发展的重要动力。长期以来，礼规范着人们的生活方式，陶冶着人们的情操，提升着人们的道德善恶观念，在伦理道德、行为规范、文化教育、礼治法治等领域引领着中国传统文化的基本方向。礼作为中华民族思想和行为的价值标准，在长期引领中国传统文化的价值定位中，构建了中华民族基本的文化模式。

周代实行分封制，随着时间的推进和生产力的发展，各诸侯国被垦殖的土地、繁衍的子嗣不断增多，逐渐发展强大，周王室却日渐衰微，大家都不再像初期那样按照礼制服从于周天子，礼崩乐坏的局面开始出现，诸侯之间的征战也拉开序幕，中国历史开始进入春秋战国时代。

此时西周以人为本的文化开始转化，由此而形成德治仁政等思想，开启民本思潮之先河。随着周王室的衰落、诸侯征战的兴起，战乱时期崛起的以天下为己任的士子们开始思索关于治国、关于明德、关于爱民、关于仁政的各类民本思想，于是在思想文化史上，中国开始进入各致其说、百家争鸣的思想大讨论时代。

二　春秋战国："轴心时代"

先秦是中国思想文化史的重要时期，其中最重要的是东周时期，即

---

① 张自慧：《礼文化的价值与反思·序》，学林出版社2008年版，第6页。

公元前 6 世纪到公元前 3 世纪的春秋战国时期，这个时期在世界史范围内也有着重大意义，被德国哲学家雅斯贝尔斯称为"轴心时代"。

在春秋战国这个轴心时代，出现了影响中国文化走向的一系列重大的思想文化现象，即官学下移、私学兴起、士阶层的形成、百家争鸣等。这几种现象不是孤立的生成、存在，而是相互交织、相互影响、互为因果的，我们以士的崛起为切入点，谈一下这几个相依相生的文化现象。

1. 士崛起的文化原因：官学下移、私学兴起

士作为一个拥有独立的社会政治地位，掌握专门文化知识，不耕而食、不富而贵的专职脑力劳动者阶层出现在春秋战国时代风云动荡的历史舞台上，其崛起和官学下移、私学兴起关系密切。

官学下移就是学不在官府，学在民间。西周王朝一方面为了推行礼文化，对庶民百姓进行教化；另一方面为了便于国家管理，需要掌握历史上的大量训诰典谟，据此制定现实社会中的各项法纪规章，官府因此垄断了文化知识，形成学术官守的局面。百姓要学习这些古今留存的智慧，必须以吏为师、从官问学才有可能，政府官吏本身就是老师。"礼不下庶人"，以六艺（礼、乐、射、御、书、数）为教育主要内容，培养既能射箭、驾驭战车，又懂得礼、乐、历史文化知识的人群，只能是士以上的贵族阶层，广大庶人是没有受教育权的。从客观上来说，惟官有学而民无学也是历史造成的，惟官有书而民无书，惟官有器而民无器，大量典籍、学习用具都在官府，民间无力复制和购买，这就使得学术官守，造成学在官府的局面。[①] 官学下移与私学兴起是互为因果的，官学的衰败必然导致私学的兴盛，尤其是在统治者大权旁落之时。执掌通天权力的祝、卜、巫、史在殷商西周时代拥有极大的权力，但是到了西周后期，随着周王朝权力的下移、实力的衰弱和周边诸侯国的不断强大，周王室既无力给予他们优厚的条件，又无法支撑起庞杂的礼乐制度的执行。当社会混乱、礼崩乐坏时代到来时，这些人再也无法供职于周王室，就四散到各诸侯国，在各诸侯身边执掌仪式、解述卜筮、预言凶吉，过去由周天子独占的文化和知识逐渐被这些人带到了各诸侯国，原

---

① 张维青、高毅清：《中国文化史》（一），山东人民出版社 2002 年版，第 178 页。

先深藏于宫廷密室的图书典籍也散落民间，被平民所阅读，过去只有周王室贵族及其子弟才有受教育的学在官府，此时也无法维持下去；相反，各地各家私学蓬勃兴起，孔孟、墨庄、兵法、杂家都广招门徒，有教无类，大批新兴地主、商人、平民子弟，都有了受教育的机会，从此官学下移，学在四州。

在受教育的平民庶人中，出现了一批贤能者，他们思想敏锐、见解独特，有着雄才大略的治国之道，受到各诸侯的喜爱，"入楚楚重，出齐齐轻，为赵赵完，畔魏魏丧"①，成为脱离生产靠智力生活的知识分子，这些人就是士阶层的一个重要组成部分。

2. 士阶层的形成来源：庶人、贵族中的下层人、王公贵族

士人来源一为上面所述受到一定教育的庶人中的佼佼者，此外还有以下两部分：

一是西周王室贵族中的下层人，他们介于贵族和庶民之间，地位本就摇摆不定。按照周代宗法制，贵族按照嫡庶远近的关系，依次分封为诸侯、卿大夫、士，士以下是比较疏远的宗室成员，就成为庶人、平民了。士处于贵族的最低层，有一定数量的"食田"，不必参加生产劳动，平时依附卿大夫，为其出谋划策，因此有着礼、乐、射、御、书、数等多种技能，是知识的掌握者。到了西周后期，社会动荡、礼崩乐坏、政局不稳，处于贵族和庶民之间的士尤其受到冲击。一方面，他们失去了生活的来源，除了"六艺"知识，他们一无所有；另一方面，他们不再依附宗族，不再受卿大夫的奴役，比较自由，因而就成为独立的知识分子阶层最早的、最基本的成员。

二是一些王公贵族子弟，他们的命运在风雨飘摇、诸侯争战的西周末年也被改变着。随着宗法制的破坏，往日的尊贵荣华已经丧失，他们再也不能在祖宗荫庇之下过声色犬马的日子，而是沦落到士的行列中，不得不依靠自己的心智和口舌，谋生立命。这批有相当数量的人，构成了士的另一个重要组成部分。

3. 士崛起的文化影响：百家争鸣

春秋战国时代出现的士阶层，具有博大的胸怀、强烈的政治参与

---

① （汉）王充：《论衡·效力》。

意识，具有铁肩担道义的社会责任感和高尚的道德品质，他们的很多精神对后世知识分子有着深远的影响，其中最重要的一点是和而不同的百家争鸣精神，这是士这个阶层崛起时直接导致的一种思想文化现象。

百家争鸣的原因

一是士即思想占有者的独立。战国时代士阶层的独立崛起是百家争鸣局面出现的主要诱因，百家争鸣正是士阶层崛起的重要文化影响之一。葛兆光说，在春秋战国时期兴起的士，或进入诸侯大夫的机构，或独立于社会，形成了一个不拥有政治权力但拥有文化的知识人阶层。他们在春秋早期和中期尚在做卿大夫的家臣，还服务于政治，到了春秋末年战国早期，他们就完全独立出来，"邦有道，则仕；邦无道，则可卷而怀之"①，合则留，不合则去，他们的思想不必依附于政治权力，知识垄断者常常可以与权力分庭抗礼，思想出现了独立的发展空间。② 不同的士人可以有不同的思想，他们收授门徒，著书立说，传播自己不同的见解。略微著名的士，都会"率其群徒，辩其谈说"③，这就使得各种学派都有了发展的机会，百家争鸣局面开始出现。

二是思想的独立和崛起。春秋战国时期，整个天下都处于诸侯争战的动荡时期，动荡的社会失去了秩序，过去垄断话语权力的周天子已经失去了对文化和知识的独占，统一的中央集权还没有建立起来，不可能实行思想和文化专制，这就为各种思想的诞生提供了孕育的土壤。当思想的承负者与政治权力的拥有者出现了分离，思想话语和实用知识之间也出现了分离之时，思想就会脱离实用，不再需要用知识证明它的合理性，它有了自己自由成长的空间，于是就可以超越制度、技术性的支持或羁绊，自己酝酿多彩的内容，于是就在这一时间，思想活跃起来，使得各种各样的思想流派分支迅速生长。④

---

① 《论语·卫灵公》。
② 葛兆光：《七世纪前中国的知识、思想与信仰世界》，见《中国思想史》（第一卷），复旦大学出版社2001年版，81页。
③ 《荀子·儒效》。
④ 葛兆光：《七世纪前中国的知识、思想与信仰世界》，见《中国思想史》（第一卷），复旦大学出版社2001年版，第81页。

当时各个诸侯国为了实现争霸大业，大批招揽人才，对"士"采取宽容政策，允许其合则留，不合则去。"士"就好像自由的鸟那样，可以"择木而栖"，从而促进了各国的人才流动。如商鞅在魏没有得到重用，听说秦孝公"下令国中求贤者"①，于是西入秦，求见秦孝公，终于委以重任。如邹衍本是齐国人，在稷下学宫位于上大夫之列，他不满齐闵王的暴政，而到了燕，成为燕昭王之师。齐襄王时，他又回到稷下学宫，并在齐王建时作为齐国使者出使赵国，而从未受到非议。再如吴起一生中曾在鲁、魏、楚等国为官，每当遭到诬陷，便另投明主。不同的国君需要不同的治国主张，不同的士有不同的兴国举措，持不同学说的士子，在诸侯之间奔走，用则留，不用则弃之，没有谁能限制他们的思想，他们可以自由讲学、著书立说，随意议论政事。思想也不会依附于权力而生，当"思想"和"权威"疏离时，它可以不再围绕经世、政治等进行实用性的阐释，也可以脱离所谓的正统与意义独立地思考关于宇宙、自然及关于本体等诸问题，来对世界重新进行思考和批评。如此，不同学者从不同角度出发，形成多样的诠释、版本，百家争鸣局面应运而生。

三是私学的兴起。春秋战国时期，私学的规模已经相当可观。私学的兴起，不仅是思想的掌握者——士阶层兴起的一个重要原因，也为不同士群思想的产生提供了条件。各家私学广收门徒，学生成分十分复杂，农、工、商、医从自己不同的生产实践和社会需要出发，提出了不同的见解和思想。各学派的学生人数也很可观，孔子弟子三千，成名者七十二人，这些人有的成了老师，再招学徒。墨子有学生一百八十多人，孟子身后车数十乘，从者数百人，齐国稷下学宫最多时数万人。在教学内容方面，各家私学各有所重，儒家重视政治思想、道德规范，墨家注重生产实践，讲究科学和逻辑，法家以法为教、以吏为师，等等，不一而足。他们著书立说，到处游走宣传自己的主张和治国思想。春秋各国的统治者对各类私学也采取扶植和资助政策，都允许私学集团"士无定主"，自由流动，而各学派也奉行自由发展的原则，政治和学术互相选择，促进了双方共同的发展。各种私学种类和学生规模不断增

---

①　《史记·商君列传》。

加，各类学说也获得了长足发展。

百家争鸣的内容

战国时期的百家，并非实际意义上的百家，而是言其多之意。《汉书·艺文志》将战国主要思想学派分为十家——儒、墨、道、法、阴阳、名、纵横、杂、农、小说。西汉人刘歆在《七略·诸子略》中将小说家去掉，称为"九流"，俗称的"十家九流"就是从这里来的。不同的学派还定期集会，以推广自己的学说。刘向《别录》记载："齐有稷门，城门也。谈说之士期会于稷下也。"① 这里所说的就是各派学者的定期学术例会。在例会上，各学派推荐出他们学派代表，阐发学术观点和政治主张，批驳与他们观点不一致的学派。这实际就是为各学派提供学术交流与争鸣的机会，以便更好地丰富、发展各自的学说，获得政治上的重视。但他们争鸣的议题非常广泛，既有不同学术观点的诘难，又有不同政治主张的阐发，也有对宇宙奥秘的思考。稷下学宫作为战国百家争鸣的主要园地，而这类学术报告例会则是百家争鸣的集中体现。至于各家的代表观点，千百年来无数学者进行了大量研究，这里列一简表，供大家了解参考。

先秦诸子百家思想主张简表

诸子学派	代表人物	著作学说	思想主张
儒家	孔丘 孟轲 荀况	《论语》 《孟子》 《荀子》	1. 隆礼，以礼为行为规范，规定每个成员的地位、责任、义务。 2. 贵仁，以仁为思想核心，个体方面，推己及人，对人友善；国家层面，实行德治仁政。 3. 讲义，以义为价值准绳，达到"礼"、"仁"的要求，就是"义"。 4. 尚智，以智为认知手段，诱导社会成员知仁循礼行义。重教化，以提高民之智。 5. 诚信，以信为做人基本要求，言必信，行必果。

---

① 转引自（梁）萧统编，张启成、徐达等译注《文选全译》，贵州人民出版社 1994 年版，第 8 页。

续表

诸子学派	代表人物	著作学说	思想主张
道家	李耳 庄周 杨朱 宋钘 尹文 列御寇	《道德经》 《庄子》 《宋子》 《尹文子》 《列子》	1. "道"本源论，道生万物，天道无为，人应顺天道，无为而治。 2. 辩证主义认识论，福祸转换，物极必反，"方死方生"、"因是因非"相对主义。 3. 贵柔守雌、以柔克刚的人生智慧。 4. 清心寡欲的养生哲学。 5. 超世的精神自由。
法家	李悝 商鞅 申不害 慎到 李斯 韩非	《法经》 《商君书》 《申子》 《十二论》 《慎子》 《论督责书》 《韩非子》	1. "衣食足，知荣辱"的物质决定精神论。 2. "世易时移"、"因时变法"的历史进化观。 3. "法、术、势"政治学说三要素，治国应推行法治、使用权术、凭借威势。
墨家	墨翟	《墨子》	1. 天志观，天是有意志的，顺天意而得赏。 2. 兼爱、非攻。 3. 节用、节葬。 4. 尚贤、尚同。 5. "本之者、原之者、用之者"（三表法）认识论。上本之于古者圣王之事，下原百姓耳目之实，中用之于国家百姓人民之利。
兵家	孙武 孙膑 吴起 尉缭 司马穰苴 魏无忌 白起	《孙子兵法》 《孙膑兵法》 《吴子》 《尉缭子》 《司马法》 《魏公子兵法》 《黄帝阴符经》 《六韬》《三略》	1. 慎战思想。 2. 五事、七计的战略整体观念，将帅要懂得道、天、地、将、法五种要素才能制胜；君主、将帅、兵众、士卒、地利天时、赏罚、法令七个方面都要考虑。 3. 知己知彼、奇正相生、因势利导、攻其不备等用兵之计。
纵横家	鬼谷子 苏秦 张仪	《鬼谷子》 《苏子》 《张子》	1. 邦无定交的外交观。 2. 士无定主的人才观。 3. 合纵连横的战略思想。
阴阳家	邹衍	《邹子》 《邹子终始》	1. 阴阳消长、五行生克的自然观。 2. 五德终始的历史观。 3. 大九州、小九州的地理认识。

诸子学派	代表人物	著作学说	思想主张
农家	许行	《神农》	1. 重农思想，以农为固国之本。 2. 民本思想，尊重劳动者。 3. 重视农业管理，强调天时、地利、人和三要素在农业中的作用。
杂家	吕不韦	《吕氏春秋》《淮南王》《尸子》	"采儒墨之善，撮名法之要"，集合众说，兼收并蓄。
名家	惠施公孙龙邓析	《公孙龙子》	1. 合同异，万物之"同"与"异"都是相对的，皆可合。 2. 离坚白，石头的坚是手来感觉到的，石头的白是眼睛感觉到的，因此"坚"和"白"是分开的。 3. 白马非马，马是所有马的总称，白马是具体指一匹马，故白马非马。
医家	扁鹊	《内经》《外经》	四诊法（即望、闻、问、切）。

百家争鸣的精神及其影响①

诸子百家的热烈争鸣，为中华民族文化心理的建构提供了基本的、充足的思想资料，同时也孕育了中华文化的包容品质和博大精神。用这一时期思想家的语言来概括这种品格和精神，叫作"和而不同"，即彼此相互吸收、相互补充、相互包纳却又自成一家之言的精神。这一精神对后世影响深远，形成了中国文化的一大特色。

"和而不同"这一方法论的精神，在西周末年已经出现，逐渐发展，由一种哲学观而后演变成一种文化观。《国语·郑语》记载，史伯提出"夫和实生物，同则不继。以他平他谓之和，故能丰长而物归之；若以同裨同，尽乃弃矣"。"和"即事物之间不同之处相互补充，各种不同事物和合与统一，这样方能形成新事物，此谓"以他平他谓之和，故能丰长而物归之"；"同"是相同的东西简单地相加或同一，相同的物聚在一起只能是"同"，不会有新的事物，此即"以同裨同"。要有不同的观点和意见，然后综合所成，才能有所发展。从哲学上讲，"土

---

① 这一内容多引自冯天瑜、何晓明、周积明《中华文化史》（上海人民出版社 1997 年版）第 396—404 页之精华部分。

与金木水火杂，以成百物"①，所谓五声和，方能成音乐；五味和，方能成食物。此外，春秋时的晏婴也论及过"和同"之辨，他说"和"如做汤羹，各类食物各类调味"和"在一起才能做出美味，如果"以水济水，谁能食之"②。

孔子继承和发扬了前人对于"和、同"关系的认识，提出"和而不同"的文化观。他说"君子和而不同，小人同而不和"③，认为在学术争辩中汲取别人有益的思想，纠正其错误意见，力求结论公允，绝不盲从，是君子的文化观，而小人只会随声附和，没有自己的独到见解。荀子则从认识论方面发展了"和而不同"。他说"凡人之患，蔽于一曲，而暗于大理"④。守一曲之见，不能多听其他方面的信息和缘由，人在认识上就不能得出正确的结论。荀子从实践上也做到了这一点，他在《荀子·非十二子》中，把战国时期各个学说一一拿出来做比较分析，批评其不足，吸纳其长处，进行了"和而不同"的文化批判和继承。《庄子·天下》中也分别对诸子进行了激烈的批判。《荀子·非十二子》和《庄子·天下》可以说代表了诸子在文化观方面"和而不同"的基本态度。

战国末年"和而不同"的文化精神在各家各派中都呈现了渐次加强的趋势。韩非集法家之大成，吸收了早期法家商鞅、申不害、慎到的思想，同时又汲取和改造荀子、老子的学说。《易传》有一句话曰"天下同归而殊途，一致而百虑"⑤，正说明了该书归纳各家学说之精华的事实。《吕氏春秋》更是兼儒墨、合名法集百家之说"和而不同"的荟萃。

"和而不同"作为先秦思想家的宝贵实践经验和卓越理论贡献，为后世所继承，成为中华文化的优良传统，代代相传。"和而不同"的精神使得各种学说之间能够取长补短、互相纳汲，都能得到生存，避免了单一而偏执的宗教式的狂想。这种精神进而演变成一种中庸和谐之道，

---

① 《国语·郑语》。
② 《晏子春秋·外篇第七》。
③ 《论语·子路》。
④ 《荀子·解蔽》。
⑤ 《周易·系辞下》。

在处理人际关系方面能够很好地制定上下秩序、协调各方面的利益冲突，适应大一统思想的要求，为社会的稳定、民族的和谐统一和共同繁荣发展起到了积极作用。就是在历代的统治思想中，虽然在原则上坚持儒家的治国思想，但在实际的操作运行中，统治者往往儒释道同兼、法兵礼共用，并非单一的治国思想在起作用，到今天我们在文化上的政策仍是百花齐放、百家争鸣，这都是一种"和而不同"的精神的延伸。当然，这种精神也受到"同而不和"的文化专制主义的多次冲击和摧残，但是历史一次次证明，只有坚持公允立场，破除门户之见，提倡独立思考，尤其是创造一种民主、自由、和谐的学术气氛，往往是促进文化繁荣乃至民族兴旺的重要条件。

4. 元典奠基：轴心时代的到来

雅斯贝尔斯说："要是历史有一个轴心的话，我们必须依靠经验在世俗的历史中来寻找，把它看成是一种对所有的人都重要的情况，包括基督教徒在内。它必须给西方人、亚洲人以及一切人都带来信念……在公元前800年到公元前200年间所发生的精神过程，似乎建立了这样一个轴心。在这时候，我们今日生活中的人开始出现。让我们把这个时期称为'轴心的时代'。"[1]

在这一时期充满了不平常的事件。在中国诞生了孔子和老子，各种哲学派别兴起，这是墨子、庄子以及无数其他人的时代。在印度，这是优波尼沙陀和佛陀的时代，如同在中国一样，所有的哲学派别，包括怀疑主义、唯物主义、诡辩派和虚无主义都得到了发展。在伊朗，袄教提出它挑战式的论点，认为宇宙的过程属于善与恶之间的斗争。在巴勒斯坦，先知们奋起：以利亚、以赛亚、耶利米、第二以赛亚。希腊产生了荷马，哲学家如巴门尼德、赫拉克利特、柏拉图，悲剧诗人修昔底德和阿基米德。仅仅这些名字就说明了这个巨大的发展时代，这都是在几世纪之内单独地也是差不多同时地在中国、印度、西方出现的。[2]

---

① [德] 卡尔·雅斯贝尔斯：《人的历史》，见田汝康、金重远选编《现代西方史学流派文选》，上海人民出版社1982年版，第39页。

② 同上。

　　在轴心时代，世界上相互隔绝的地区，不约而同地出现各自的文化体系，形成各文明的核心，并且提供了以后各文明发展的基本结构、范型及方向，这时各自文明在积淀之后，不约而同地达到文化史的一个临界点——人们已经不满足于对现实的直观反映，而致力于对世界的本质和运动规律的探索，并思考作为实践与思维主体的人类在茫茫时空中的地位，开始形成深刻的而不是肤浅的、辩证的而不是机械的关于宇宙、社会和人生的学说，并首次用完整的典籍记载下来，从而使得此前处于萌芽状态的、散漫的宗教、科学、文学、史学、哲学成就得以凝集、综汇和升华。这些典籍被著名文化史学家冯天瑜先生称为"文化元典"。在这些典籍中，生成了我们今天依然在思考的基本范畴，形成了至今人们依然附着的人类精神的基础，一直影响到现代世界文明的布局。

　　如果说吠陀文献和佛典是印度元典，《古圣书》是波斯元典，《理想国》《形而上学》是希腊元典，《圣经》是犹太及基督元典，那么在中华文化系统中，堪称元典的，就是百家争鸣时代诸子在宽松的文化环境中，在"和而不同"的精神下，创制的先秦诸子经典，首推《诗》《书》《礼》《易》《春秋》"五经"，奠定中华文化元典根基。各学派中的经典，被儒家推尊的《论语》《孟子》《荀子》，被道家奉为经典的《老子》《庄子》，被墨家视为圭臬的《墨子》，法家的集大成《韩非子》，军事家的鼻祖《孙子兵法》，医学宝典《黄帝内经》，都是在春秋战国这个轴心时代，和世界上其他文化的元典同时创始的，都称为中国的文化元典。

　　在这个轴心时代产生的元典，荟萃着先民智慧，其思想富有原创性，其主题具有恒久性，因而它们有着立足现实基础上的超越性。它们的思考指向宇宙、社会、人生等普遍性的问题，在回答这些普遍性问题时，所提供的并非实证性结论，而是哲理式原型；并非僵固式的教条，而是开放性的框架，有着广阔的"不确定域"，从而为历代阅读者和解释者保留了"具体化"和"重建"的无限空间，以至在两千余年间，元典常释常新。一部中华元典诠释史与整个中国文化史的进程相依相伴，成为中国思想文化史的重要组成部分。

三 中华文明的薪火——汉字六书

在中国思想文化史上，作为中华文明传递的薪火——汉字，有着不可替代的作用。先秦时期，中华先民们就开始创制汉字，几经变迁，至今我们还依然使用，成为中国文化从未中断的关键因素之一，成为统一的多民族国家形成的要因之一。

汉字（Chinese character），也称中文，是与汉语相对应的文字，传说由 4300 年前黄帝的史官仓颉所发明，据说汉字创制时天雨粟、鬼夜哭，说明文字创造将对人类历史产生重大影响。中国汉族创造的辉煌历史和长久积累的知识都依靠汉字保存至今。作为记录、保存、传播知识的必备工具，汉字对中国和世界人类文明的进步，对推动中国社会的发展，发挥了巨大的作用。汉字，在古文献中被称为"书"、"书契"，到了汉代才有了"汉字"一词，用于指称中国汉族文字。字体经甲骨文→金文大小篆→汉魏隶书体→楷体→宋体演变而来。

从目前考古发现来看，汉字最晚在商代出现，历经甲骨文、大篆、小篆、隶书、楷书（草书、行书）、宋体诸般字体变化。东汉时许慎在《说文解字》中将汉字构造规律概括为"六书"：象形、指事、会意、形声、转注、假借。其中，象形、指事、会意、形声四项为造字原理，是造字法；而转注、假借则为用字规律，是用字法。象形，是按照事物的形状创造汉字，如日、月、水、火、田、口等。形声，是形加上读音，进一步表达事物的意义，如闻、问、钱、材、草等。指事是一个相关的字，加上一个笔画，表示另一种意思，如刃、上、下。会意是两个字表达一个意思，如明、忠、恕、武、信。假借是通过音相同而互相指意。转注是通过同一偏旁来表达一个意思，如老、考、空、窃等。"六书"造字法使得汉字随社会发展的需要不断地被创造出来，越来越多的汉字表达出更丰富的思想文化内容，推动了中国思想文化史的发展。

四　先秦历史典籍

历史类：

1. 记载夏、商、周三代之事的最早的书是《尚书》，尚、上同义，即上古之书。分三部分：虞夏书、商书、周书。上起尧舜，下到秦穆公。

2. 《逸周书》，孔子删定《尚书》时剩余下来的资料，主要记载周代之事，上起周初文王，下至春秋后期的灵王、景王。

3. 《竹书纪年》，晋代出土的书，写于竹简上，是以编年体的体例，记述夏、商、西周，春秋时晋国、战国时魏国史事，到魏襄王二十年（即公元前299年）止。

4. 《春秋》《左传》，《春秋》记载了鲁国12君242年的历史，但很简单，《左传》是对《春秋》的细解，是编年体鲁国国史，具有很高的史料价值。《春秋》的另两部传——《公羊传》《穀梁传》在历史符合度方面都逊于《左传》。

5. 《国语》，是国别史，从西周第五位王穆王开始，到东周贞定王结束，500多年间周、鲁、齐、晋、郑、吴、越、楚八国的历史。

6. 《战国策》，是国别体，主要记载战国至秦末的历史，有东周、秦、齐、楚、赵、魏、韩、燕、宋、卫、中山等国。

地理类：

《山海经》，记载传说中的地理知识，涉及范围广，山川、地理、民族、物产、祭祀、医药、巫医、神话传说都有记载，是研究古代历史、地理、文化、交通、风俗、神话不可多得的书。时间跨度从上古至西汉初。

诸子百家的书：

《论语》《孟子》《荀子》（儒），《墨子》（墨），《庄子》《道德经》《列子》（道），《商君书》《韩非子》（法），《孙子兵法》《孙膑兵法》（兵），《公孙龙子》（名家），《黄帝内经》（医），《吕氏春秋》（杂），《邹子》《邹子终始》（阴阳家），此外尚有纵横家、小说家、杂家、农家等。

第二章　秦汉思想文化

　　秦汉是中国思想文化史上重要的历史时期，统一的多民族国家的形成，为中华民族文化品格的形成提供了肥沃的土壤。秦汉政治的统一为思想文化的统一创造了外部条件，思想文化的统一又反过来大大促进、巩固了政治的统一，两者互为因果、互为表里，形成一种顽强的再生机制，中华民族的文化品格镕铸形成。如果说先秦是中国思想文化的草创、奠基时期，那么秦汉就是中国思想文化的形成时期，在这一时期，经历了周制洗礼、百家争鸣的中华先民们，先使用严酷法治、以吏为师，又推行黄老之术、无为而治，最终至罢黜百家、独尊儒术，中华两千年的文化政策基本定型，中华文化共同体业已形成，作为中华文化的核心——礼文化已经完备，自此以后，中国思想文化进入稳定的发展期。

一　从焚书坑儒到独尊儒术

　　先秦时期是中国思想文化的奠基时期，各个影响深远的思想文化学派的元典著作、核心观念、价值理念在此时形成。秦统一六国后，面对此前思想界诸多文化学派，国家主流文化、正统思想的选择也摆在面前，秦选择法家思想，以吏为师严酷刑罚，统一思想、焚书坑儒，结果二世而亡；汉初实行黄老之道，因循守旧，武帝时推行儒学，定下千年基业。至此，从公元前221年秦统一，到公元前134年，经历了近百年，中国思想文化以儒学为主流的正统思想才得以形成。

1. 秦朝思想文化的选择

以吏为师、严刑酷法

秦国以法家起家，自商鞅变法以后，几代国君皆坚持"法治"，至秦王嬴政时期，推崇商鞅"法治"和韩非"法、术、势"相结合的思想，运用"法治"、"重刑"、"赏功"富国强兵，完成了一统中国的大业，立下不世功勋，之后，更是将商鞅、韩非的学说，作为大秦帝国的国家哲学，采取以吏为师、严刑酷法的法学思想文化来治理国家，其表现有三：

（1）极端的君主专制主义

"法家代表人物强调君主专制，尤其是后期法家代表将其极端化。君主掌握国家一切权力，甚至凌驾于国家之上，以'法'、'势'、'术'来控制封建官僚机构，以'尊君'来构建封建等级，法律则成为公开的等级的法律。秦始皇将法家的君主专制理论极端化、法制化，形成了'朕即国家'、'一家之法'的皇权主义。"①

灭六国后，秦王嬴政认为自己的盖世之功超过了三代之王，故从上

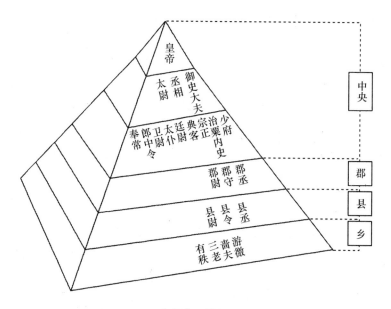

秦朝官职梯级图

---

① 武树臣、李力：《法家思想与法家精神》，中国广播电视出版社1998年版，第223页。

古时期"三皇"、"五帝"中各取一字，将君主的名号确立为"皇帝"，并宣布自己为始皇帝，以后为二世皇帝、三世皇帝，"至于万世，传之无穷"①。皇帝的命曰"制"，令曰"诏"，印曰"玺"，自称"朕"。在中央设立三公九卿，在地方设立郡县官吏，乡有三老。这些官吏不仅皆由皇帝任免，权力集中于皇帝一人之身，而且"天下之事无小大皆决于上，上至以衡石量书，日夜有呈，不中呈不得休息"②，显示出皇帝在帝国中的神圣地位和最高权力。

（2）极端的重刑主义

尚法思想的秦王朝，还继承了法家"轻罪重罚"的传统，实行"繁法严刑"，"乐以刑杀为威"，并把"重刑"的原则广泛地运用到政治、经济、军事以及社会生活的各个方面，对全社会实行空前严酷的刑罚统治。为了维护封建秩序，加强对百姓的统治，秦始皇命大臣制定《秦律》，颁布全国。它涉及经济、军事、外交、司法、狱政、交通、社会治安、宫廷警卫等各个领域，也包括官吏的选拔、任免、监察、考核、奖惩等国家行政管理方面。它以成文法的形式，把先秦法家"轻罪重刑"的主张推行到了极端地步。以刑罚种类为例，单是死刑就有弃市、腰斩、车裂、戮死、坑杀、枭首、剖腹、釜烹等十多种，其他刑罚也十分严酷，例如：偷盗财物一钱以上者，斩去左脚趾，在脸上用墨刺字；殴打父母者，在脸上刺字；甚至偷采几片桑叶，也要被罚做一个半月的苦役。据称，"秦朝刑罚种类之繁多，处刑范围之广泛，可谓空前绝后。迷信法律、用刑残酷及刑罚的滥用，以致造成'赭衣塞路，囹圄成市'的局面"③。

（3）文化专制主义

秦朝为了推行法治，就在全国统一思想、统一认识，推行法家文化专制主义。它采取"以吏为师"、"法治为教"的吏师制度，即普通百姓和一般官吏都向"法官"、"法吏"学习国家的法令、律例，政府官吏承担教育行政官员和天下人师之职责，向全体百姓普及法令律例，达

---

①　《史记·秦始皇本纪》。

②　同上。

③　郭学德：《中国法制史》，中国经济出版社 2000 年版，第 72 页。

到"吏民知法令者,皆问法官。故天下之吏民,无不知法者"①的境况。朝野民间,秦国以外的列国史书、百家学说之书,都不允许私人收藏,只留医药、卜筮、种树之书可以存有。

秦帝国的"以吏为师",目的是借此保证思想的纯正,推行文化专制主义,一有异端,即予铲除,"但思想的对错很难用一把固定的尺子量度。官吏的尺子只有一把,就是现成的法度律令,但新的思想几乎都是突破了旧有的法度律令才能产生,一切新的思想在守法的刻板的官吏眼中就都成了应当铲除的异端"②。所以短命的秦王朝一直没有出现过著名的思想家,也不曾有过传世的学术专著,空留下一个"以吏为师"的李斯和一桩"焚书坑儒"的事件,成为后世论述秦代思想极为单调的话题。③

书同文、行同伦

秦朝在领土、政治上统一后,为了在全国形成统一的政令律例,在文字上实行了统一。战国七雄各有各的文字,秦用籀文(即大篆),字体刚柔相济,后发展成小篆,韩、赵、魏(即三晋)的文字比较端庄,齐国文字修长、均匀,燕国文字刻板,楚的文字疏阔流转。秦始皇统一中国后,丞相李斯整理小篆,用此统一文字,"书同文"的历史从此开始。中国汉语方言发音差异很大,口头交流十分困难,但是"书同文"使书写系统统一起来,减少了方言差异造成的交流障碍,不仅推动了汉字的向前发展,而且为国家统一、民族融合奠定了牢固的基础。

书同文是在制度上统一,与之互为表里,秦朝还采取行同伦的措施,统一帝国子民的文化心理。秦始皇根据五行说,黄帝是土德,夏朝是木德,商是金德,周为火德,秦朝推为水德。亥属水,便以亥月(十月)为岁首;黑色属水,故衣服旌旗均尚黑,庶民以黑布裹头,称为"黔首";法令属水,崇尚严刑峻法,"以法为教"。水德之说在全国统一,国人皆须遵守。秦始皇多次出巡各地,颁令刻石,让帝国子民行为同伦,一同遵循水德。据《史记·秦始皇本纪》,始皇先后颁令刻石

---

① 《商君书·定论》。
② 林羽:《"以吏为师"》,《大众日报》2009年3月13日B3版。
③ 同上。

有"峄山刻石"、"泰山刻石"、"琅邪台刻石"、"之罘刻石"、"东观刻石"、"碣石刻石"、"会稽刻石"七种。他在会稽颁令石刻：

> 大治濯俗，天下承风，蒙被休经。皆遵度轨，和安敦勉，莫不顺令。黔首修絜，人间同则，嘉保太平。后敬奉法，常治无极，舆舟不倾。从臣诵烈，请刻此石，光垂休铭。①

在之罘刻石曰：

> 大圣作治，建定法度，显著纲纪。外教诸侯，光施文惠，明以义理。六国回辟，贪戾无厌，虐杀不已。皇帝哀众，遂发讨师，奋扬武德。义诛信行，威燀旁达，莫不宾服。烹灭强暴，振救黔首，周定四极。普施明法，经纬天下，永为仪则。大矣哉！宇县之中，承顺圣意。群臣诵功，请刻于石，表垂于例程。

在东观刻石曰：

> 职臣遵分，各知所行，事无嫌疑。黔首改化，远迩同度，临古绝尤。②

为了促使人们行为心理一致，秦政府还在各地设置专门掌管教化的乡官，为民作则，劝民守德，名曰"三老"。"三老掌教化。凡有孝子顺孙，贞女义妇，让财救患及学士为民法士者，皆匾表其门，以兴善行。"③ 这一制度为秦以后历代承袭，成为中国封建政治的一大特色。④

设置博士、任用方士

"博士"在秦代指"博古通今之士"，是思想文化的掌握者。和商、周一样，在统治集团内，在政权建设中，都离不开思想文化掌握者的支

---

① 《史记·秦始皇本纪》。
② 同上。
③ 《后汉书·百官志》。
④ 冯天瑜、何晓明、周积明：《中华文化史》，上海人民出版社1997年版，第434页。

持。商代君权服从于神权（思想文化者掌握权力）；西周君权掌握主动，思想文化掌握者服务于周王室；东周时期，士阶层形成，他们作为思想文化掌握者集体，不再听命于周王室，而是奔走服务于各诸侯国，有着极大的自主权，可以参与政论，可以非议政治，合则留，不合则去。秦统一后，依然让有知识文化的人参与到政权中来，这就是博士制度的建立。

春秋战国时期的文献中已有"博士"出现，不过，最早出现的"博士"只是对儒家"博学之士"的一种尊称，还不是官职的名称。大概到战国末期，齐、魏、秦等国开始设置博士官，于是博士就由对博学之士的泛指变成了官职名称。秦朝的博士制度承沿战国传统，设置博士官职，官秩比大概600石，选那些"博古通今之士"，参与到政权建设中来。其主要职责是议政、制礼、管理国家图书，并随时听从皇帝召唤或陪侍出巡，以对皇帝提出的问题提供咨询意见。他们能够参与皇帝主持的御前会议，对重要军国大事也可以发表自己的意见。这些博士，不仅自身拥有思想文化话语权，还是思想文化的管理者和使用者。李斯建议"焚书"时，特别指出被焚对象是"'非博士官所职'的《诗》《书》、百家语"，这说明博士掌握着图书卷宗、百家之典，他们管理与使用的图书不在焚毁之列，是代表朝廷管理使用藏书。

秦始皇时有博士70人，二世时有博士30多人。据统计，秦时博士有姓名可考者12人，其中大部分为儒家学者，不少出自齐鲁。事迹较著者有周青臣、淳于越、伏生、叔孙通等。

与博士有密切关联并对秦朝政治产生较大影响的还有方士。方士在学派上大体可以归入道家，是道家中热衷于长生术、神仙术的一类人。有些方士还成为博士，但大多数方士活跃在民间，宣扬修仙、长生之术，代表人物有徐福、卢生、侯生、韩终、石生、黄公、茅蒙、茅盈、宋毋忌、正伯侨、充尚、羡门子高等，其中最著名的两个方士——徐福与卢生都是齐人。在朝廷内，他们也被委以重任，秦始皇派他们四处寻找长生不老之药。

博士和方士都是思想文化的掌握者，都秉承了春秋战国"士人"思想独立、敢于与政治争夺话语权、议论政治的思维习惯，在一统天下的秦帝国内，他们也是如此，对于秦始皇的政治提出自己的看法，甚至敢于指责当政者的错误，这在权力分散的春秋战国时代尚可，但在权力高度集中的秦始皇那里，是很难行通的。当思想文化与政治权力抗衡时，政治权力不再客气，文化高压、文化专制开始出现，于是第一次政治与思想的交锋——"焚书坑儒"出现，博士们不再说话，秦代却二世而亡，孰胜孰败，历史自有评说。

焚书与坑儒

秦始皇统一全国后，针对秦的严酷刑罚、郡县体制，颇通周代典章制度的王绾提出应该继续使用周代分封制。周代后期因分封导致争战混乱的教训就在眼前，秦国是靠强权的法家主张起家，法家思想影响至深，法家主张"三代不同礼而王，五霸不同法而霸"，"前世不同教，何古之法？帝王不相复，何礼之循？"① 意即现代人有现代人的治理方法，不用学习古代。秦朝持法家思想主张不用旧制的也大有人在，因此王绾的提法在朝廷上引起一片争议。此时李斯就对秦始皇提出，儒生们议论先代事迹，"不事今而学古，以非当世"②，混淆百姓视听，不如把这些书烧掉，彻底断掉各家文化教育的传承、发展，思想才能统一，人们也不会乱议论。

秦始皇接受了李斯的建议，颁布了焚书令，规定除《秦纪》以外，六国史书一律烧掉。诗书、百家语除博士官外其他人不得收藏，只有医药、卜筮、农书不在禁列，保留了科学技术之书。焚书令是在公元前213年颁布的，李斯在5年之后，即公元前208年死去，此时秦国已经摇摇欲坠，朝廷已没有精力顾及此事，因此5年之中秦朝焚毁的书籍很有限。"焚书坑儒"作为首次文化专制在历史上一次次被提起，秦始皇首当其冲，以至于压盖了2年之后的秦宫之火对文化典籍焚毁的影响。公元前206年楚霸王项羽占领秦都，将阿房宫付之一炬，造成对典籍文化的毁灭性打击比焚书严重得多。据说当世流传的677种书籍，有524种在秦火中不复存在，也就是说，阿房宫一炬，毁掉了77%的坟典经籍。

方士的命运远不如博士。他们被秦始皇派去寻找长生不老之术，后

---

① 《商君书·更法》。
② 《史记·秦始皇本纪》。

来没有结果，怕被责难，纷纷逃亡，还议论秦始皇之暴戾贪权，散播反对秦始皇的言论，如侯生、卢生曾论曰："始皇为人，天性刚戾自用，起诸侯，并天下，意得欲从，以为自古莫及己。专任狱吏，狱吏得亲幸。博士虽七十，特备员弗用。……上乐以刑杀为威，天下畏罪持禄，莫敢尽忠。上不闻过而日骄，下慑伏谩欺以取容。"① 这些言论引起了秦始皇的大怒，坑儒事件因之发生。就在焚书令下达的第二年，即公元前212年，秦始皇下令抓捕术士，御史审问之时，术士们互相揭发，牵引出460多人，均被坑之咸阳，此即坑儒。

从思想文化的角度看，秦焚书与汉尊儒殊途同归，都是一种文化专制主义，不过前者是焚异说，后者是弃百家。坑儒的影响更是至深，它开启了打击知识分子议政的先河，之后的汉代罢黜百家，人人言儒，只有魏、晋、唐、宋时期知识分子活得较为潇洒，元代称"七盗八娼，九儒十丐"，儒士退至"臭老九"地位，甚至还不如盗贼和娼妓，明清时的文字狱，现代中国的"反右倾"运动、"文化大革命"等，种种戕害知识分子的运动，无不滥觞于此。

但历史无数次证明，只有百花齐放、百家争鸣，才是繁荣昌盛之道，秦始皇焚书坑儒的文化高压并没有为秦帝国引来坦途，也挡不住秦朝十八载而亡的命运。历史进入到汉代，中国主流文化的选择还在进行着。

2. 汉代思想文化的再抉择

崇尚黄老

秦始皇父子急功近利，严刑峻法，焚书坑儒，欲保秦氏江山万世传延，结果很快走向灭亡。秦朝思想文化选择的失误产生的严重后果，逼迫着汉代新政权的建立者痛定思痛，深刻反省，进行新的抉择。

诸子百家思想中，最有名的不过法、道、儒、墨，法在秦已失败，汉代弃用。刘邦集团，如萧何、曹参不过贩夫走卒，大多来自社会下层，对儒家治国的高深理论也不可能产生浓厚的兴趣。儒生信而好古、脱离现实、高自标置也令这些人鄙弃，据说曹参曾向儒者请教，先后召见上百儒者，他们的见解各不相同，曹参听得头昏脑涨，无所适从，相

① 《史记·秦始皇本纪》。

当失望。① 墨家严苛自律，对于刚刚建立不世之功的汉王将相也不适合。建立江山之后，他们血气已衰，保持现状，安享尊荣，是他们最大的愿望，任何变革都可能损及他们的利益，因而唯有主张清静无为、以柔制刚、以静制动、以退为进、以守为攻、刑德相辅的黄老之术比较切合刘邦集团的需要，能够为汉初统治者提供最合理、最有效的统治手段和制定政策的理论依据。

第一个代表地主阶级进行反思和抉择的思想家是陆贾。他提出："秦以刑罚为巢，故有覆巢破卵之患；以赵高、李斯为杖，故有倾扑跌伤之祸"②；"法愈滋，而奸愈炽。兵马益设，而敌人愈多。秦非不欲为治，乃举措暴众而用刑太极故也"③。在他看来，秦朝不是不想治理盛世，而是由于用酷吏暴行、刑罚太滥而导致树敌太多最终灭亡的。所以他提出，最好的治理方法，应当是"无为而治"，达到"无为而无所不为"的目的。陆贾的这些思想，为汉初的政治、思想文化定下了基调。

接着，司马谈和以刘安为领袖的淮南学派，以道家学说为基础，创立了黄老之学。道家学派尊黄帝和老子为创始人，西汉的这些思想家就假托黄帝和老子的思想，实际上将道家和法家思想结合起来，兼采阴阳、儒、墨诸家观点，创立一个学派，将积极的"无为"思想贯彻到现实政治中，达到不治而治的目的。司马谈在其代表作《论六家要指》中说："论大道，先黄老而后六经。"④ 他认为，道家"为术也，因阴阳之大顺，采儒、墨之善，撮名、法之要，与时迁移，应物变化……指约而易操，事少而功多"⑤。这实际上和排斥儒墨的先秦老庄主张已经不同，是汉初的新道家思想。淮南学派的代表作是《淮南子》，吸收《老子》《庄子》《黄老帛书》思想，集黄老之学之大成。与先秦消极无为的道家思想不同，淮南学派主张积极的无为思想，不只"言道"，还要"言事"，"故言道而不言事，则无以与世沉浮"⑥。

---

① 转引自周山主编《中国学术思潮史纲》，上海社会科学出版社 2008 年版，第 82 页。
② 《新语·辅政》。
③ 《新语·无为》。
④ 《汉书·司马迁传》。
⑤ 《史记·太史公自序》。
⑥ 《淮南子·要略》。

黄老之学在汉初流行 60 余年之久，历经汉高祖、文帝、景帝三代帝王，景帝以后的窦太后更是高度推崇黄老之学。黄老之学受到从最高统治者皇帝、太后，到外戚、宦官、学者直至民间士人、卜者社会各层的普遍崇奉。在社会政治领域，黄老之术强调的"无为而治"，"省苛事，薄赋敛，毋夺民时"，"公正无私"，"恭俭朴素"，"贵柔守雌"，也在有力地推行，政府官吏休养生息，清静守一，很少干涉百姓生活，不图丰功伟业和政治霸权，百姓安居乐业，尽心事农，出现了"文景之治"的盛世。

但是，随着统治阶级羽翼渐丰，力量日益强大，尤其是意气风发的少年天子汉武帝登基，清心寡欲的黄老之学开始失去自己的政治阵地，这是因为：

首先，黄老之术将道统放在政统之上。道家之学，以道、自然为思想的最终依据，又把人生存的合理性上通于天。它把个人的价值取向放在了社会之上的天道，所有人都取法于天，是并列关系、平等关系，这无疑消解世俗权威，对于羽翼日渐丰满的大一统汉帝国，不适应性开始出现。其次，在君主政治和社会规范之上存在一个价值更高的天道，而这个天道又是由知识阶层来把握，对于王权也是一种威胁。况且知识分子以天道为凭借，有道则现，无道则隐，游离于专制王权之外，迟早要被王权体制或弥消，或收买。再者，黄老之术中还有一些比较自由的观念对抗着君权思想，最典型的就是老庄并举。庄子的逍遥、齐物，淮南子的反中心、反一尊、追求自由的思想，"胡人便于马，越人便于舟"①的因时而异提法，都对天下一统的意识形态、中央集权大为不利。

汉初，黄老之术有它的用武之地，但君王很快就湮没了它的终极价值依据。天取代了道，而天很快又被天子放在了幕后，人们在不经意间放弃了追问其合理性来源的思想权利。自此之后，黄老之术离开了意识形态的中心，与新产生的谶纬之说相结合，逐渐演变为自然长生之道，退居至发展道教一脉，只剩下一隅思想阵地。

儒术独尊

公元前 140 年，汉武帝刘彻继位，几年后，窦太后死，汉武帝大权

---

① 《淮南子·齐俗训》。

独揽,强盛的大汉帝国和年轻有为的少年天子已经不满足于黄老之学清静无为的政策,而要有大的作为,于是,他一反先祖故训,变寡欲政治为多欲政治,尊儒兴学,制度教化,开辟了轰轰烈烈的新事业。

武帝下诏,令"丞相、御史、列侯、中二千石、二千石、诸侯相国推举贤良、方正、直言极谏之士"①,来朝廷应试,以网罗人才,重定国策。他亲自策问古今治乱之道,奉诏对策的有百余人,专治《公羊春秋》的大师董仲舒脱颖而出,他从三个方面提出儒学独尊的地位:

(1) 援引儒学"春秋大一统"之精义,提出著名的《天人三策》,鼓吹天人感应,君权神授,尊崇儒学,罢黜百家。建议"诸不在六艺之科、孔子之术者,皆绝其道,勿使并进。邪辟之学灭息,然后统纪可一而法度可明,民知所从矣"②。将各种思想统一到儒学一尊,简单明晰,人民的教化就有所依从。尊兴儒学首次被放到重要位置。

(2) 兴太学,置明师,将儒学定为仕途考试和学术研究的重要内容。董仲舒建议:"太学者,贤士之所关也,教化之本原也。今以一郡一国之众,对亡应书者,是王道往往而绝也。臣愿陛下兴太学,置明师,以养天下之士,数考问以尽其材,则英俊宜可得矣。"③武帝欣然应允,于是罢黜秦朝所立之各家博士,专立儒学之《诗》《书》《易》《礼》《春秋》五经博士,"把始皇时的博士之业"诗、书"和'百家之言'分开了,这是一个急剧的转变,使得此后博士的执掌不为'通古今'而为'作经师'。换句话说,学术的道路从此限定只有经学一条了"④。

武帝规定五经博士教授的学生,每经 10 人,全国共 50 人。选择18 人以上、仪状端正者充之。元帝好儒,又增至 300 人。到了成帝时代,仿孔子弟子三千的故事,更将博士弟子额增至 3000 之众。博士学习一年后,经考核能通一经者,便可补文学掌故的缺额;成绩优异者,可做郎中。后来,太学生的规模也不断扩大,昭帝时翻了一番,至百人;宣帝时再翻一番,至 200 人。从此,以儒学为学校教育主要内容,

---

① 《汉书·武帝纪》。
② 《汉书·董仲舒传》。
③ 同上。
④ 顾颉刚:《秦汉的方士与儒生》,群联出版社 1935 年版,第 64 页。

学而优则仕，通过学习考试就可以做官的政治选官模式，把千万个读书人拉到了儒家书桌旁。

（3）设庠序，重教化，将儒学定为民间道德遵从的唯一思想。董仲舒继承儒家注重教化的传统，认为治民之术、道德教化有着无穷的力量，他建议武帝"立大学以教于国，设庠序以化于邑，渐民以仁，摩民以谊，节民以礼"①，特许郡国县官挑选"好文学，敬长上，肃政教，顺乡里，出入不悖"②的少年入太学做旁听生，员额不定。同时，在各地设立庠序之学，"乡曰庠，里曰序"，有学问的人教于学堂，乡人8岁者学小学，15岁者学大学，其优秀者送于乡学，乡学之优秀者送于庠学，庠学之优秀者送于国学。到西汉末，"四海之内，学校如林，庠序盈门"③。这样通过庠序之学，8岁以上的儿童都受到了儒学教育，儒家学说在民间得到广泛推广，儒家道德教化在朝野得到普及实施。

尊儒兴学，制度教化，将教育、考试、选官三者结合起来，是武帝时代的大创造。孔子"学而优则仕"的主张，自此以后便作为正式的文官制度确立起来。与之互为补充的是，建立在儒学道德教化基础上的察举、征辟，也成为汉代官吏的第二大来源。这样，在教育、考试、做官和教化、察举、征辟这两个程式化的选官举措中，全国上下形成一片习儒之声，儒学独尊的地位得以巩固。

儒学经学化、今文经与古文经

经过汉武帝、董仲舒的鼓吹、改造，儒学取得了"定于一尊"的显赫地位，成为汉代思想文化思潮的主流。其最集中的表现形式，是儒学的经学化。

在战国时代，不仅儒家典籍，其他各家各派的著作，也都称为"经"。墨有《墨经》，道有《道经》，法有《法经》，武帝以后，儒学独尊，地位超于众学之上，儒家典籍"五经"成为治国之"法"、人伦之"常"，"经"从此便成为儒家典籍的特称。

"经"的内容，起初仅限于孔子删定的"六经"，即《诗经》《书

---

① 《汉书·董仲舒传》。
② 《史记·儒林列传》。
③ 《后汉书·班彪传附班固传》。

经》《易经》《礼经》《乐经》《春秋经》，到汉武帝时代，《乐经》已经亡佚，故武帝只立五经博士。汉代提倡"以孝治天下"，所以到东汉，又增加《孝经》《论语》，合称"七经"。以后到唐代，《礼经》一分为三，成《仪礼》《周礼》《礼记》，三部释《春秋经》的"传"——《左传》《公羊传》《穀梁传》也升格为"经"，这样"三礼"、"三传"加上原有的《诗经》《书经》《易经》，合称"九经"。唐开成年间，国子学刻石"九经"，又增加《论语》《尔雅》《孝经》是为"十二经"。宋代以后，四书地位上升，作为四书之一的《孟子》加入经学之列，形成"十三经"。

武帝通过设明堂、兴礼乐、以儒术取士、尊儒兴教、制度教化等一系列措施，确立儒家一尊，将教育、考试、选官三者结合起来，逐步把儒学推向国学地位。他废秦代所立之其他各家博士，专立儒学五经博士。又建立官学，弘扬儒术。士人欲做官，唯有攻经独门路径可走。儒家经学因此弥漫于朝堂上下，浸淫而入政治、学术各个领域。无论是学子还是政治家，都以训解和阐发儒家经典为能事，朝廷政令及群臣奏议，皆援引经义以为根据，政治、思想、文化领域，都为儒家经学一统天下。以董仲舒为例，他运用春秋公羊学解说经书的方式，通过发挥、演绎《春秋》经文对此做了比附牵强的阐释。《春秋》首句"元年春，王正月"，这本是编年体史书的一般格式，董仲舒却做了很多发挥：

"正"字在"王"字后，"王"在"春"后。春，是由天所产生的，是天之所为；正，是王所应该奉行的，是王之所为。因此"王"在当中的这种三字排列的顺序，有着隐含的深意，即王道的出发点，就是要上承天之所为，而下以正其所为。君主若想有所作为，就应该效法上天。他进一步引申说，天道中最重要的是阴阳。阳为德，阴为刑；刑主杀而德主生。所以阳常在炎热的夏天出现，以生育养长为事；阴常在寒冷的冬天，处于万物萧索的不用之处。从这里可以看出上天是重德而不重视刑的。天让阳出来布施于上，成就一年的收成，让阴入伏于下，只是有时出来辅助阳。当然，阳如果没有阴的帮助，也不能独立成其为一年。《春秋》中一年开始先提到阳（春），这是天意。君主应该承顺天意安排人事，所以依靠德教而不依靠刑罚。不能依靠刑罚治理国家，就像不能依靠阴来成一年之功。为政若专任刑罚，就是不顺乎天，所以先王不肯这样做。现在废弃先王所重的德教之官，而独任执法之吏治民，实际上也就成了专任刑罚。①

简单的三个字，被董仲舒阐发演绎出如此多的含义，此即儒学经学化的标志。其后的儒者，对这三个字更尽比附之能事，将之演绎为洋洋洒洒万字之言。

由于儒学的经学化，全国上下都来解释儒家经典，导致了儒经的分化，为了争权夺利，每个派别都想把自己的解释定为合法化、正统化，于是出现了今文经和古文经的斗争。秦火以后，儒家的经典损失惨重，原本多佚，只是在民间通过师徒父子口授相传。如田何传《易经》，伏生传《书经》，申培传《诗经》，高堂生传《礼经》，公羊、穀梁两家传《春秋经》，都是通过这种方式传递的。西汉初年，朝廷为了便于经学流播，下令搜集流放民间、口头流传的儒家著作，用当时流行的文字隶书记录整理，写为定本，这便是所谓的"今文经"。武帝时鲁恭王拆除孔子住宅，发现《尚书》《礼记》《孝经》《论语》的原本，皆用先秦古篆写成，其后又有北平侯张苍所献《春秋左氏传》、河间献王挖掘出土的《周官》《礼经》、鲁三老所献的《古孝经》等，因皆是古篆写成，称之为"古文经"。

今文经与古文经之争，早在西汉中后期就已发生，"今文学家以孔子为政治家、教育家，尊孔子为'素王'，即不在位之帝王。今文学家认为，孔子手定六经，寄托着自己的政治理想，六经乃治国之道。……古文学家却以孔子为史学家，尊孔子为先师。在他们眼里，孔子'信而好古'、'述而不作'，六经也只是他记录下来的历史资料"②。正是因为基于不同的认识，二者才有了不同的观点，其分歧在于：今文重视微言大义，重视对经义的阐发；古文重训诂、文字，讲究史料性。前者以《春秋公羊传》为核心，后者以《周礼》为核心。在学风上，今文

① 李贵连主编：《中国法律思想史》，北京大学出版社1999年版，第161—162页。
② 冯天瑜、何晓明、周积明：《中华文化史》，上海人民出版社1997年版，第461页。

经学迎合统治者喜好，大讲阴阳五行、符瑞灾异、谶纬迷信，学风流于空疏、荒诞；古文经学注重名物训诂，学风较为朴实平易，但往往失于繁琐。二者在学术观点、治国方略等一系列问题上，也存在重大分歧。

从武帝时代直到西汉末，今文经学居"官学"正统地位，相对于古文经学，占压倒优势。武帝所立《易》博士施雠、孟喜、梁丘贺，《书》博士欧阳生、夏侯胜、夏侯建，《诗》博士申培公、辕固生、韩婴，《礼》博士戴德、戴圣、庆普，《春秋》博士颜安乐、严彭祖等14人均为今文经学家。在今文诸经中，《春秋公羊传》尤为重要。这是因为武帝需要利用它来阐发孔子"大一统"之精义，为自己的专制集权、多欲政治扫清思想障碍。从学术方面看，董仲舒及其同学胡母生（一作胡毋生）对《春秋公羊传》的深入研究，将其经义系统化、神圣化，也是它地位突出的重要原因。可以这样说，在武帝时代，儒学独尊，归根结底是今文经学的独尊、《春秋公羊传》的独尊。

西汉末年，古文经成为王莽托古改制的理论依据，得以立为官学，取得了合法地位。东汉时古文经学发展较快，它虽未被立为官学，却逐渐成为私学的主流，渐居正宗，学术方面取得很大成就。古文经学大师辈出，如贾逵、许慎、桓谭、班固、王充、马融各在某一领域作出重要贡献。而今文经学由于其自身的弱点，对经文支离破碎而又繁琐的解释，充满荒诞不经的迷信邪说，因此日趋衰落。后世（特别是清代）推崇的"汉学"，即指两汉经学，尤其服膺东汉古文经学考其源流、辨章学术的治学路线。

到了东汉末年，今文经、古文经出现了融合之势，马融的学生郑玄遍注古今文群经，综汇今古文经学，集两汉经学之大成。汉代儒家经今古文之争，对儒学的发展起过一定的作用，其不脱离对经典的依傍，以注经、释经透露己见的"经学方式"，更造成中国人的思维习惯，影响中国文化可谓至远至深。

儒学谶纬化

任何思想、学说都有它的缺点和优点，既有它自圆其说的一面，又有它不完善的一面，都不能放到尊于一、高高在上的地位，抬得太高，会使人迷失方向，看不清其真实面容，其结果也容易导致脱离实际、空想化、神学化。董仲舒是中国历史上最有影响的思想家之一，在当时就享有"群儒之首"的声誉，他运用儒家精神改造阴阳五行说，建构起天人一体的宇宙论系统图式，完成了自战国末年以来思想家们对于宇宙、世界、人生做出规律性解释的追求。但他又把儒学放在独尊独大的位置，在当时，最直接、最恶劣的文化后果，便是诱导了谶纬神学的怪胎投世。儒学的独尊地位，导致它最终走向谶纬迷信化。

从董仲舒开始的神学化的儒学思想，到西汉末年，演变为谶纬迷信，广泛流传。所谓谶纬，即谶记和纬书。"谶"，本义是应验，《说文》解释道："谶，验也。"因此预决吉凶的宗教预言之书，都被称作"谶书"，此类书有的还附有图样，故又叫"图谶"。"纬"与"经"相对，用宗教神学观解释、附会儒家的"经"书，就称为"纬书"。谶记与纬书，充满荒诞、迷信的内容。

西汉末年，由于社会危机深重，图谶随之流行起来。汉成帝时，齐人甘忠可利用谶书，鼓吹汉室再受命。汉平帝死后，王莽利用孟通所得符命，做了假皇帝。但他不满足于只是个假皇帝，后来又利用广汉（今四川广汉县）人哀章所做"天帝行玺金匮图"，"赤帝行玺某传予黄帝金策书"，上称"王莽为真天子，皇太后如天命"①，终于登上了真皇帝的宝座。图谶成为王莽攫取最高统治权力的工具，因而在他的利用和倡导之下，其影响日益扩大。

新朝末年，刘秀利用图谶起兵，后又称应了火德之运，以"神意天命"的资格登上帝位。建武中元元年（公元 56 年），刘秀"宣布图谶于天下"②，自成帝以来的图谶与国家政治理论儒家经典结合起来，经书要义，全依谶纬阐释。东汉建初四年（公元 79 年），章帝召群儒集会白虎观，"帝亲称制临决"，名义上是"讲议五经同异"，实质上是借皇权的威势，用图谶纬书妄解经义，使经学与神学相结合，谶纬正式成为钦定法典。会后整理出《白虎通德论》，又称《白虎通义》《白虎通》。《白虎通》将董仲舒的"天人感应"学说与谶纬迷信融合在一起，加以系统化、神圣化，把一些自然现象、政治制度、经济制度、思想文化等问题牵强附会地拉扯在一起，做一番曲解和比附，为巩固封建政权

① 《汉书·王莽传》。
② 《后汉书·光武帝纪》。

和皇权服务。如此，使得由董仲舒改造过的神学化的儒学更富有迷信色彩，其神学体系更加完整。谶纬化使汉代思想界十分混乱，没有科学可言，一时间，"儒者争学图纬，兼复以妖言"①。一些知名的古经文学者，如桓谭、郑兴等反对谶纬之说，都惨遭迫害。儒家思想完全被神学化、宗教化，经学几乎完全丧失了学术价值，堕入迷信巫术的泥淖。

　　盛极而衰，物极必反，儒学在汉代的至高至尊，也是它从盛到衰的开始。儒学的神学化、谶纬迷信化，使它本身在人们知识、思想和信仰世界中逐渐难以承担起解释主流价值观的重任，到东汉末年天下大乱之时，在中上层，人们的视野开始脱离儒学，能够揭示世间纷繁芜杂又无可奈何的佛家因缘，能解救人焦渴心灵的老庄玄学开始出现；在下层，民不聊生的战乱中，西方的佛教、本土的道教亦在滋生。

二　佛陀东来与道教创立

　　谈起中华文化，离不开儒、释、道三足鼎立，三者共同支撑起中国思想文化精神的基本构架。儒学在汉代定于独尊后，"相当严整的体系"的宗教也在此时出现，主要表现为佛教的传入和道教的形成。这以后，中华大地上才有了具有自圆其说的哲理、系统的神谱、完整的仪式和严密的组织等严格意义上的宗教。

　　1. 佛陀东来

　　公元前 6 世纪到前 5 世纪，古北印度迦毗罗卫国（今尼泊尔南部）净饭王之子释迦牟尼创立了佛教。200 年后，公元前 3 世纪印度孔雀王朝阿育王统治时期，佛教大盛，居于国教地位。阿育王利用佛教巩固统治，对外扩张，派遣大批佛教徒，分北、南两个方向传播佛教。佛教北传，岔分两路：一路经中亚细亚（即秦汉时代所称的"西域"），传入中国内地；一路经雅鲁藏布江传入我国西藏地区，形成藏传佛教。佛教南传，先入斯里兰卡，而后又至东南亚地区及我国西南傣族等少数民族聚居区。北传佛教以大乘为主，南传佛教则以小乘（上座部）佛教为主。

---

　　①　《后汉书·张衡传》。

公元前 2 世纪至 1 世纪，位于丝绸之路另一端的西域各地，佛教已广为流行。西域各国的高僧沿着丝绸之路，携带大批佛经来到中国，并进行翻译。民间流传着颇富诗情画意的"白马负经"的传说，并称这便是洛阳白马寺的由来。东汉桓帝建和二年（公元 148 年），安世高从安息来洛阳，到灵帝建宁三年（公元 170 年），20 多年间翻译出佛典95 部，115 卷。与安世高齐名的译经师支娄迦谶，由大月氏来洛阳，于灵帝光和、中平年间，译出佛经 23 部，67 卷。此外，还有一些来自西域及天竺的僧人也各有译经传世。

佛经的传译为佛教思想的传播打下了良好的基础，使其在一定的社会条件下迅速传播开来。东汉末年外戚、宦官交替专政，社会黑暗，政治腐败，加之天灾不断，瘟疫流行，民不聊生，这就为佛教的初步传布提供了有利条件。揭竿而起的黄巾大起义，又在豪强地主的血腥镇压下归于失败。在这种境遇下，痛感人生悲苦，渴求安宁生活，成为普遍的社会心理，而佛教教义正是以人生之苦为最基本的命题。"宗教里的苦难既是现实的苦难的表现，又是对这种现实的苦难的抗议"[1]，生、老、病、死、爱别离、怨憎会、求不得、五蕴盛八苦之说，正应对了社会一般成员的心境，而"十二因缘说"、"业报轮回说"等宿命论理论，又为他们提供了在苦难中挣扎的精神慰藉。于是，佛教便开始由上层走向民间，渐次传播开来。

佛教的传入，给两汉经学所造成的沉寂的学术氛围带来了清新的气息，佛经翻译，特别是对此后的魏晋玄学思潮的泛滥，起到了推波助澜的作用，老庄思想也随之在学术界重新崛起。玄学兴起，高僧名士皆以老庄相尚，梵文转借《庄子》之意，活用"禅"字，并赋予其丰富的内涵，形成中国的禅学，对中国的士人和普通百姓都有深远影响。

2. 道教创立

中国土生土长的民族宗教，是道教。道教以鲜明的"中国特色"，长久作用于民族文化心理、风俗习惯、科学技术以及社会政治、经济生活的广泛领域。

---

① 马克思：《黑格尔法哲学批判导言》，《马克思恩格斯全集》（第二版第三卷），人民出版社 2005 年版，第 200 页。

东汉顺帝以后，政治腐败，外戚、宦官争权，经济崩溃。在精神领域和思想道德方面，处垄断地位的儒家经学日益脱离百姓日用之道，其主流谶纬神学，丧失了对一般社会成员的吸引、慑服作用。这就为道教的萌生，留下了精神领域的缝隙。

当社会无法忍受政治、经济的全面动乱，同时又苦于找不到现成的精神、道德避难所的时候，道教的产生，便成为社会成员尤其是社会下层的急需。因此，原始道教的第一批信徒主要来自社会最下层受苦受难而又较富有反抗精神的人们。黄巾英雄便是聚集在原始道教其中一派太平道的杏黄旗下，高呼"苍天已死，黄天当立，岁在甲子，天下大吉"①，把东汉王朝送进坟墓的。

道教的思想源于民间的巫术、神仙传说和成仙方术，也有阴阳五行化的谶纬之学，最重要的是黄老思想。汉武帝之后，黄老思想逐渐被统治集团抛弃，但在民间，依然拥有广阔的领地。东汉末年，它与神仙家结合，将"清静无为"、"恬淡寡欲"补入神仙家"长生不老"、"肉体升天"，更具有安慰艰难世中人的魅力。此前黄老学说中并尊的黄帝、老子，这一时期相互地位也发生微妙的变化，黄帝的地位下降，老子被独奉为神明，成为道教之始祖——"太上老君"。

道教认为最高神有三，即居于玉清境清微天的元始天尊（天宝君）、居于上清境禹余天的灵宝天尊（太上道君）、居于太清境大赤天的道德天尊（太上老君）。以下居于苍穹的有大明、夜明之神，五星五行之神、太一、文昌、列星之神，风雨雷电之神。地面的有五岳、五镇、四渎、四海之神，管日用的有土地、灶君、门神、财神。道教追求双重的理想境界：其一，是在现实世界上建立没有灾荒、没有战争、没有疾病，"人人无贵残，皆天之所生也"的平等社会。这种理想，表达了东汉末年贫苦民众对黑暗现实的否定和对安居乐业的宁静生活的追求，它最集中地体现在《太平经》中，并由黄巾义军们用生命和鲜血的代价付诸实施。其二，是追求处生死、极虚静、超凡脱俗、不为物累的"仙境"世界。道教津津乐道的三十六洞天、七十二福地，并非存在于冥冥上天，而存在于自然界的美妙山水之间。人们经过修炼，便能长生不死，既可以与凡

---

① 《后汉书·皇甫嵩传》。

夫俗子为伍，也可以追适于仙山琼阁。后者作为一种理想追求，推动着中国人为争取延年益寿而孜孜不倦地探求生命的奥秘。①

道教乐生、重生、贵术。世界上形形色色的宗教几乎全都关心"人死之后如何"的问题，而道教却独树一帜，热衷于"人如何不死"的问题。许多宗教都认为人生充满罪恶与病苦，把希望寄托在天国，幻想死后灵魂得到安宁，道教却认为，生活是乐家，死亡最痛苦，追求长生、快乐人生是道教的此在目的。以乐生、重生为宗旨，当然就重视研究长生的方法，这就是"贵术"。人欲长生不死，既要追求精神的超越，又要讲究肉体的康健，这就衍生出许多养生之道、修炼之气，如外丹、内丹、服气、吐纳、辟谷、导引等。可以看出，道教从形成之初，便体现出鲜明的中国特色，把中国人重视实用、重视今生、乐观豁达又逃避责难的人生态度表现得淋漓尽致，并在以后的岁月里给予社会民众，尤其是士大夫阶层的精神面貌以强烈影响，也给中国的文学艺术打上了烙印。

三　汉末社会思潮

汉代末年，一方面儒学谶纬迷信化，今文经、古文经皆因自身难以克服的弱点走向衰弱；另一方面宦官、外戚轮流专政，恣意妄为，吏治腐败，社会十分黑暗。此时士子们"以天下为己任"议政论政的特性又一次凸显，社会上出现了几股思潮对抗经学的堕落和政治的腐朽，主要有疾虚妄思潮、社会批判思潮和清议思潮。

1. 疾虚妄思潮

两汉之际，当谶纬风行且上升为统治思想时，为了维护经学的圣洁，一批具有理性思维的士人公开进行反谶纬活动，反谶纬思潮也随之产生。从西汉末年的扬雄到东汉初年的桓谭、郑兴、尹敏、王充，都清醒地认识到谶纬的荒诞和危害，并奋起反对。在训诂章句、谶纬符命盛行的东汉，扬雄独守操节，"重古文"、"不言谶"、"贱俗交"，开一代清新学风，在他的影响下，郑兴、尹敏、桓谭、王充等一班不媚俗、不趋时、不怕死的刚正之士，开启疾虚妄思潮。郑兴整理儒经，注释章

---

① 冯天瑜、何晓明、周积明：《中华文化史》，上海人民出版社1997年版，第478页。

句，反对经学走向谶纬歧途，公然犯言光武帝"臣不为谶"；尹敏在受命"校图谶"时，恶作剧式地添上"君无口，为汉辅"的文字，拂逆龙颜。① 桓谭对谶纬的批判更是激烈，他对谶纬深恶痛绝，多次义愤地辩论谶纬之荒诞，一而再、再而三地冒死陈奏，力斥谶纬之虚妄，惹得光武帝大怒："桓谭非圣无法，将下斩之!"② 两汉之际这股反谶纬的"异端"思潮到王充时获得了理论总结。王充是东汉前期的思想家，他出身"细族孤门"，一生仕途无望，穷三十年精力完成巨著《论衡》，明言其宗旨："一言也，曰'疾虚妄'。"③ 在书中，他以天道自然论为武器，对两汉神秘化的官方学说进行了全面批判，动摇了谶纬和"天人感应"的理论基础。

王充之后，思想家们对于神秘化的官方意识形态的批判仍在继续。但是进入东汉中期以后，"由于意识形态危机开始与政治危机结合，并且由于这种结合大大加速了社会危机的全面爆发，批判思潮的锋芒发生了重大转向——它已不止是作为意识形态领域的'异端'思想而存在，而是扩展到社会生活的各个方面，尤其是在政治上与当权者公然对立"④，这就形成了汉末社会批判思潮。

2. 社会批判思潮

"社会批判思潮本是专制王朝内部知识分子的改良活动，它的全部努力在于挽救这个王朝而不是相反。但是由于王朝内部腐朽势力的强大和儒生对现实的不满，这种改良活动往往表现为对抗的形式；随着王朝危机的加深，其对抗性和批判性亦愈加强烈。"⑤ 外戚、宦官专权打破了国家的正常秩序，以致政治腐败、社会失常。以履践儒家理想为己任的儒生士人，绝不允许一个以儒家大一统理论建立起来的专制王朝处于分崩离析之中，在这种严酷的社会危机面前，为了挽救王朝的命运，也为了谋求自身的政治出路，他们遂与外戚、宦官集团展开了殊死较量。

汉末的社会批判思潮发生在一批在野的儒生那里，他们空有一腔报

---

①　冯天瑜、何晓明、周积明：《中华文化史》，上海人民出版社 1997 年版，第 466 页。

②　《后汉书·桓谭传》。

③　（东汉）王充：《论衡·佚文》。

④　罗传芳：《批判与反思东汉社会批判思潮的理论意义》，《哲学研究》2006 年第 8 期。

⑤　同上。

国热情，仕途却被堵塞，掌握国家机器的不是政治精英，更不是士人精英，而是仅仅因为和皇帝关系密切就把持政权的宦官和外戚，他们无所不为，祸乱朝政，引起在野儒生的愤怒不满，加之本身没有权和位的畏惧局限，因此社会批判思潮首先在他们那里发生。

这批儒生游学乡里、著书立说，讽议朝政、品鉴人物，留下了大量优秀的政论著作，如王符的《潜夫论》、崔寔的《政论》、仲长统的《昌言》、荀悦的《申鉴》、徐干的《中论》等。其共同特点是大胆抨击时政，探讨社会改革方案，试图在理论上完成对现实政治的批判。王符的《潜夫论》批判了汉末的社会矛盾和政治弊端，社会矛盾如弃农经商、奢侈浪费之风，以及由此引起的社会贫富分化、田园荒芜，都受到作者批判，政治方面的种种弊端，如沽名钓誉、阀阅取士、朋党窃权、贪污腐败、贡举不实也都遭到他的无情揭露①；崔寔在《政论》中批判了政治腐败与风俗淫弊的三患，即奢僭、弃农经商、厚葬；仲长统的《昌言》毫不客气地将造成时政积弊、政治腐败、社会黑暗、时俗之鄙的矛头，直指皇帝、外戚、宦官。可以看出，王符、仲长统等人的社会批判思想直击了当时政治、经济、意识形态领域出现的一系列重大问题，既批判了外戚宦官专权、政治腐败和选官任官制度的弊病，也对导致自耕农经济破坏的种种原因以及官方经学的流弊进行了深刻揭露。

东汉这些来自下层或政治底层的思想家对社会进行的理论批判，代表了东汉社会批判思潮的主流，这些批判，比起在朝官僚、太学生的政治抗争和清议思潮，其所反映的时代内容要广泛得多，因而意义也深刻得多。

3. 清议思潮

与在野儒士掀开的社会批判思潮遥相呼应，在朝廷，官僚、太学生"党争"活动、清议思潮也指向外戚和宦官。

追源清议，概始于察举征辟制度。汉代的察举、征召、辟除等选官制度中，征选人才的标准依据是乡里的评品意见。"东汉中期以后，清议之风兴起。清议是乡里或学校对士人的褒贬和对官吏的批评。它是汉

①　金春峰：《汉代思想史》，中国社会科学出版社 2006 年版，第 522 页。

代选举制度的产物,又是政府察举人才的依据。"① 汉末转而为士大夫对官员和政府政治的清议。

东汉统治者笼络儒生,扩充太学,使太学生人数增长至三万多人。东汉末年阶级压迫导致农民起义高涨,同时统治阶级又分裂为不同的政治集团,相互争权夺利,特别是外戚与宦官争夺皇权十分激烈。面对日益腐朽的政治,士大夫议论政治、参与政权建设的品性显现出来,太学生出现了评议朝政的"清议"之风。外戚和宦官其实是社会两大毒瘤,均非真正的政治精英,太学生不屑于与他们为伍,斥之为"浊流",自标为"清流",对于外戚和宦官祸国乱政,太学生从品评人物发展到议论国事,抨击朝政,斥责宦官,赞颂节义,与外戚宦官集团抗衡,作为舆论监督手段,对东汉政治产生了巨大影响,称为"清议"。很明显,这些清议,只是议论政事、与外戚宦官直接抗议,但涉及深刻的社会问题,如贫富分化、奢侈之风、农田荒芜等则和自身责任不脱干系,故不敢过多涉及。

清议中,太学很自然地成为中心,善于清议的人被视为天下名士。当时窦武、刘淑、陈蕃被标榜为一代宗师,号称"三君";李膺、杜密等八人被标榜为人中英杰,号称"八俊";郭泰、范滂等八人被标榜为道德楷模,号称"八顾";张俭、岑晊等八人被标榜为能引导他人追随宗师,号称"八及";度尚、张邈等八人被标榜为能以财救人,号称"八厨"。"清议"的中心议题涉及农民起义、对羌人的战争问题、经济破产问题、外戚干政问题等。"清议"最终遭到宦官不满,他们以"党人"罪名将清议的士人终身禁锢,此即党锢之祸。被党锢的人,并非皆品高之士,亦有形形色色各类人。其中不乏激于意气行为过当之人,也不乏为标榜立名竞尚声华之辈,他们互相标榜,合党连群,对名节趋之若鹜,也产生了负面影响。党锢先后发生两次,各地陆续被逮捕、杀死、流徙、囚禁的士人达到六七百名,士人"清议"不得不终止,于是另求出路,由愤激的评议朝政转为发言玄远,随后发展为魏晋的清谈和玄学。

---

① 庄华峰:《魏晋南北朝社会》,安徽人民出版社 2009 年版,第 473 页。

四 中国思想文化初步定型

秦汉作为中国统一多民族国家的开始，在思想文化上几经选择，将儒学作为官方正统主流的文化，并在此后的岁月中，不断沿袭、传承下来。这一时期对中国思想文化的大贡献，就在于初步完成了中国思想文化的定型，具体表现为中华文化共同体的形成与礼文化的完备。

1. 中华文化共同体的基本形成

中国文化经过西周时期的草创，春秋战国时期的讨论、争鸣，到秦汉时期走向统一，中华文化共同体在此时基本形成，成为秦汉时期思想文化史上的一件大事。

中华文化共同体，经历了漫长的岁月才得以形成。概略地说，传说时代居于今陕西、河南一带的氏族部落，经历夏、商、周三朝，与黄河中下游地区其他各部落相互融合而成的华夏族为中华文化共同体的核心，再经过春秋战国时代与周边异族相互交通，彼此吸收文化成分，而由秦的统一最后予以强化、定型而成。

春秋战国时代连绵不断的诸侯兼并战争，以及与之伴生的民族迁移、分裂、聚合，大大加强了华夏族与周边民族融合的规模和深度。华夏文化在"用夏变夷"的同时，也不断吸收、融汇周边文化精华于自己的肌体之内，这个过程中，逐步形成了强烈的文化认同心理。应该说，在秦统一以前，中华文化共同体的这种深层结构因子，即共同文化心理已经大致具备。主要表现在：

（1）春秋时代盛行"尊王攘夷"的观念，时至战国，中原各诸侯国与周边民族不断冲突、融合，国人关于华夏族居于中原，夷、蛮、戎、狄分居于东、南、西、北四方的认识渐渐形成，东、南、西、北、中正是五行五方思想中所包含的文化观念，后来被大家所认同，"尊王攘夷"观念被"以夏变夷"取代，最终达到统一。

（2）地域方面，邹衍提出了九州说，认为世界分为大九州和小九州，中国作为大九州之一，居天下之中，又分为小九州，即冀、兖、青、徐、扬、荆、豫、梁、雍，这就将黄河流域、长江流域等大片土地形成一个整体的统一概念，九州说在当时十分流行，表明中华文化共同体的共同地域观念已经明确。

（3）各族共同祖先——黄帝形象，在神话系统中至尊地位的确立，被称为中华民族共同的祖先，更是这种文化认同感的人格化的生动标志。

上述这些从心理、地域、共同祖先等方面确立了中华文化共同体的核心，接下来的语言风俗的统一就在实践上稳固了中华共同体。

秦统一前，列国诸侯在各自的势力范围内为语言、风俗、经济、文化的最终统一打下了一定基础，至秦统一，瓜熟蒂落，水到渠成，秦始皇在"东至海暨朝鲜，西至临洮、羌中，南至北向户，北据河为塞，并阴山至辽东"①的辽阔疆域上建立起专制主义中央集权：统一政令、军令；改变各诸侯国文字异形状况，以整齐的小篆作为标准文字，并制隶书为日用文字；统一货币单位和度量衡；拆除各国所筑关隘，修建驰道。这一系列行政措施，为文化共同体的风俗、语言、经济生活的最终统一，打通了最后的道路，并使之制度化、定型化、长期化。中华文化共同体至此最终形成。

正因为如此，秦的统一不仅对于中国政治史，而且对于中华文化史，都具有深远意义，而后者更远远超乎前者之上。"秦"作为一个王朝的称谓，在这个短命的王朝覆亡两千年之后，仍然作为中华文化共同体的代称流播于世界，西洋中的"China，"东洋的"支那"，都是"秦"的音译。②

2. 礼文化的完备

中国是礼文化的国度，在传统思想文化中，礼是重要的一个部分，滥觞于两周的中华"礼"文化，经历了春秋战国的洗礼、秦的焚火，发展到汉代，臻于完善。

首先在理论方面，汉儒在先秦儒家学说的基础之上，对礼文化理论进行了新的、更深入的开拓，并总结出系统化的成果。这些成果，荟萃于《仪礼》《礼记》等汉儒编定的儒家文集之中。

汉儒对礼的定义做了更清晰的规范。"夫礼者，所以定亲疏，决嫌

---

① 《史记·秦始皇本纪》。
② 冯天瑜、何晓明、周积明：《中华文化史》，上海人民出版社1997年版，第427—428页。

疑，别同异，明是非也。"①"亲疏"是判断人伦关系的，"嫌疑"是追寻事物答案的，"同异"与"是非"是判断标准的，礼所管辖的不仅是个人行为，是社会成员一切言行是否适宜的统一尺度，是每一个社会成员必须自觉地熟悉它的内容、接受它的制约的一种社会规范；礼还是国家社会行为，是治国经邦的基本法度。统治者治事用人、管理国家、颁布政令都要以礼为准则。可见，礼囊括社会生活、政治生活、个体生活的一切。礼作为伦理道德和社会政治的统一规范，具有历史的稳定性、遗传性，不会因世事的变迁而丧失它的意义，又具有内涵的确定性、严肃性，不可随意更改。对礼的遵从，是社会生活和国家政治得以正常运转的最基本的、绝对的前提，也更是对文化传统的继承，"故坏国丧家亡人，必先去其礼"②。

礼作为全体社会成员都自觉自愿受其制约的行为规范，其根本依据、终极意义方面，汉儒又做了充分的阐发。他们提出礼并非社会强加给人的外在的规章法则，而是切合人的本质、人的本性之内在的情感满足方式。汉儒将礼的诸种内涵统统根植于"人道亲亲"的"大端"。"人道亲亲也。亲亲故尊祖，尊祖故敬宗，敬宗故收族，收族故宗庙严，宗庙严故重社稷，重社稷故爱百姓，爱百姓故刑罚中，刑罚中故庶民安，庶民安故财用足，财用足故百志成，百志成故礼俗刑，礼俗刑然后乐"③。这样在儒学"人道亲亲"的理论基础之上，作为社会政治和行为道德规范的"礼"的系统在汉代臻于精密和完善。

汉儒对礼文化理论的开掘和升华，还体现于"中庸"思想的发挥。他们继承和发展了先秦儒学的"中庸"观，不仅把它作为伦理道德的最高境界，而且把它作为日常行为基本准则礼的哲理化抽象，阐发了"中庸"的三层相互关联的含义：执两用中；用中为常道；中和可常行。也就是说，中庸就是用中，为人处世，不偏于极端，而追求一种不偏不倚、无过无不及的"中和"之道。为人处世，是人生的常务，因此"中庸"又有"常"的含义。既是"常道"，那么它就一点儿也不

① 《礼记·曲礼上》。
② 《礼记·礼运》。
③ 《礼记·大传》。

神秘、玄妙和深不可测，而是非常平实、简洁易行，此即所谓"致广大而尽精微，极高明而道中庸"①，意即精微的人生哲理就在广大的日常起居之中，平易、中和地循礼而行，便可登临极高明的道德境界。

其次在礼文化制度方面，汉儒承亡继绝，重建礼制，而且将其规范化、普及化、世俗化，编织出一张笼天地、纳人神、齐万物的周密文化网络。孔子"非礼勿视，非礼勿听，非礼勿言，非礼勿动"的人生信条被具体化为从治国理家、求学问道一直到婚丧嫁娶、衣食住行等日常生活方方面面的精细守则。周代施行于贵族王室社会上层的礼仪，一变而为社会各阶层共同遵循的行为规范。汉儒将这些规范归纳为六礼、七教、八政：

> 六礼：冠、昏、丧、祭、乡、相见。七教：父子、兄弟、夫妇、君臣、长幼、朋友、宾客。八政：饮食、衣服、事为、异别、度、量、数、制。②

六礼即社会典仪，七教即人伦关系，八政即生活制式。"礼"将这一切聚括无余，社会所有成员的行为都可以从这里找到依据和评价尺度。这些细致入微甚至流于繁琐的人生守则，约束了社会成员的欲望追求、情感宣泄、意志表达的快捷方式，铸造了封建时代中华民族温、良、恭、俭、让的整体精神风貌，从而作为一种重要的思想文化精神被固定、流传，两千余年长久不衰。③

五　秦汉历史典籍

史学类：

1."四史"：司马迁《史记》，纪传体通史，从传说中的黄帝到汉武帝太初年间，尤详于战国、秦汉；班固《汉书》，纪传体断代史，从

---

① 《中庸·第二十七章》。
② 《礼记·王制》。
③ 本部分内容的观点，多引自冯天瑜、何晓明、周积明《中华文化史》相关内容。

汉高祖元年到王莽时期西汉的历史；范晔《后汉书》，纪传体断代史，记载东汉的历史。这三本书和《三国志》一起通称"四史"。

2. "三史"：官修《东观汉记》，是纪传体东汉史，在晋代，此书与《史记》《汉书》并称"三史"。

3. 荀悦《汉纪》是《汉书》的简本，写西汉历史；袁宏《后汉纪》，仿《汉纪》，写东汉史。另有徐天麟《西汉会要》，是西汉政治、经济制度的资料汇编，是研究西汉典章制度的珍贵史料。

政论文：

1. 董仲舒《春秋繁露》，为政治理论书，涉及大一统、三纲五常、天人感应。

2. 桓宽《盐铁论》，主要论及汉武帝时期的政治、经济、文化、军事、外交。其他著名的尚有王充《论衡》、桓谭《新论》、刘安《淮南子》、王符《潜夫论》、仲长统《昌言》。

文学：

主要有贾谊《新书》、司马相如《子虚赋》《上林赋》、班固《两京赋》、扬雄《太玄》、张衡《二京赋》、刘安《离骚体》等。

类书：

1. 刘向《叙录》，刘向奉帝命校阅古书，广罗异本，仔细勘对，校完一书，写成《叙录》一篇，介绍作者、内容、价值、学术源流及校勘经过。《叙录》汇编成册，别行于世，称之为《别录》。

2. 刘歆《七略》，刘向儿子刘歆将《别录》所载书编成我国第一部综合性图书分类目录，分为六类三十八种。六类称六略，分别是六艺略、诸子略、诗赋略、兵书略、数术略、方技略，此六略加上总序性质的辑略，成为七略。

第三章　魏晋思想文化

一　动乱时代

汉末董卓之乱使大汉帝国崩溃瓦解，与军阀割据、王室贵族自相杀戮相推引，北方游牧人因气候转寒放牧条件下降而不断南下，同农耕汉人激烈争夺生存空间，长达近 400 年的战乱时代由此拉开。在全国范围内，先有魏、蜀、吴三国鼎立，继之而起的西晋短促统一，晋亡之后，南北开始分立：在北方，先有十六国割据，后有北魏、东魏、西魏、北齐、北周的政权嬗递；在南方，则先后有东晋，宋、齐、梁、陈诸王朝的起伏更迭。在这规模浩大的历史震荡中，动乱成为时代的鲜明特色，三国争战、八王之乱、五胡乱华、永嘉南渡等一连串的战争使得中原一带民不聊生。与之相应，在政治、经济和文化领域内都发生了破碎、分裂之变。

政治方面，世家大族实力雄厚，他们具有参与政权的充分条件，脆弱的中央政权不得不尽力拉拢他们，求得他们在经济上、政治上的支持。于是，出身门第成为参与政权的最重要资本，自魏文帝开始推行的"九品中正制"便是一种提升门阀士族政治地位使其获得参政特权的重要制度。

经济方面，与汉代大帝国的崩溃瓦解几乎同步，两汉集权式地主经济全然瘫痪，士族地主的庄园经济却以一种旺盛的活力在战乱中蓬勃发展。这些庄园自成一个社会，不仅经济上自给自足，而且又拥有兼具宗法、军事、生产性的私人武装——部曲。中央财政捉襟见肘，集权经济遭到破坏，无力再统属各地。

思想文化方面，中央集权的分散造成政治对学术干预的弱化，为学术思想的自由发展提供契机；同时，门阀士族们优越的政治地位与雄厚的经济实力，深刻地影响着他们的审美意识。他们不仅不受制于当时政治，反过来还影响政治，因而他们的文艺观与创造性往往不指向现实政治与实用功利，而是追求较为纯粹的精神上的愉悦，个体存在的意义和价值在这样的审美取向中受到空前的重视。彼时，政治一元化破碎了，经济一元化破碎了，精神价值一元化也被瓦解，整个社会心理更在"山崩地裂"的大震荡中趋向错乱，一种深重的生命危机压在人们心头，敏感的文化人"悟兴废之无常"，哀"人生若尘露"，下层民众将"怨"、"愁"、"叹"等生之苦闷灌注入民间歌谣中。这些都为以崇尚个体人性、向往人生平等却又虚无玄妙的玄学和注重自我修行、依托来世幸福的佛教的大发展提供了肥沃的社会土壤。

二 魏晋文化：一统走向多元

动乱的时代为这一时期的文化打上了新烙印，出现了多元化、个性自由化、冲突交融化等特征。

官学屡遭毁坏，定型于西汉中期的以经学为主干、以儒学独尊为内核的文化模式崩解，取而代之的是文化生动活泼的多类型发展。士族家学以其雄厚的庄园经济及政治实力，成为典章学术传承的重要形式，私化的士族家学成为显学，文化不再一统，出现了多元化共存现象，科技、文艺和史学奇迹般地得到进步，不再依附正统文化，开始观照自我，走向自觉，文论、史论性著作出现；破除了一统一元的文化专制，士人在思想上大解放，呈现出个性自由的多彩姿态。痛苦的社会时代，恰给人们"精神史上提供了极自由、极解放，最富于智慧、最浓于热情"[①] 的土壤，思维空前活跃，人们从不同角度去寻求和确定个体存在的意义和价值，从而将中华文化在"人不断解放自

① 宗白华：《论〈世说新语〉和晋人的美》，见《美学散步》，上海人民出版社1981年版，第208页。

身"的文化生长轨道上向前推进了一大步。

魏晋时期思想文化冲突融合的特征也极为鲜明，表现为南北文化、胡汉文化及儒释道文化间的交流与冲突。永嘉之乱、晋室东渡，使得礼乐政刑文化随逃亡士人从中原迁到江左，在那里得到新的发展，北魏孝文帝时又回传到中原，推进了南北文化对流融会的生动态势；五胡乱华，胡人统治南下，胡汉文化冲突交融，胡文化通过两个渠道开始"汉化"，一是"由胡人统治者采用汉族封建统治的组织形式与推广儒学，从而以强力推进胡文化发生质的变化"，二是"入迁内地的胡人在'与华民错居'情势中，不仅'语习中夏'、'多知中国语'，而且潜移默化地受到汉文化观念意识的影响"①；精神领域内，佛、道二教文化在动荡中相争相补，空前发达，儒、玄二学文化也在冲突中激荡交融，共同发展。南北交流相融合，胡汉文化相激荡，儒、玄二学相冲突，道、佛二教相抵抗，不仅是魏晋时期的文化特点，也是促进魏晋南北朝文化结构呈现出多元态势的内在动力。

如果站在中国古代历史的制高点上看，魏晋时期的文化，与前代相比，汉代在艺术上过于质朴，在思想上定于一尊，统治于儒教；与后代相较，唐代在艺术上过于成熟，在思想上又受儒、佛、道三教的支配。而这一时期，动乱时代酿成社会秩序的大解体，旧礼教的总崩溃，思想和信仰的自由、艺术创造精神的勃发，酷似西欧 16 世纪的"文艺复兴"。这也是中国继春秋战国诸子之后的哲学时代，一些卓越的哲学天才——如佛教的译经宗师、玄学的思辨大家，就在这个时代诞生。艺术家们如王羲之父子的字，顾恺之和陆探微的画，戴逵和戴颙的雕塑，嵇康的广陵散，曹植、阮籍、陶潜、谢灵运、鲍照、谢朓的诗，郦道元、杨衒之的写景文，云冈、龙门壮伟的造像，宏丽的寺院，无不是光芒万丈、前无古人。这几百年间精神上的大解放、人格上思想上的大自由，使得人心的美与丑、高贵与低劣、善良与残忍，发挥到了极致，呈现出强烈、矛盾、热情、浓于生命色彩的鲜明特征。

---

① 周积明：《魏晋南北朝时期的胡汉文化冲突》，《中南民族学院学报》（哲学社会科学版）1991 年第 3 期。

三　儒、玄、道、佛的发展及相互间的冲突与交融

1. 各自的发展

玄学

汉代末年的清议思潮屡屡被统治者镇压，士大夫们的议论不得不脱离政治走向空灵，至魏晋时代转而发展成为玄而又玄的心性之谈，称为"清谈"。当时的清谈家们醉心于形而上的哲学论辩，这种论辩犹如后代的沙龙，风雅名士（如以嵇康、阮籍为代表的"竹林七贤"）聚在一起，一边潇洒地挥着麈尾，一边侃侃而谈，因以玄道为内容，当时人称之为"清谈"或"玄谈"。清谈家称《周易》《老子》《庄子》三本书为"三玄"，并以此经典为据展开议论，"玄学"之名由此而来。

"玄学"谈论的主题是道家的自然与儒家的名教。东汉末年至两晋为200多年的乱世时代，随着大一统王朝的分崩离析，统治思想界近400年的儒家之学也开始失去了魅力，士大夫对两汉经学的繁琐学风、谶纬神学的怪诞浅薄，以及三纲五常的陈词滥调普遍感到厌倦，于是转而寻找新的"安身立命"之地，向往道家的自然之论。因此，道家自然与儒家名教的关系论就此展开。

道家明自然，儒家贵名教。名教亦即礼教，是儒学体系中至关重要的内容，也是专制社会特有的道德文化形态。两汉时期是名教体系定型时期，其标志是"三纲五常"，即"君为臣纲、父为子纲、妻为夫纲"三纲，和"仁、义、礼、智、信"五常。儒家文化是中国传统文化的主要价值承担载体，它是维护和支撑封建统治政权的主要精神支柱，与王权政治有不解之缘。从孔子"畏天命，畏大人，畏圣人之言"开始，到两汉的"三纲五常"，再到宋明理学"存天理，灭人欲"，儒学渐渐失去了本来面目。在汉代，儒学经学化、神秘化后，逐渐被提升为统治阶级的意识形态和价值理念体系，以此来维系"家天下"的王权专制制度。作为官方主要价值体系的儒学，由于专制政治的集权与武断，其内在的人文价值不断消解，人性自身的本真日益萎缩，逐步退化为名教。道教崇尚自然，政治上主张无为而治，多与儒家相反。因为崇尚自然，在人性方面，就强调发乎本心之情、之言的可贵，认为发乎本心之

情为真情，发乎本心之言为忠言。讲究舒展人自然的个性，与儒学强调人的社会共性恰恰相反。

玄学家就从名教和自然的关系出发反对名教。魏晋玄学家援道入儒，把道家的自然与儒家的名教对列，提出了"名教出于自然"、"越名教而任自然"①之说，将自然置于名教之上，然后从名教的君父理论和其哲学依据儒家经典方面挑战名教，使名教陷入危机之中。

君臣父子，乃名教之本。因之在君臣、父子理论上，玄学家对名教提出严厉的责难。阮籍依据自然无为、万物皆平等的理论，在《大人先生传》中提出"无君无臣，天下太平，而一旦君臣设立，天下万弊丛生"②，这无疑是对名教君臣理论的沉重打击。鲍敬言辞更为激烈，他主张消灭国君，建立一个"无君无臣"③的乌托邦社会。作为圣人之后的孔融也发起对"父为子纲"的挑战。他说："父之于子，当有何亲？论其本意，实为情欲发耳。子之于母，亦复奚为？譬如寄物瓶子，出则离矣。"④从纯生物学的角度，指出子女是父母"情欲"的产物，这样"父为子纲"就失去了依据。否定君臣理论、父子之纲就等于动摇了名教的根本，无疑是名教的最大危机。在名教的哲学依据——儒家经典方面，魏晋之际的玄学者也毫不留情地对六经进行批判。嵇康在《难自然好学论》中言，"六经以抑引为主，人性以从欲为欢，抑引则违其愿，从欲则得自然；然则自然之得，不由抑引之六经，全性之本，不须犯情之礼律。故仁义务于理伪，非养真之要术，廉让生于争夺，非自然之所出也。由是言之……则人之真性，无为正当，自然耽此礼学矣"⑤。也就是说，六经是对人性的"抑引"，是违背人的自然本性的，因此应当被超越。对六经的否定，必然会导致名教礼序的破坏。

除了理论上挑战名教之外，在日常生活中，在玄学的刺激下，魏晋人也实践了"背叛礼教、违反礼法"的追求。魏晋士人生性放达，皆

---

① （魏）嵇康：《释私论》。

② （魏）阮籍：《大人先生传》，转引自林岷《中国文化史概述》，中国科学技术出版社2005年版，第203页。

③ （东晋）葛洪：《抱朴子外篇·诘鲍》。

④ 《后汉书·孔融传》。

⑤ 戴明扬：《嵇康集校注》，人民文学出版社1962年版，第261页。

以追求感官刺激、纵情逸性为乐，人格上追求自然主义和个性主义，摆脱汉代儒教统治下的礼法束缚。政治上魏晋人也表现出一种超道德观念的用人标准，超越礼法观念直接欣赏人格个性之美，尊重个性价值。那时的妇女生活也颇具反礼教束缚的特点，在南北朝，女子多不遵守"幽静、娴熟、守节"等儒家妇德，《世说新语》中记载了很多妇女游山玩水、吹拉弹唱、饮酒谈玄的活动，她们还主持家务，抛头露面参加社交活动。她们敢于追求真爱，而且妒风大起，《北齐书·元孝友传》载："父母嫁女，则教以妒，姑姊逢迎，必相劝以忌。"儒家名教最在乎的就是恪守妇道，妇女一定程度上的精神解放也成为这一时期名教危机的重要表现。

从名教与自然的关系讨论中，玄学又引申了本体论，即天地万物源于什么的问题，魏晋玄学家关于世界是出于"有"还是"无"的问题，进行了哲学思辨式的思考。何晏和王弼主张天地万物皆以无为本，是一种崇无论者，继承和发挥了老子虚无的"道"或"无"为产生万物的宗主，认为"有"是从"无"中生出来的；向秀和郭象认为"有"并非自"无"而生，它是"有"本身"独化"而成的，是使万物"独化"的生机之神。"有"和"无"之论是中国思想界第一次脱离政治和道德的羁绊，真正对世界本原做出的哲学思辨。

除了终极关怀，玄学还对人世间的生与死、动与静、圣人有情或无情、哀与喜、言与意等价值和审美问题进行了哲学思考。总的来说，玄学是当时一批知识精英跳出传统的思维方式，从具体的天象和世间的道德脱离出来，专门对宇宙、社会、人生所做的哲学反思，以便在正统的儒家信仰发生严重危机后，为士大夫重新寻找精神家园。

玄学因其适合时代需要，在魏晋发展成一门显学，其势头远远压过儒学。"有晋中兴，玄学独振"①，"聃、周当路，与尼父争途矣"②。在动乱的时代，建功立业的梦想，传统儒学的精神寄托意义已经殆尽，文人士大夫纷纷皈依老庄，玄风大起。有人曾这样描述当时社会上大兴的玄学之风：

---

① （南朝）沈约：《宋书·谢灵运传》。
② （南朝）刘勰：《文心雕龙·论说》。

　　在玄学影响下，无论是帝王、大臣、名士，还是妇女百姓无不崇尚玄言。帝王中好玄学的以梁武帝、简文帝、梁元帝为最。《颜氏家训·勉学篇》说："元帝召置学生，亲为教授，废寝忘食，以夜继明，至乃倦剧愁愤，辄以讲自释。"《晋书本纪》说：晋明帝亦善玄言，"尝论圣人真假之意"。《简文帝纪》称其"清虚寡欲，尤善玄言"。《魏书·高祖纪》说其"善谈老庄，尤精释义"。而魏世宗也是"每至讲论，连夜忘疲"（《魏书·世宗纪》）。有道是上行下效，帝王重玄学的这些做法对社会风气影响很大，无论朝中大臣，还是各级文吏皆以"理致清达，共谈累日"为一时风气。甚至连武夫也迷于清谈，附庸风雅，见《齐书·柳世隆传》："世隆少立功名，晚专以谈义自义，常自云：'马稍第一，清谈第二，弹琴第三。'在朝不干世务而垂廉鼓琴，风韵清远，甚获世誉。"一些"名士"多善清言，逃避世事，放荡不拘礼法，如名士刘伶"唯酒是务"，经常带上酒，乘坐鹿车，边游边唱，嘱咐跟随的使者带上锄头，告诉他"死便埋我"。"竹林七贤"之一的王戎在聚居丧上率先违礼。据《晋书·王戎传》载："（戎）以母忧去职，不拘礼制，饮酒食肉，或观弈棋，而容貌毁悴。"可见，整个社会弥漫着玄学的风气。①

　　玄学风靡一时，"玄远"、"玄化"、"玄旷"、"玄言"、"玄教"、"玄悟"等玄的观念在这一时期流行于世，在多个领域对文化士人产生着影响，并打下了深刻的烙印：一为理性思辨的言论模式，名士们借助玄谈，穷其义理，剖玄析微，在辩论中张扬着一种思辨精神。就连文学如《文心雕龙》《诗品》也充满着严密的理论系统性和深刻的美学内涵。二为审美意趣的风神玄远，无论是对人的评价还是对艺术的审美，魏晋人均关注于内在的精神考察，有一种"文已尽而意有余"的含蓄美。陶渊明的诗句"山气日夕佳，飞鸟相与还"，无不充盈着空灵之气，王羲之的书法，更是"挺然秀出务于简易，情驰神纵趋逸优游，

①　王俊奇：《魏晋南北朝体育文化史》，北京体育大学出版社2010年版，第134页。

临事制宜纵意适便，有若风行雨散，润色开花"①。三为理想人格的不懈追求。在玄学家看来，"道"（"无"）是一种最高的哲学范畴，它既是万物的本体，也是最高的人格理想，魏晋玄学所确立的人格理想境界，与"道"的品质一致，即顺应自然、顺情适性，高扬自然之情。魏晋时期名士们在行为上率直任诞、清俊通脱，在思想上又极为自信，风流潇洒、不滞于物、不拘礼节，在生活上不拘礼法，常聚于林中喝酒纵歌，洒脱倜傥，他们饮酒、服药、清谈，他们徜徉山水，寄情丘林，手挥五弦，琴诗自乐，又能游心太玄，俯仰自得。这种风格被冠以"魏晋风度"，为后世的知识分子所羡慕赞赏，这种崇尚个性、追求本真的自我意识，是一种人性的自然舒展和解放，在中国古代，只有两个时期才有，魏晋是其一，再者就是晚明时期。

玄学在魏晋时期发展 300 余年之久，一般认为经历了四个发展阶段，每个时期代表人物和主要思想简列表格如下。

魏晋玄学发展阶段一览表

发展时期	代表人物	重要著作	主要思想
正始时期 （称为正始玄学）	何晏	《道德论》 《论语集解》	1. 崇无论：世界"以无为本"、"以有为末"，"无"是世界的本体，"有"为各种具体的存在物。 2. "无"是绝对静止的，现象的"有"是千变万化的，"有"最终归于"虚静"。 3. 政治论：名教出于自然。治理社会要以道家的自然无为为本，以儒家的名教为末。 4. 重视老子学，调和儒、道两家思想。
	王弼	《老子注》 《老子指略》 《周易注》 《周易略例》	
竹林时期 （称为竹林玄学）	阮籍	《通易论》 《通老论》 《达庄论》	1. "越名教而任自然"，带有强烈的反儒倾向。 2. 欣赏庄子的遁世逍遥的思想。老学之外，又重视对庄学的研究。推动玄学从老学向庄学过渡。
	嵇康	《声无哀乐论》 《养生论》 《释私论》	

---

① （唐）张怀瓘：《书议》，见张彦远《法书要录》卷四。

续表

发展时期	代表人物	重要著作	主要思想
元康时期 （称为元康玄学）	裴頠	《崇有论》 《贵无论》	1. 以庄学为主。 2. 崇有论。主张"有"是自生独化的，反对"以无为本"说。 3. 提倡名教即自然，儒道合一。 4. 逍遥游并不遁世，还要从事名教事务。
	向秀	《庄子注》	
	郭象		
东晋时期① （称为东晋玄学）	道安		1. 合有无为一，最终使玄学完成了一个三段式的发展过程，即从贵无到崇有再到合有无为一。 2. 糅合玄佛，佛教玄学化。
	支遁	《逍遥论》	
	僧肇	《不真空论》 《物不迁论》	

　　玄学的核心是自然与名教的关系，实际上是理想与现实的关系，无论理想超现实也好，早于现实也好，一旦离开现实名教，必然会失之偏弊。从上表看，玄学发展到第三阶段时，郭象主张名教即自然，名教与自然合并，儒道开始合一，发挥其治世功能。玄学最后的发展，至东晋时期，和佛教结合起来，佛教以玄学语言阐述佛理，玄学家也有以谈佛理见长者，玄佛合一。这是玄学自身弱点所致，其结果是，在东晋以后，玄学已与佛学合流，作为一种时代思潮的玄学也就"笑渐不闻声渐悄"了。

儒学

　　儒学在这一时期的特征是，发展停滞，危机深重。两汉儒学本身就潜伏着危机因子，董仲舒立足"天人感应"的宇宙论，从理论上论证了大一统帝国统治秩序的神圣性和不可动摇性。但是，这套宇宙论系统图式中的阴阳五行、"天人感应"等观念被今文经学家推演为所谓的谶纬神学，将整个文化界搞得乌烟瘴气。从经学内部崛起的古文经学首先发难，为对抗今文经学派而着意于经书整理。然而，这条学术路线很快走向繁琐破碎，堕入难以自拔的泥潭。儒学生长中所无法克服的弊端，

---

　　① 此四分法按照发展时期分类，另有按照玄学对人格问题的讨论内容将玄学分为老玄、庄玄、儒玄、佛玄四分法的，详见张海明《玄妙之境》，东北师范大学出版社1997年版，第21页。

使一度光辉夺目的两汉儒学至东汉末年已颇为暗淡，接踵而起的社会大动乱更揭露了儒学的"不周世用"和思想的虚伪。人们对于儒学的信仰动摇了，魏晋时期的儒学陷入深重的危机中。

儒学的危机表现为名教危机、玄风蔚然、经学式微三个方面，前两者在上述玄学发展中已有多论，这里只分析经学式微。在儒术独尊的两汉，儒学毫无疑问具有"国宪"一般的地位。士人把精力都放在经术之学方面，豪门大家均是累世经学。然而，经学在魏晋之初就受到前所未有的冷落。魏国"自黄初以来，崇立太学二十余年，而寡有成者……高门子弟，耻非其伦，故无学者"①，非唯一般士子"穷经"兴趣大为淡薄，即便上层统治者也颇有不以经学为然者。魏第四代皇帝曹髦，在甘露元年巡视太学，以经学史上一系列自相矛盾之处反复诘难经师，以至于经师瞠目结舌、汗流浃背②，这种犀利的质疑，生动地显示了时代性的价值取向转移。在这样的态势下，经学的没落成为必然趋势。③

名教的危机，玄风的大起，经学的衰落，三种因素共同将魏晋南北朝时期的儒学推入前所未有的困境。这一时期史书中记载的所谓"儒者之风益衰"④，"百余年间，儒教尽失矣"⑤，准确地描绘了儒学式微的情景。

道教

魏晋南北朝时期的"忧生之叹"，成为宗教赖以滋生的气候和土壤，东汉开始酝酿、建构的道教至此时全面展开，形成了一个大宗教派别。

魏晋时期是道教开教时期，即开始出现雏形宗教形态。一种宗教的形成，需具备三个方面的要素：一为系统的世界认识观念；二为整套的宗教仪式；三为固定的修行场所。魏晋时出现了众多的道派，主要有张角的太平道、张陵的五斗米道、葛洪的金丹道，其他诸如灵宝道、三皇道、清水道等。南北朝时期，道教规模大成。晋人葛洪对战国以来的神

---

① （西晋）陈寿：《三国志·魏书·刘司马梁张温贾传》。
② （西晋）陈寿：《三国志·魏书·三少帝纪》。
③ 冯天瑜、何晓明、周积明：《中华文化史》，上海人民出版社1997年版，第499页。
④ （唐）姚思廉：《梁书·儒林传》。
⑤ （南朝）沈约：《宋书·臧焘传》。

仙家理论进行了系统的论述，著作了《抱朴子》，将道教理论系统化，萧梁陶弘景构造道教神仙谱系，使道教信仰更加形象化、具体化。北魏寇谦之、刘宋陆修静借政权之力清整民间道派，分别在一南一北拉起对传统道教改革的大旗。前者用儒家伦理和道德标准对道教的各种制度、戒律、斋仪进行改革，建立北方天师道，得到北魏太武帝的支持，"于是崇奉天师，显扬新法，宣布天下，道业大行"①。后者也对南方天师道进行了改革和整顿，加强和完善了道教组织、科仪戒规，扩大了道教的影响，使道教在南方得到进一步发展，统治者亦日益宠信道教。经过南北改革整顿，"道教"一词被广泛使用，统一用于各道派，道教也逐步形成一套完整的宗教仪式和斋醮程式、道德戒律、道德教义、经书典籍、修炼方术。道教徒也开始在固定的道观修行，道教等级、组织都已形成定式。构造道教神仙谱系的陶弘景，居于茅山传授、修习上清经法，创下茅山道派，一时间成为魏晋时期南方最有影响的道派，使道教作为一个完整意义上的宗教流派至此基本定型。

魏晋时期形成的道教，和佛教、基督教、伊斯兰教不同，是中国土生土长的宗教，具有鲜明的中国本土特性。尤其在教义方面，世界上其他三大宗教"无不漠视此岸世界而热衷于'人死后如何'的命题。而道教追求的却是'人如何不死'，在长生中永远享受人间的幸福和快乐"②。因此，中国道教和其他宗教只是热衷于祷告、修行不同，它有很多养生的方式，如养气健身、清静修行、冶炼仙丹、符命咒语等，无不表现出人强烈的生存欲望，此种特质恰是中华民族重现世、重现实的民族性格的体现。③

道教既是中华民族重现世、现实性格的体现，作为一种土生土长的宗教，它自魏晋南北朝形成，一度在唐宋金元明清前期盛行，直到清中后期才逐渐趋向式微，影响着整个中国古代思想文化。道教追求长生不老，看重个体生命的价值，相信经过一定的修炼，世间的个人可以脱胎换骨，直接得道成仙。它注重的是现世的幸福，主张人要活得适意、洒

---

① （北齐）魏收：《魏书·释老志》。
② 冯天瑜、何晓明、周积明：《中华文化史》，上海人民出版社1997年版，第523页。
③ 同上。

脱，超尘脱俗，高雅飘逸。这些思想，很迎合文人士大夫的精神需求。特别是当他们在现实生活中感到压抑失意的时候，他们的灵魂便急需一个道教这样的栖息地。所以，很多文人士大夫都信奉道教。文人又将道教的影响带进中国艺术领域，中国诗词、书法、绘画、音乐艺术，无不闪耀着飘逸悠远的道教灵秀之气，中医更是富含兼养生、治病、修行与思想于一体的道教哲学理念。

佛教

与道教勃兴的同时，另一支宗教大军也气势日增地开进了魏晋南北朝文化系统，此即佛教。这一时期，佛教"般若性空"之学非常契合玄学一派"贵无"思想，玄谈名士莫不以"般若性空"来充实自己的学识，增加清谈的资本。在佛理之外，佛学的修证方法，提倡安般守意（安静、调息、守意入门）的禅定法门，也与中国道家的养生方术可谓异曲同工、相得益彰。因此，佛教首先在士大夫阶层迅速传播开来。此后借助于动乱社会土壤的培育和国家政权的力量，佛教开始从幼弱走向壮大。

佛教兴起，仍然从译经业开始。和东汉一样，西晋时代，佛教活动以译经为主，此时佛经翻译业不仅规模大，佛书翻译也颇有系统，摄论、俱舍、地论、成实、三论、天台、华严、戒律、禅、净土等佛宗要典，大都在此时期译成，其译文的准确、译技的技巧均较前期大有进步。前期著名高僧竺法护翻译的经典如《光赞般若经》《渐备一切智经》《弥勒成佛经》《普曜经》《正法华经》等对于大乘佛教的传播、观音信仰在民间的普及影响很大。后期，鸠摩罗什东入长安，大兴译经事业。南北俊秀仰止云集，门生弟子三千，千古的奇局，留下了不朽的名作。

前期佛教的很多活动，如译经、讲说、传教、造寺等，基本上没有国家力量的介入，而是靠信徒们自身的力量进行的。南北朝时，佛教高僧佛图澄说服后赵国王石勒信奉佛教，自此佛教获得国家政权的大力支持。到后秦时期，由于鸠摩罗什的影响和努力，北方佛教更加昌盛，众多佛教学派如涅槃、成实、三论、毗昙（读音 pítán）、地论、摄论、楞伽等派先后确立。此时，出家为僧尼的人数增加，品类不齐，颇多竽滥，后秦政府设立僧正职位的僧官，专门管理僧众，隋唐以后成为历代僧官制度，犹如现代的宗教司。罗什以前的佛教传播，大多靠神通来显化，罗什东来，使佛教哲学与儒、道两家分庭抗礼，变成中国文化学术的一派巨流，成为与儒学、道教鼎足而立的一种意识形态，之后儒、释、道三家之学，构成中国文化全貌的总体称谓。[①]

南北朝时期，佛教自身的发展，也使得它在中国社会广大民众间大为流行，其表现，上至贵族、下至百姓信佛人数剧增，石窟和佛寺增扩，南北朝诸位皇帝皆信奉佛教，显示了魏晋时期人们的一种宗教热忱。北魏都城洛阳，城中佛寺竟达 1367 座。诗人杜牧"南朝四百八十寺，多少楼台烟雨中"的诗歌名句，就展现了南朝江南佛风弥漫的盛况。

需要注意的是，佛教在南北朝尽管得到很大发展，但绝不是一帆风顺的，是在排斥中生存的，佛教的到来，与中国传统本土文化发生冲突，在伦理纲常、夷夏之辨方面，成为冲突的焦点，这也是魏晋文化冲突融合特点的表现之一。

2. 冲突与融合

魏晋时期，二学（儒学、玄学）、二教（道教、佛教）的冲突与融合中，儒、玄二学冲突甚为激烈，这一点在玄学发展的问题中已经提到。二者冲突发展至后期，玄学中出现修正派，元康时期，玄学家裴颜、郭象、向秀等相继提出"自然不离名教"、"名教即是自然"、"以道合儒"的命题，推动玄学向儒学靠拢。儒、玄开始相互接近，显示出儒玄合流态势。

道教从诞生之日起便与老庄之学结下不解之缘，立教以后，又积极调和儒学，范文澜曾描述儒、道二教的关系："儒家对道教不排斥也不调和，道教对儒家有调和无排斥"[②]，这是中肯之论；佛、道二家，文教既异，学者互相非毁，但作为宗教，佛教与道教具有相近的目标取向，其间隐藏着统一性或一致性。

佛教与玄、儒、道的关系颇为复杂。大体上而言，玄、佛一拍即合，二者迅速调和，其原因就在于它们哲理意趣极其接近：魏晋时期流

---

① 部分观点引自路浩青《心若莲花处处开：跟着南怀瑾悟佛学》，新世界出版社 2012年版，第 40—45 页。

② 范文澜：《中国通史简编》（修订本第二编），人民出版社 1964 年版，第 439 页。

传于中国的佛学主要是大乘佛教①中的般若学，般若学的基本特征是"空"，与玄学的以"无"为本，几乎出于一辙，特别迎合那些高吟"生似幻化，终当归空无"②的士大夫的心理；佛教以人生为"苦"，要挣脱"苦"，就必须通过修炼，熄灭生死轮回而达到涅槃的境地。这种"解脱"学说与魏晋士大夫急求摆脱外物束缚，求得自我解脱的心理趋向相近似；佛学在思辨方式上重视直觉体验式的对外部世界的把握，而玄学亦强调以心灵体验的直觉方式去把握玄奥的形而上的本体"道"，两者思维路线颇为一致；此外，玄学家主张淡泊无为，皈依自然。凡此种种，形成玄学率先欢迎佛学的情势。于是，玄学家研读佛经，高士与名僧交学辩难成为一时风尚。

儒学排斥佛学，在伦理纲常和神灭论方面尤为突出。儒家讲齐家、治国、平天下，要求人们积极入世，建功立业，遵循伦理纲常，这就与佛教所主张的出世主义、无所作为格格不入；佛教讲三世轮回、因果报应，即主张人的形体死后，精神继续存在，儒家对鬼神"敬而远之"，从今世的角度来对待神灵，对于佛教的神不灭论、善恶果报、天堂地狱的说法，认为虚幻不实，引起儒者反感。东晋时期，儒学反佛的一个导火索就是"沙门应不应该敬王者"，即佛教僧侣要不要按世俗之礼向帝王跪拜。③另一个冲突是不信因果报应之说的范缜用《神灭论》与诸高僧甚至信仰佛教的皇帝展开激烈争论。

与南朝不同，北朝的儒佛冲突不是学理上的争论，而是诉诸强力，表现为两次激烈的排佛运动。446年，北魏太武帝下令坑杀所有沙门，焚毁所有佛经佛像；577年，北周武帝在其所吞并的齐国境内大肆灭佛，焚毁寺院佛像经卷，没收其财产，将寺院赐予王公做宅第，300万和尚被勒令还俗。这两次剧烈的冲突，与唐代武宗时的灭佛合称"三武之难"，也称"三武灭佛"。

---

①　大体而言，大乘佛教不仅度自己成佛，也度他人，普度众生；小乘佛教只强调自我修炼成佛。

②　（晋）陶渊明：《归园田居（其四）》，见袁行霈撰《陶渊明集笺注》，中华书局2011年版，第60页。

③　林红、王镇富：《中外文化的冲突与融合》，山东大学出版社2010年版，第71—72页。

　　佛学为打进中国本土，当然不会和儒学冲突下去，而是竭力迎合儒学。因而至东晋末年，佛教主动表示为王权服务，从而使佛教僧侣要不要遵循中国传统礼仪而向君王跪拜的问题得到缓和。

　　在魏晋南北朝晚期，儒、佛、玄、道也发生了相互吸取、相互融合的文化整合运动，并最终推动中国文化系统产生出儒、释、道"三教调和"的理论。东汉末年的牟子开创儒、佛、道三教调和先声。牟子以后，谢灵运著《辨宗论》，折中儒、佛，将佛、儒哲理精华熔于一炉。梁武帝"少时学周孔"，"中复观道书"，"晚年开释卷"，集儒、道、释于一身。而他的结论就是"穷源无二圣，测善非三英"①，换言之，儒、道、释是"殊途同归"，流别而源同。南朝道士张融入殓时左手执《孝经》《老子》，右手执《小品》《法华经》，这正是南北朝时代"三教调和"思潮的典型表现。佛教与儒家和道教互争互补，广泛流传，虽经两次沉重打击，但很快复兴，至唐朝前期即达于极盛。

四　文化的自觉②

　　儒学的失落，不仅为佛教的传入，道教、玄学的勃兴开拓出一片自由天地，也使得这一时期士人的思想空前活跃。挣脱了一尊儒学与一统帝国文化统治的魏晋六朝士子转换思维角度，从群体转向个体，从共性转向个性，引发了人们对于两汉时期掩蔽于经学羽翼、桎梏于儒学一统格局的文化各门类的全新认识，从而推动文学、艺术乃至史学进入本体独立、自觉发展的轨道。

　　1. 文学

　　文学的独立，是魏晋南北朝思想文化向前发展至关重要的方面。两汉时开始有"文学"和"文章"之分，"文学"指只有学术意义的文献经典，"文章"指带有文采的词章，其意蕴虽然接近于后世文学概

---

　　①　方立天：《魏晋南北朝佛教论丛》，中华书局1982年版，第196页。
　　②　该部分中的一些内容和观点多借鉴冯天瑜、何晓明、周积明《中华文化史》"文化的自觉"一节内容。

念，但仍十分杂泛，包括了许多非文学的文体。在儒学独尊的西汉，一切以儒术为指归，文学附庸于儒学，"立义"须"托五经"。班固论赋，于"讽喻教化"之外，又加上"润色鸿业"。王充则力主文章尚用："为世用者，百篇无害；不为用者，一章无补。"① 在儒学经义的规范下，文学以润色鸿业、讽喻教化为唯一职能，全然无自我可言。即便是司马相如、扬雄这样著名的文学家，在当时的实际地位也不过是帝王以"倡优蓄之"的文学弄臣。

文学终于在魏晋时期高扬起头颅，走上自我独立的历程，其起步的标志便是曹丕《典论·论文》的诞生。曹丕首次将文学推为"经国之大业，不朽之盛事"②，指认文章本身具有不可磨灭的无限性品格，文章的作者可以"不假良史之辞，不托飞驰之势，而声名自传于后"③，永存自我。曹丕又提出"文以气为主"的命题，强调执着表现个体灵魂是文学的重要功能。这种观念推动文学挣脱儒家政治伦理教条的桎梏，向"人学"彼岸推进。鲁迅高度评价曹丕推动文学走本体自觉的功绩："他说诗赋不必寓教训，反对当时那些寓训勉于诗赋的见解，用近代的文学眼光看来，曹丕的一个时代可说是'文学的自觉时代'，或如近代所说为艺术而艺术的一派。"④ 另一个文论家刘勰在此方面亦卓有功绩，他把文学提升到"与天地并生"的具有宇宙意义的重要地位，将文学规定为宇宙之道的显现与文饰之言的表象，立足于形而上的文学本体观念。刘勰在《文心雕龙》中对文学展开了多方面、多层次的理论探讨，其体大思精，前所未有。《典论·论文》与《文心雕龙》作为文学理论独立出现，标志着文学开始脱离经学和政治，走向自觉发展的轨道。

此后，范晔《后汉书》首创《文苑传》，列入东汉的文学名士22人，此乃我国历史上第一部有意识地为文学家专门立传。文学本体独立的观念至南朝萧统作《文选·序》时已深入人心。在实践层面，这位

① （东汉）王充：《论衡·自纪》。
② （魏）曹丕：《典论·论文》。
③ 同上。
④ 鲁迅：《魏晋风度及文章与药及酒之关系》，见《鲁迅经典杂文集》，吉林出版集团有限责任公司2010年版，第106页。

昭明太子在组稿时，选文标准是"事出于沉思，义归乎翰藻"①，将孔孟之书、老庄之作，以至"记事之史，系年之书"统统剔除，其文学"纯粹性"观念昭然。

同时，文学创作也在此时出现"纯粹性"。建安文学直抒胸臆，不再依附"名教"，而把个人情感的表现推上重要位置。齐梁永明体着意讲求诗歌形式美，注重声律对偶；以萧纲为代表的"宫体"也致力于创造纯美的文学，虽有流于庸俗腐朽之弊，但精致工巧、辞藻华美仍不失为一种纯粹文学美。

在魏晋南北朝文士的努力推动下，中国文学终于摆脱了依附儒学的附庸地位，成蔚为大观之势。南朝宋文帝立儒、玄、文、史四馆，宋明帝立儒、道、文、史、阴阳五部，皆将文学独立列为一科，这种态势标示出文学已取得与儒学比肩而立的独立位置。

2. 史学

史学的情形与文学颇为相似，两汉时期，史学亦完全附庸在经学之下。《汉书·艺文志》中，史学著作或附着于《六艺略·春秋略》之后，或寄著在《诸子略·儒家类》之中，全然无独立地位可言。史家的意识也为经学观念所笼盖。班固宣称，他的《汉书》是欲达到"旁贯五经，上下洽通"②，这是以经学为指归的因素决定的。其影响一直深远，到宋时的《资治通鉴》，修治历史的目的依然为政治服务，要"鉴于往事，有资于治道"。后来的历史一直受到政治的影响，新中国成立后的历史学家更是如此，我们曾经孜孜不倦地歌颂农民战争，其原因就在于我们的政权建立在工农运动基础上。当今社会，也有诸多人不断质问"历史有何用"这一尴尬话题，也正是史学没有纯粹独立的一种影响，史学的功用就在于研究历史，它是社会扶持的事业，而不是创造经济效益的事业，把历史文化当作一种文化产业绝不是真正的历史。

然而，史学在魏晋之际也开始冲破经学藩篱，走向本体自觉。史学的本体自觉首先体现在史学作为一门独立的学科，其出身特质日益清晰

---

① （南朝）萧统：《文选·序》。
② 《汉书·叙传》。

地为时众所辨识。萧统《文选·序》言:"记事之史,系年之书,所以褒贬是非,纪别异同,方之篇翰,亦已不同。"点明了史学自身所具有的特殊性,即史与文学是不同的,历史是记事、系年、褒贬、纪别,与词翰文学不同。早在曹魏之际,人们已开始将"史"单独标列。文坛上有所谓"三史"之称。"三史"不仅是《史记》《汉书》《东观汉记》三部史书的概称,更为重要的是,它从史的本体的意义上与"五经"或"六经"对峙,显示出经、史分途的趋势。魏晋以后,"经史"并称的现象已十分普遍。东晋荀勖编制《晋中经簿》,将史部从"春秋类"中析出,列为与"六艺"、"诸子"、"诗赋"并立的一大类①。其后,阮孝绪《七录》以"经、史、子、集"部类命名,最终确立了史部著作在目录学上的独立地位。几乎与此同时,宋文帝设立玄、儒、文、史四馆,宋明帝立儒、道、文、史、明阳五部,皆以史为独立学科。

随着史学作为一门学科日益独立,史学研究、史学批评也突破依经作文、依经论史的旧格局,展开一种"纯粹"意义上的史学研究与史学批评。裴松之的《三国志注》突破传统经注训解形式,由义理的诠释转为"以达事为主"。此即"引诸家之论,以辨是非","参诸书之说,以核讹异"②,强烈地显示了史家的风格和意识。张辅诸人评《史记》与《汉书》也全然从史学观念出发,不再执着于"宗经"价值标准,评史、汉优劣,其依据是两书材料的选择、叙事的繁约、人物评价的标准③,而不像班固那样以经学为指归。葛洪对《汉书》的批评,更鲜明地表现了时代观念的转移。他指出,"班固以《史》迁先黄老而后六经,谓迁为谬",实际上是一种"纯儒"心态。他认为,司马迁的《史记》,"其评论也,实原本于自然。其褒贬也,皆准的乎至理,不虚美,不隐恶"④,具有文学著作追求真理的"实录"精神。如上种种态势,显示了魏晋南北朝时期的史学已摆脱儒学经义的束缚,走向了本体独立与自觉。

---

① 张旭光:《文史工具书评介》,齐鲁书社 1986 年版,第 159 页。
② (晋)陈寿:《三国志下》,中华书局 2011 年版,第 1226 页。
③ (唐)房玄龄:《晋书·张辅传》。
④ (东晋)葛洪:《抱朴子内篇·明本》。

3. 艺术

魏晋时期艺术也走向自觉，与文学、史学一样，出现了艺术评论名著，如谢赫的《画品》，袁昂、庾肩吾的《画品》，钟嵘的《诗品》，刘勰的《文心雕龙》，这些同唐代司空图的《二十四品》，成为集我国美感范畴之大成之作。

艺术的自觉还表现为晋人对山水美的发现及其艺术心灵。东晋画家顾恺之被问到会稽的山水之美，他说："千岩竞秀，万壑争流，草木蒙笼其上，若云兴霞蔚。"[1] 这恰是后世五代北宋山水画追求的境界，中国山水画的意境，在晋人对自然美追求中已有体现。晋宋人欣赏山水，由实入虚，即实即虚，超入玄境。当时画家宗炳云："山水质有而趣灵。"诗人陶渊明云"采菊东篱下，悠然见南山"，"此中有真意，欲辨已忘言"；谢灵运云"溟涨无端倪，虚舟有超越"；袁伯彦云"江山辽落，居然有万里之势"。晋宋人欣赏自然，有"目送归鸿，手挥五弦"、超然玄远的意趣。这使中国山水画自始即是一种"意境中的山水"。这玄远幽深的哲学意味渗透在当时人的美感和自然欣赏中。晋人以虚灵的胸襟、玄学的意味体会自然，乃能表里澄澈，一片空明，建立最高的晶莹的美的意境！[2]

晋人风神潇洒，不滞于物，这优美的、自由的心灵找到一种最适宜于表现自己的艺术，这就是书法中的行草。行草艺术纯系一片神机，无法而有法，全在于下笔时点画自如，一点一拂皆有情趣，从头至尾，一气呵成，如天马行空，游行自在。这种超妙的艺术，只有晋人萧散超脱的心灵，才能心手相应，登峰造极。魏晋书法的特色，是能尽各字的真态。"钟繇每点多异，羲之万字不同。"中国独有的美术书法（这书法也是中国绘画艺术的灵魂）是从晋人的风韵中产生的。魏晋的玄学使晋人得到空前绝后的精神解放，晋人的书法是这自由的精神人格的最具体、最适当的艺术表现。这抽象的音乐似的艺术才能表达出晋人空灵的玄学精神和个性主义的自我价值。欧阳修云："余尝喜览魏晋以来笔墨

---

[1] （南朝）刘义庆：《世说新语》，浙江古籍出版社1999年版，第69页。

[2] 转引自宗白华《论〈世说新语〉和晋人的美》，见《美学散步》，上海人民出版社1981年版，第210—211页。

遗迹，而想前人之高致也！……而逸笔余兴，淋漓挥洒，或妍或丑，百态横生。披卷发函，烂然在目，使人骤见惊绝。徐而视之，其意态愈无穷尽，故使后世得之以为奇玩，而想见其为人也。"[1] 晋人的书法是个性主义的代表艺术。到了隋唐，晋人书艺中的"神理"凝成了"法"，滥于精熟而没有无奇态之感了。[2]

五 魏晋历史典籍

历史类：

1. 陈寿《三国志》，纪传体分国别史，载三国史。

2. 唐代官修《晋书》，西晋、东晋的历史，纪传体。

3. 记载南北朝时期的典籍，南朝：沈约《宋书》、萧子显《南齐书》、姚思廉《梁书》《陈书》、李延寿《南史》。北朝：魏收《魏书》，载北魏、东魏、西魏历史，李百药《北齐书》，令狐德棻《周书》，李延寿《北史》。

4. 常璩《华阳国志》，国别史，记载巴蜀史，因位于华山之阳，故称。

5. 崔鸿《十六国春秋》，纪传体，记载东晋时北方十六国的历史。

文学类：

1. 葛洪《抱朴子》。

2. 刘义庆《世说新语》。

3. 颜之推《颜氏家训》。

地理类：

1. 郦道元《水经注》，载当时全国河流水道。

2. 杨衒之《洛阳伽蓝记》，载北魏京城洛阳的寺庙。

---

[1] 邓宝剑、王怡琳：《集古录跋尾》，人民美术出版社 2010 年版，第 91 页。

[2] 宗白华：《论〈世说新语〉和晋人的美》，见《美学散步》，上海人民出版社 1981 年版，第 212—213 页。

第四章　隋唐思想文化

隋唐社会，尤其是唐代社会具有一种明朗、高亢、奔放、热烈的时代气质，思想文化处于蓬勃发展的上升期。社会不仅具备宽松的文化氛围，还有着优越的教育和选官制度，因而开创了繁盛的隋唐文化。气派尊贵的帝都、精彩绝艳的诗歌、波折极妍的书法、盛大欢腾的歌舞，中国文化至唐代，显示出一种集大成的、大气度的灿烂风采。

一　宽松的文化氛围

唐代是一个文化政策开明的时代。

首先在文学艺术创作上，罕见英主李世民与以魏征为首的儒生官僚集团积极鼓励创作道路的多样性。虽然他们对六朝淫靡文风强烈不满，认为梁陈文学内容贪乏、于政无补、文体淫放、危害风俗，并高度强调文学艺术"经邦纬俗"的社会功用，但是他们却没有推行文化偏至主义，不以强硬手段重质轻文，重道制艺，而是仍然鼓励"纯文学"、"纯艺术"的发展。唐太宗论文学，盛赞陆机"文藻宏丽，独步当时"[1]；论书法，"心慕手追"王右军；论音乐，呼应嵇康之论，认为"乐在人和，不由音调"，"悲悦在于人心"[2]；魏征对工于辞丽的江淹、沈约等人的文学成就多有肯定，还平实地分析南方文学与北方文学之短长，提出了"各去所短，合其两长"[3]的卓越见解。皇帝重臣如此之文

---

① （唐）房玄龄：《晋书》卷五十四，《陆机传论》。
② （唐）吴兢：《贞观政要》卷七，《论礼乐》。
③ （唐）李延寿：《北史》卷八十三，《文苑传序》。

艺思想、文艺政策，自然推动文学艺术生动活泼发展，而不是僵死地囿于政教一隅。

其次在意识形态上，唐太宗奉行三教并行的政策。虽然，有唐一代，不同君主由于不同原因而在三教之中各有所偏重，唐武宗甚至一度灭佛，但就总体情势而言，三教基本上并行不悖。这不仅有力地促使儒、佛、道相互吸取，而且造成一种开放的文化心态：人们不以一教为尊，亦不必以自己的信仰去屈从于一尊意志。

最后在文化政策方面，唐代也大为开放，思想制约较为薄弱。唐处于传统社会的上升期，一种社会制度在它上升时期，往往具有勃勃的生机活力和锐意进取的精神，有一种无所畏惧、无所顾忌的兼容并包的大气派，不需要推行文化禁忌来规避各种危机，更没有关闭国门，兴起文字狱。不像帝制末期的明清时代，专制集权制度到达烂熟倒显示出一种沉暮的文化生命衰落表征，因为不断到来的社会危机使统治者显得顾虑重重、畏畏缩缩，禁止任何不同声音传出。与之相比，上升时期的唐代，拥有的是宽松的文化氛围，文化人能把心灵的感受与内心的本质力量自由地转化为美的艺术形象，从而赋予唐文化充实而又光辉的气质。

二　优越的教育与选官制度

隋唐思想文化的繁荣离不开优越的教育制度和选官制度。

1. 教育制度

历史步入隋唐，随着专制帝制社会不断发展完善，教育也在不断向前进步，更多的人能够接受到国家教育，教育呈现新的特点：[①]

一是办学层次多。隋文帝加强了对教育的控制，置国子寺为专门的教育行政机关，下辖五学，即国子学、太学、四门学、书学、算学。此外，大理寺还设有律学。唐改国子寺为国子监，直辖于国子监的为国子学，收三品以上子弟；太学收五品以上子弟；四门学收七品以上子弟及庶人之俊秀者。此外，就是普及性教育，即书学、算学、律学，三学均

---

① 本部分关于唐代教育特点的内容，多参考李清凌《中国文化史》（高等教育出版社 2002 年版）第 241—242 页。

收八品以下子弟及庶人通书者，书学主要学习《石经》《说文》《字林》及其他字书，训练书法；算学主要学习《九章》《周髀》《五经算》《缀术》等；律学主要学习国家律令格式。

除各类学校外，还有一些属于各官府的教育机构，如门下省的弘文馆、东宫的崇文馆，都是为三品以上达官贵族子弟所设的学校。再如太医署设有医学，司天台设有天文学、历数、漏刻学，太仆寺设有兽医学，军队的屯营、飞骑也有学校。

在京师专门学校中，还有广文馆，为应试提高之所。有京师学，为《五经》研习之地，有崇玄学，专攻道教经典《老子》《庄子》《列子》等。地方有州（府）、县学，私人办学也得到政府鼓励。

二是教育科目多。国子学、太学、四门学主要学习儒家经典及《国语》《尔雅》《说文》等。京师弘文馆、崇文馆、广文馆、京师学，地方州（府）学的一部分及县学都以经学为主，私学也主要学经学。除经学外，其他的专科学校如书学、算学、律学、医学、天文、历法、漏刻、崇玄学等，科目相当广泛。

三是登科途径多。国子监各类学校学生毕业后直接考试，合格者，可为尚书省录用，也可以保送入高级学校，如州、县学生考试通一经者可保送入四门学，四门学学生可入太学，太学生可补国子学。各类学校其他毕业生都可参加相应的考试。除了不同科的考试外，还有一类直接由朝廷考试叫制举或制科。不唯考试，学校也推荐生徒，州县推荐的叫乡贡、举人，这种制度一直延续，如清代的李鸿章在参加会试前被地方州县推荐为乡贡，因而取得了直接参加会试的资格。

2. 选官制度

隋唐实行开科取士的选官制度，即通过分科考试选取优异之士，任以官职。这种通过分科考试来选拔人才普及教育的制度，叫科举制度。隋唐的科举考试实行杂科取士，隋有"四科"、"十科"等举人。唐代科举大体分两类：一类是制科，由皇帝亲自主持，没有固定的考试科目和时间，是根据需要临时举行的；另一类是常科，每年定期举行，有秀才、进士、俊士、明经、明法、明书、明算等科。这时的秀才、进士等只表示不同的入仕途径，与明清不同，明清的秀才、举人、进士指中举的不同等级。此外，医、卜、星、相、琴、棋、书、画等都有机会登科。考试的方式方法，有帖经、墨义、策问、诗赋、口试五种。各科目中，秀才科要求甚高，应试者并不多，形同虚设；明法、明书、明算等科出路较窄，又不为人所重视。能较吸引人的是明经、进士两科，主要考试内容是儒家经典。明经重在对经书的熟练记忆，录取率常在十分之一二。进士科重在诗赋，需一定创造能力，因该科出路甚好，应试者甚众，录取率常在百分之一二，故进士、明经二科也最为士人所重。

科举考试，以考试为准绳，一张答卷答得好，无论贵族还是百姓都可以登科做官，有相对的公平性，同时也为普及儒家经典提供了条件，推动了教育事业的发展，在当时看，具有很大的进步意义。因此，其一创制，便历代传承，从隋唐至宋元明清，不断发展完善，持续一千多年，对于唐文化乃至中国以后的文化都产生了深远的影响。

首先，科举制的推行，使隋唐政权具有一种开放性与流动性，大批中下层地主阶级士子以及自耕农出身的读书人，由科举考试步入仕途，参与和掌握各级政权，从而在现实秩序中突破了门阀士族的垄断。"旧时王谢堂前燕，飞入寻常百姓家"①，刘禹锡的诗形象地道明了社会重心的转移。自此，寒士具有一定的政治独立性与主动性，构成了社会政治生活与文化生活中一股活跃的社会力量。

这批由科举制、均田制及其引起的巨大社会结构变动所推上中国文化舞台的庶族寒士，是正在上升的世俗地主阶级的精英分子。有为的时代，使他们对自己的前途与未来充满了意满自得的自信与一泻千里的热情。"天生我材必有用，千金散尽还复来"②，"莫愁前路无知己，天下谁人不识君"③，诗人们以激越自信的吟唱展示了高昂的时代意绪。

对自我的确信与对前途的自信，使唐代寒士自有一番傲骨。他们蔑视现存社会等级与社会秩序，无所羁束，诚如李白所夸耀的："不屈己，不干人。"④ 无论是在朝还是在野，都以自许"布衣"为骄傲，对于权贵阶级则视如粪土。"安能摧眉折腰事权贵，使我不得开心颜"⑤，

---

① （唐）刘禹锡：《乌衣巷》。
② （唐）李白：《将进酒》。
③ （唐）高适：《别董大》。
④ （唐）李白：《代寿山答孟少府移文书》。
⑤ （唐）李白：《梦游天姥吟留别》。

这股傲岸之气、自负之态，不仅见证于李白、杜甫，在那些不能被称为大家的普通诗人的诗作中，也昭显着兀傲不凡的精神。独立、豪迈的气度，使后代士人当哭便哭，当笑即笑，直抒胸臆，他们的文化创作活动因而充满着自然真挚的美与清新纯真的气息。

其次，由于科举制是当时官员的主要来源，后来甚至是唯一的途径，古代读书人基本上围绕科举这一中心来设计自己的生活道路，影响了整个中国读书人的心态与生活道路，也影响了唐代的士风。科举制除了造成官僚阶层的流动外，并不能促进全面性的社会流动、缔造一种真正的开放型社会，反而造成一种"万般皆下品，唯有读书高"的思维定式。对于读书人来说，考试成功，即光宗耀祖，身价百倍；科举落第，则因缺乏谋生技能而穷困潦倒，中国知识分子因此往往不能适应多元社会的需要。这样一种态势，深刻影响着中国读书人的心态，促成他们软弱、依附以及两面性的性格特征。

科举制对中国读书人心态与生活道路的影响，在科举发轫的唐代便强烈地表现出来，不过这个时候，其影响是积极的、向上的，科举制对士人影响的负面作用还没有凸显出来，到了后期，尤其是明清时期，随着科举考试逐渐刻板、教条，对读书人造成性格的负面性凸显出来，如自负、羸弱、不事稼穑、主奴性等。仕与隐本来就是中国文人生命的双重旋律，但是由于处于科学制度的上升期，唐人的生命主调是入世，即把个人的功名与社会责任联系在一起，渴求以自我的力量推动社会的事业，又在投身社会的同时，升华自我人生。由于唐代取士多取知名之士，于是应试以前，士子们往往漫游天下，结交豪俊名流，激扬声价，从而在士人中形成一股漫游之风。初唐四杰——王勃、杨炯、卢照邻、骆宾王以及后来的陈子昂、李白、杜甫均曾经漫游四海。漫游之风的流行，使唐代士人走出个人生活的象牙塔，步入大千世界，在风云万变、气象万千的广阔社会生活中深刻体验人生，进而铸成驾驭前朝而雄视后代的博大胸襟。与消沉、隐遁的六朝士子不同，唐代文人不愿受外物束缚，也绝不甘于人生寂寞，他们否定平庸灰色的步调，而追求轰轰烈烈的事业。士人或立志从政，"男儿百年且荣身，何须徇节甘风尘"①；"纵

---

① （唐）李白：《少年行》。

死侠骨香，不惭世上英"①或夹带着强烈的民族意识和奔涌的爱国热情
投身军旅，奔赴边疆，建功立业。昂扬奋发的自我意识与社会意识，使
唐文化具有一种明朗、高亢、奔放、热烈的时代气质。

　　科举制还以巨大的魔力左右投入科举考试的士子的喜怒哀乐。所谓
"洞房花烛夜，金榜题名时"②，是士子们终身最高兴的大事。士子们在
秋冬之际参加了乡饮酒礼后，就满怀希冀地踏上了赴京考试的路程。一
入长安，便到处拜谒名门，投递名片文章，三场生死搏斗似的考试之
后，士子们心情忐忑不安，放榜之日观榜，是一个令人血脉凝固的时
刻，刹那间，天旋地转，屡屡落第者悲畅饮绝："弃置复弃置，情如刀
剑伤。"③ 中榜者欣喜若狂："昔日龌龊不足夸，今朝放荡思无涯。春风
得意马蹄疾，一日看尽长安花。"④ 于是，落榜者垂头丧气，打点行装
灰溜溜离开长安。中榜者则得意扬扬，参谒宰相，拜谢座师，赴曲江宴
会。宴前教坊奏乐，皇帝御紫云楼，垂帘以观，公卿之家多于是日择
婿，车马填塞，长安街市几乎半空，热闹非凡。宴后，新进士集于慈恩
寺塔下题名，泛舟于"烟水明媚"的曲江之上，作终日之饮。纵游饮
乐之余，进士们往往到平康里宿妓，从中又生出很多以妓女为题材的文
学作品，延及后世，自成一种文风。

　　再次，提高士子的文化修养。唐代科举考试不同于明清八股取士，
而是要求考生具有多方面的文化修养。唐代科举考试名目繁多，除常见
的进士、明经二科外，尚有秀才、俊士、明法、明字、明算以及不定期
举行的各种制科，即使以进士科而言，所试内容亦有诗赋、策问、帖
经、杂文等。历代科举考试，甚重考生平时文誉，故士子至京师，往往
先以诗作投谒达官名流，激扬声誉，此等诗文非特出奇秀，难以延誉，
故多为杰出之作。李白的《蜀道难》、白居易的《赋得古原草送别》均
是在以文投谒名公后一炮打响的。此等"温卷"涉及范围又十分宽泛，
为适应科举直接与间接的要求，唐代文人往往从幼年时代起就接受广博
的文献知识教育和严格的写作技能训练，不少聪颖之士，在青年时期就

----

① （唐）李白：《侠客行》。
② （宋）汪洙：《四喜》。
③ （唐）孟郊：《落第》。
④ （唐）孟郊：《登科后》。

才气过人，像李白那样，"五岁诵六甲，十岁观百家"①。

最后，唐代科举列举子资历的限制较为宽松，除贱民与商工杂色外，均能应考，这就将整个中国人的视线拉入到书桌上来，形成全社会读书的风气，"父教其子，兄教其弟，无所易业。……资身奉家，各得其足，五尺童子，耻不言文墨焉"②。唐代成为当时世界上读书人最多的国度，从而推动整个社会的文化水平、文化事业得到极大提高。中国私人藏书风潮的兴起、印刷和坊刻业的繁荣发展，都是在此时开始的。科举制也深刻影响唐代教育的多元发展，由于科举重文学，而文学是一门尚情灵、重个性、不重师承的学科，故传统的经师垄断教育的局面被打破，注重在家教育子女的家学、私学，利用山林或寺院读书自修的书院教育等等，多种教育新风蔓延开来，为宋以后的书院教育、私学之风的盛行开创了先河。

三　繁盛的思想文化

隋唐思想文化的繁盛，概之有二：一为各类艺术的百花齐放；二为三教文化的齐头发展。

1. 艺术方面

隋唐时期国家统一，国力强盛，文化政策开明开放，加之"以诗取仕"的科举制度的推动，中外各民族间文化交流的影响，都将唐代艺术推至繁盛发展的局面。盛唐时代的艺术可谓百花齐放，在文学、史学、书法、绘画、乐舞等方面都得到了空前的发展。

文学

文学最值得一书的是诗歌。隋唐诗歌是那个时代文化的一个显著特征，也是其时代精神的刻画。从诗歌在这一时期发展的历史来看，380年间经历了从齐梁宫体到初唐风骨派，从盛唐刚健派到中唐讽喻派，再到晚唐艳丽风格流转递变的过程，在这一主流行程中又穿插着其他风格的流派，交织成花团锦簇般的画卷。

---

① （唐）李白：《上安州裴长史书》。
② （唐）杜佑：《通典》卷十五，《选举三》。

隋承齐梁诗风，成就不大。唐高宗、武后时期，国家统一，社会相对稳定，以文辞取士的科举制，吸引众多知识分子在诗文上下功夫，出现了"初唐四杰"——王勃、杨炯、卢照邻、骆宾王，是当时诗坛显著的代表人物，他们虽然还没有完全摆脱堆砌辞藻的诗风，但已提出轻"绮碎"、重"骨气"的口号，开始以城市和边塞为素材，对于创制七言歌行，发展五律、五绝的诗歌形式作出了贡献。沈佺期、宋之问在前人的基础上，完成了五言、七言律诗的创制。进而陈子昂，举起诗歌革新的旗帜，反对齐梁宫体，倡导"汉魏风骨"，他的诗刚健素朴，一扫齐梁以来绮靡、颓废的遗风。

开元、天宝时期是文学家羡称的盛唐时代，这一时期的诗歌体裁齐备、流派众多、风格异彩纷呈，从不同角度洋溢出中国文化刚健自强、蓬勃向上的基本精神。田园诗派和边塞诗派是这一时期两个主要的诗派。田园诗派较早的作家有王维、孟浩然等，他们以清新秀丽的语言，描绘了幽美的山水和宁静的田园生活，重视人与自然的和谐，言简意深，情韵隽永。边塞派早期诗人以高适、岑参为代表，他们一方面描写奇异辽阔的塞外风光和边关健儿驰骋沙场、克敌立功的壮志豪情，另一方面也反映征夫思妇的幽怨、慷慨激昂的豪气与缠绵婉转的柔情。代表盛唐诗歌最高成就的两大诗人是李白和杜甫。论者颇多，此处不再赘述。

中唐时期，著名诗人首推"大历十才子"（卢纶、吉中孚、韩翃、钱起、司空曙、苗发、崔峒、耿湋、夏侯审、李端）[①]。他们着力于山水田园、自然景物的描写，诗歌有一定艺术成就。贞元、元和间，白居易、元稹等倡导新乐府运动，他们以学习陈子昂、杜甫为号召，提出"文章合为时而著，诗歌合为事而作"[②]的主张，写了很多讽喻时政的诗，反映了现实矛盾。但白居易的杂律诗、元稹的艳体诗，反映了当时都市生活，也开启了晚唐纤丽的诗风。

唐敬宗以后的杜牧、李商隐、韦庄等诗人生活在藩镇割据、党争激

---

① （唐）姚合：《极玄集》，"李端"条。

② （唐）白居易：《与元九书》，见贾植芳、李东《历代名家尺牍新钞》，文汇出版社1992年版，第166页。

烈、社会危机四伏的时代，初唐、盛唐时出塞从军的壮志、歌咏民族的慷慨等不见踪迹，虽然在唐末农民起义的年代里，也有皮日休、聂夷中、杜荀鹤等诗人继承现实主义的传统，写出许多针砭时政的佳作，但此时诗歌内容多是感时伤怀、消极颓废之作，诗风纤丽孱弱，但是形式和谐婉转、清丽含蓄，具有很高的艺术造诣。

受此影响，一种新体诗——词开始流行，白居易、刘禹锡、张志和、韦应物等都曾用民间"曲子词"的形式进行创作，内容主要是女性的情态和思恋，词句纤丽，缕金刻翠，最有代表性的是温庭筠及"花间派"作家。到五代时的韦庄，南唐冯延巳、李璟、李煜等，开启词的先河，中国文学开始走进词的时代。

史学

在史学方面，盛唐强大的国力、宽松的文化政策使得史学也取得长足发展。开国之初，朝廷便召集人才编纂了《晋书》《梁书》《陈书》《北书》《周书》《隋书》等几部正史。这个时期史学还出现了一个大成就，即刘知几的 20 卷《史通》问世，它是中国第一部系统性的史学批评和史学理论著作。作者不仅对以往史书的编纂体例、史料选择、语言运用、人物评价及史事叙述等方面进行了分析和评判，还就"史才"问题发表了自己的重要主张，认为史才必须具备才、学、识三长，并且必须使三者相结合，否则便不会有好的史著问世。

魏晋时代史学作为一门学科开始独立，史学研究、史学批评也突破传统依经作文、依经论史的旧格局，不断出现"纯粹"意义上的史学评论。至此时代，我国第一部系统性的史学批评和史学理论著作《史通》的编纂成功，标志着中国古代史学理论进入成熟时期。

书法

隋唐是各种书体大备、书家荟萃、成就非凡的时代。唐朝翰林院有侍书学士，国子监有书学博士，科举有"书科"，书法为举人进身途径之一，科举考试，除了内容外，还重视卷面的整洁和字体优美，唐太宗等皇帝都是书法家，影响之下，书法和诗歌一样，成为士人普遍研习的科目。从艺术本身来说，隋代书法已从南北朝粗犷浑朴的风格转向追求严谨、闲雅和华美，整齐划一与时代大统一的脉搏是相呼应的。唐代开楷法之先河，以著名书法家智永（和尚）为代表，他乃王羲之七世孙，能作各体书，总结历代书法用笔的技巧，概括为楷体"永"字八法，对后世学书者影响极大。

唐前期著名的书法家是虞世南、欧阳询、褚遂良、薛稷四大家，他们迎合唐太宗、武则天所好，都通过僧智永笃学王羲之、王献之父子的笔法，以楷书著称，兼用方笔和圆笔。草书大家有孙过庭、张旭、怀素。孙过庭工正、行、草书，尤以草书擅长。张旭和怀素为草书二绝，世谓"张颠怀狂"。

唐后期书法家最著名者为颜真卿和柳公权。颜真卿为北齐颜之推和初唐颜师古的后裔。他先学褚遂良、张旭笔法，后从篆书中体会出中锋直下的运笔技巧，乃弃辅锋不用，专用中锋，其书笔势开张，宽舒圆满，雄浑刚健，雍容庄严，代表作有楷书《颜勤礼碑》，史称颜书一出，天下影从，古法为之一变。柳公权先学王献之，得力于颜真卿，又综合诸家，变化颜体，作书"体势劲媚，自成一家"，世称柳体，唐文宗赞之曰"钟、王复生，无以加焉"①。隋唐时期大的书法家留下了丰富的碑帖，成为后世乃至今天人们习练书法的摹本。

绘画

隋唐的绘画成就也颇为突出，仅唐代有名姓可考的画师就有近400人，继南北朝之后，这时期仍以佛道、贵族、历史人物画为主。隋唐前期著名画师有阎立本、阎立德兄弟。阎立本留传下来的《步辇图》，画唐太宗许配文成公主给吐蕃赞普松赞干布，接见其使臣大禄东赞的场面，成为历代绘画珍品。他的传世作品《历代帝王像》，画两汉至隋十三个帝王，虽出于想象，但神态各具特色，艺术价值很高。玄宗时的吴道子，善画人物，他的人物画用晕染法，一生在长安、洛阳寺院作画300多壁，画中人物形象各不相同。人物的衣带飘扬犹如风动，人们称之为"吴带当风"，他兼善山水画，重在写意，人称"画圣"。

隋唐不少画家往往也是雕塑名手，如吴道子及其同时代的杨惠之。杨惠之被称为"塑圣"，据说他为艺人留杯亭塑的像，见者自塑像的后面即能认出，并误认为真人。当时寺观造像著名的有洛阳龙门石窟奉先寺高17米的卢舍那佛及佛家弟子、菩萨、天王、力士等雕像。敦煌千

---

① （五代）刘昫：《旧唐书》卷一百六十五，《柳公权传》。

佛洞、太原天龙山、永靖炳灵寺、天水麦积山、邠县大佛寺、河南巩县石佛寺等，都有塑艺精湛的石雕或泥塑像。唐代海通和尚用毕生精力在四川乐山县将一整座山凿成大佛，创造了世界上大佛之最。唐太宗"昭陵六骏"，英武雄健，神态各异，颇有气势。唐三彩陶俑，无论文吏、男女侍者或马驼，都描金饰彩，各具神态。这些均从不同的侧面展现了这一时期美术的时代风貌。

乐舞

隋唐时期盛大的乐舞，也是当时文化的一个突出特色。隋朝的乐舞管理系统，在太常寺下设有太乐署掌管音乐，清商署管理平陈所获南朝旧乐，鼓吹署掌管百戏及鼓吹乐人等。唐朝音乐机构，将隋的清商署与鼓吹署合并，太常寺下设太乐、鼓吹二署和教坊。玄宗时，除宫廷中设内教坊外，长安、洛阳又各设外教坊两所，不属太常，派宦官为教坊使，进行管理。宫中还有"梨园"，专门培养乐工。盛唐时期，各类"乐人、音声人、太常杂户子弟隶太常……总号音声人，至数万人"①。在内容方面，隋唐吸收了周边各族乐舞，仅宫廷燕乐，隋朝为9部，即西凉、清商、龟兹、安国、天竺、高丽、文康（又名礼毕）、疏勒、康国。唐贞观十六年（公元624年）增为10部，即燕乐、清商、西凉、龟兹、疏勒、康国、安国、天竺、高丽和高昌。这些音乐多吸收了西北、中亚、天竺等少数民族和外国的音乐，富有魅力。除朝廷、州郡官府广蓄乐人伶工外，民间乐舞也很盛行。隋文帝开皇初，将能演百十余个节目的"百戏"演员"并放遣之"，使其流落民间。唐朝"安史之乱"后，"梨园弟子散如烟"，教坊乐舞也随他们流传到民间。唐诗中屡见不鲜的"胡姬"、"胡舞"、"胡旋"、"踏歌"，敦煌壁画中充满活力的飞天舞、反弹琵琶舞、菩萨蛮舞及敦煌遗书中的舞曲、歌词、舞谱、梵呗、唱导，还有道观中的道调，都是民间歌舞繁兴的例证。

唐太宗时的《秦王破阵乐》有52段之多，演奏时教乐工128人披银甲执戟而舞，伴之以数十种乐器，十分壮观。根据唐玄宗创作乐曲编排的《霓裳羽衣舞》以及民间流行的《柘枝舞》《绿腰舞》等，舞者服饰华丽，舞姿优美，代表了当时音乐舞蹈的最高水平，也为以后戏曲

---

① （宋）欧阳修：《新唐书》卷二十二，《礼乐十二》。

的产生准备了条件。

2. 三教文化

隋唐文化的繁荣还体现在儒、释、道三教文化方面，由于兼容并包的思想文化氛围，使得这三种思想文化都在这一时期得到了充分的发展，出现了并头繁盛的局面。

儒学

隋唐的儒学有两个发展方向：一个沿袭汉晋，以文句的训释、经典的整理为职志；另一个则以阐释儒学的大义道统为指归。前者以孔颖达最有名，后者则以韩愈为代表。

隋朝继魏晋余风，对儒学发展不甚重视，中国儒学发展仍是一个低谷时代。隋文帝不重视儒学，儒家学者多流于贫贱，当时著名的儒生刘炫，听到隋文帝购求书籍，便伪造了《连山周易》《鲁史记》等书百余卷，骗取一点赏物。[①] 另一大儒刘焯则对学生所交的"束脩"斤斤计较，"不行束脩者，未尝有所教诲"，以致给整个儒生队伍带来不好的影响。[②] 隋文帝还借口学校生徒多而不精，下令废除了京师和州县各类学校，只在京师保留了一所国子学，学生名额限制在 70 人。隋炀帝继位后虽然恢复了学校教育制度，但儒生的地位并没有得到改善。

唐朝总结了隋朝的经验教训，实行三教并行政策，促进了儒学的新发展。唐太宗认为儒学流派太多，经文章句注释繁杂，命国子祭酒孔颖达、颜师古、司马才章、王恭、王琰等编成《五经正义》180 卷，其中《易》以王弼注为主，《诗》取毛亨、郑玄的注传，《书》取杜预注，《礼记》选郑玄注。这样统一了儒经注疏，作为明经科考试的依据。这不仅推动了儒经的研究和整理，也为唐朝政府的思想统治提供了条件。此后，经学研究成果不断出现，如李鼎祚的《周易集解》、贾公彦的《周礼疏》、无名氏的《公羊传疏》、杨士勋的《穀梁传疏》等。精于儒学的研究者开始层出不穷，蔡广成专精周易之学，强蒙擅长《论语》，啖助、赵匡、陆质精于《春秋》，施士匄（gài）长于《毛诗》，

---

① （隋）刘炫：《自赞》，见李克强《古代自叙传文精选》，广西师范大学出版社 2011
年版，第 65 页。

② （唐）魏征：《隋书》卷七十五，《刘焯传》。

袁彝、仲子陵、韦彤对礼学多有研究，等等。到唐文宗时，经过订正补充，将《周易》《尚书》《诗经》《仪礼》《周礼》《礼记》《左传》《公羊传》《谷梁传》《论语》《孝经》《尔雅》12 部儒经，楷书勒石，太和七年开始刻撰，开成二年完成，历时七年，之后立于太学，作为研习和考试的标准版本，史称"开成石经"。我们今日能见到的十三经，除《孟子》外，其余都被石经收录了。

儒学的另外一个发展方向是义理派，此以韩愈、柳宗元等为代表。韩愈面对盛行一时的佛教和道教，不仅从行动上不惜一死，谏迎佛骨；还从理论上解释道、性、道统等问题，以与佛、道相对抗。针对释、老的"道"论，韩愈重新解释了儒家主张的道，他认为只要按儒家的仁、义、德办事就是道，道的内容就是仁、义、德。在人性论问题上，他提出性三品说，以与佛教"人人皆有佛性"的观点相对抗。认为上品之性完全合乎五德，是善的；中品有所合有所不合，仍可引导到善；只有下品与五德相违，是恶的。为了与佛、道道统相对抗，韩愈还提出一个从尧、舜、禹、汤、文、武、周公、孔子、孟子为序列的儒家道统说，并以孟子继承人自居。韩愈道统说影响久远，成为后代宋儒们孜孜不倦的理性追求。

这一时期，与韩愈及其学生李翱一样，从义理上阐释儒家思想的，还有柳宗元、刘禹锡等人。柳宗元认为佛教思想与儒家有相通互补之处，二者并不矛盾。因此，他注意吸取一些佛教观点，但对于道教服食炼气之术则持批判态度。柳宗元的宇宙观继承了王充以来的气论，用儒家经典《周易》中的阴阳学说解释宇宙是由气构成的，正是阴阳二气的相互作用，生成了天地、四时、寒暑和推动万物的运动。"上而玄者，世谓之天；下而黄者，世谓之地；浑然而中处者，世谓之元气；寒而暑者，世谓之阴阳。"① 柳宗元在人性论上不同意韩愈的性三品说。他认为人受之于天的只是气。气有两种，对于人来说，"刚健之气"表现为"志"，"纯粹之气"表现为"明"，人通过天赐予的"志"与

---

① （唐）柳宗元：《天说》，见《柳河东全集》（上册），北京燕山出版社 1996 年版，第355—356 页。

"明"这两种"天爵",可以达到仁、义、礼、智、信①,这五德是后天努力的结果,而不像韩愈所说是与生俱来的。

刘禹锡是柳宗元的挚友。他与柳宗元一样认为万物"乘气而生,群分汇从,植类曰生,动类曰虫"②,气是宇宙的实质,世界上没有无形(即非物质)的事物。在天人关系上,他提出,"天之所能者,生万物也,人之所能者,治万物也","天之能,人固不能也,人之能,天亦有所不能也"。③ 因而主张"天与人交相胜还相用",即人与天不仅"交相胜"(各有所长)、"还相用"(相须互补)。强调人的主观能动性,主张强化社会法制,使"人道明"、"理明",恩怨情仇不再归因于天,这就铲除了天命论和有神论滋生的社会土壤。

道教

隋唐五代是道教史上的黄金时代,当时的最高统治者大都实行宗教宽容政策,尤其是隋文帝杨坚、炀帝杨广,唐高祖李渊、高宗李治、玄宗李隆基、宪宗李纯及武宗李炎等,崇道热情更高。这一时期,道教的发展主要反映在以下几个方面。

一是南北道派融会,出现了统摄各派的最高神元始天尊。隋朝的统一,为南北道派的交流和融摄提供了政治历史条件。南北朝至隋唐间,在北方民间广为流传、具有影响力的是楼观道,唐时,受到统治者的推崇,一直到"安史之乱"前,楼观道在北方都比较兴盛;南方流行的是萧梁陶弘景创始的茅山道,其弟子王远知在隋炀帝的支持下,也在北方大力传播茅山道,使其成为全国道教的主流。隋初,南方茅山宗吸收了灵宝派和三皇派的道经,进而开始与北方楼观道相结合。融会后的道教抬出了一位新的最高神——元始天尊,成为南北各道派共同的神。元始天尊的出现也是国家统一在意识形态方面的一种表现。

---

① (唐)柳宗元:《天爵论》,见《柳宗元全集》(上册),上海中央书店1936年版,第34页。

② (唐)刘禹锡:《天论下》,见《刘禹锡诗文选注》,陕西人民出版社1982年版,第80页。

③ (唐)刘禹锡:《天论上》,见《刘禹锡诗文选注》,陕西人民出版社1982年版,第64、68页。

二是宫观林立，扩大了道教在社会生活中的影响。这一时期，道教宫观之多、规模之大是前所未有的。开皇三年，隋朝政府就下令在京师附近造观36所，名曰玄坛，度道士2000人。并下令重修楼观宫宇，度道士120人。炀帝大业七年（公元611年），召陶弘景的弟子茅山高道王远知到涿郡临朔宫，王远知和他的弟子在北方广传茅山宗，使其成为全国道教的主流。唐朝皇室认老子为始祖，大力扶持道教，唐时的道教宫观几乎遍及名山都邑。高宗乾封元年（公元666年），令天下诸州皆置道观1所。以后又令天下诸州置道观，上州3所，中州2所，下州1所，每观度道士7人。据《唐六典》卷四《尚书礼部·祠部》记载，当时全国共有道观1687所。僖宗时又增加到1900余所，道士15000余人，其亲王贵族及公卿士庶或舍宅、舍庄为观并不在其数。唐代还一度以道教为国教，令王公习《老子》，将其定为科举考试内容，道士名籍也隶属于宗正寺，班列于诸王之次。在最高统治者的倡导下，道教的影响不断扩大。

三是名师辈出，发展了道教理论和科仪。这一时期，见于史籍的高道除上面提到的数人外，还有孙思邈、成玄英、司马承祯、张万福、吴筠、吕岩（即吕洞宾）、谭峭等。"他们或吸收佛教的理论学说与思辨方式来著述立说，或通过注释老庄来重新发挥道教的长生成仙思想，或对道教教义进行系统阐述，或对道教的斋醮科仪进行规范性的总结。他们创作了大量的道书，提出了许多新的概念术语，建构了一个个富有哲理的道教理论体系，使道教内部出现了不同的学派，如重玄派、重气派、上清派等，从而使唐代道教的理论水平达到了一个新的高度。"[1]

佛教

隋文帝即位后，出于他个人的宗教感情和强化国家管理的需要[2]，大兴佛法，建立寺院共3792所，佛塔110座，造像16580躯，缮写新经132086卷，修补旧经3853部。隋炀帝也笃好佛教，他在位时共度僧

---

① 孙亦平：《杜光庭评传》（上），南京大学出版社2011年版，第14页。

② 据《隋书》卷一《高祖纪上》云，杨坚生于冯翊（今陕西大荔县）般若寺，有尼来自河东，"将高祖舍于别馆，躬自抚养"。文帝即位时，僧昙延力请兴复佛教。

尼 16200 人，造佛像 3850 躯，维修旧佛像 10 多万躯，装补古经、缮写新经 612 藏。他们父子两代又组织许多著名译师译出经论 59 部 262 卷。①

唐朝建立后，高祖采纳傅奕的建议，"命有司裁汰天下僧、尼、道士、女冠"②，削减寺观，但由于"玄武门之变"，这一诏令未及实行。李世民上台后，采取扶植佛教的政策。从贞观三年（公元 629 年）开始，下令组织译场，翻译佛经。同时，在旧战场废墟处建造寺院 7 所，度僧 3000 人，佛教在这一时期得到很大的发展。著名的玄奘取经就发生在太宗时期。太宗死后，高宗、武后继续组织中西高僧译经。武则天下令在全国各州建大云寺，开凿石窟，雕铸佛像。著名的卢舍那大佛据说是按照武则天的形象塑造的，造于唐高宗咸亨四年，即公元 672 年，位于洛阳龙门西山南部山腰奉先寺，通高 17.14 米，是唐代杰出的佛教艺术代表作品之一。武则天在垂拱四年（公元 688 年），还力排众议，下诏建成了中国历史上空前绝后的明堂，号"万象神宫"。该明堂高 294 尺，东西南北各 300 尺，分三层，下层象四时，配以四方色，中层法十二时辰圆盖，盖上盘有九龙，上层法二十四节气。堂中央有贯通上下的十围巨木，形成中心支撑结构，与外缘梁架相搭接；周围有一圈水渠，以为辟雍之象。明堂的建造日役万人，一年之内即完工。③佛教发展的势头一直延续到中宗和睿宗时期。当时著名的僧人，如玄奘、道宣、善导、窥基、道世、神秀、义净、法藏、怀素，及西域译经僧大都集中在长安地区。许多贵戚、官僚也争营佛寺，奏度僧人，富户强丁亦多削发以避徭役。

"安史之乱"后，北方佛教发展的势头受到了阻碍，但对统治阶级来说，其信仰和扶植佛教的兴头并未减弱。唐肃宗、代宗都笃信佛教，纵容佛教僧徒的发展。德宗时表现出微弱的抑佛姿态，宗教热情稍逊于代宗。只有唐武宗在位 6 年时间，对佛教的态度才急剧转变，出现了"会昌灭佛"的事件。会昌三年（公元 843 年），在道士赵归真等的劝

---

① 李清凌：《中国文化史》，高等教育出版社 2002 年版，第 213—214 页。
② （宋）司马光：《资治通鉴》卷一百九十一，《唐纪七》。
③ 常青：《中华文化通志·科学技术典（7—69）》，见《建筑志》，上海人民出版社 1998 年版，第 95 页。

诱下，唐武宗令焚宫内佛经，掩埋菩萨天王像等，并大肆减少寺院和僧人，共毁寺 4600 余所，归俗僧尼 26 万多人，没收良田数千万顷，奴婢15 万人。①

武宗死，宣宗继位以后，便立即杖杀了道士赵归真，制止了毁佛行为，并很快修复废寺，度僧几复其旧。懿宗崇佛比其父更甚。懿宗以后的僖宗、昭宗直到哀帝，崇佛有似于乃祖，可谓长盛不衰。隋唐前期形成的佛教宗派，包括三论宗（法性宗）、法相宗（瑜伽宗）、天台宗、华严宗（贤首宗）、净土宗、律宗、禅宗、密宗及成实宗、具舍宗等，其中传播最为广泛的是简便易行的净土宗、禅宗和律宗。

除了佛教、道教以外，隋唐时期还出现了其他宗教。隋唐时，许多大食、波斯和中亚商人来中国内地经商，将他们信奉的宗教也带了进来，并在长安等地区建立了一些寺院。当时传入的宗教主要有祆教、景教、摩尼教和伊斯兰教等，本书后面元代思想文化一章中有述，这里不再作为重点详论。

四   强大的文化辐射

强盛的国力、兼容并包的文化精神、繁荣丰富的思想使得唐文化在公元 7—9 世纪的世界中，焕发异彩，而同时期的亚欧文化尚在低谷徘徊，英国学者威尔斯描述过："在整个第 7、8、9 世纪中，中国是世界上最安定最文明的国家……在这些世纪里，当欧洲和西亚蔽弱的居民不是住在陋室或有城垣的小城市里，就是住在凶残的盗贼堡垒中的时候，许许多多中国人，却在治理有序的、优美的、和谐的环境中生活。当西方人的心灵为神学所缠迷而处于蒙昧黑暗之中时，中国人的思想却是开放的、兼收并蓄而好探求的。"② 唐文化的魅力，开放的心态使它在周边及远西，都形成了辐射影响，"当时世界上有 70 个余国家与唐朝有政治交往和经济文化交流"③。

---

① （宋）司马光：《资治通鉴》卷二百四十八，《唐纪六十四》。
② ［英］威尔斯：《世界简史》，相德宝译，安徽人民出版社 2003 年版，第 235 页。
③ 王介南：《中外文化交流史》，书海出版社 2004 年版，第 141 页。

1. 对周边文化辐射

中华文化圈的形成

强大文化力度的拥有，在唐代使中国成为向周边地区辐射的文化源地。按照文化输出理论，文明高的文化，属于高态势文化，它会向文明程度相对低的低态势文化国输入流动。中国文明如同水向低处奔流一样，强烈影响东亚国家，而日本、朝鲜乃至后来独立的越南，以中国为文化母国，大规模地受容中国文化，并在此基础上构建起符合它们本民族特性的文化体系。在 19 世纪西方资本主义势力进入东亚地区之前，东亚世界在地理上以中国本土为中心，在文化上以中国文化为轴心，形成了包括中国、日本、朝鲜、越南在内的中华文化圈，与西方基督教文化圈、东正教文化圈、伊斯兰教文化圈、印度文化圈并称为世界五大文化圈。

中华文化圈的基本要素为汉字、儒教、中国式律令、中国式科技、中国化佛教。虽然早在公元前 4—3 世纪汉字便传入朝鲜半岛和日本列岛，早在公元 3—5 世纪，儒学便已流行东亚国家，但作为中华文化圈的总体形成却是在公元 7—9 世纪，亦即隋唐之际。在秦汉时期，中国虽国力强大，但这个时期的朝鲜半岛和日本列岛，尚未完成国家建构，对中华文化的社会需要与社会承受均不具备总体性与主体性。这一时期只有中华文化向东亚地区的输出，而缺少东亚国家受容中国文化的有机能动性。公元 8 世纪前后是东亚各国相对统一的时代，朝鲜半岛与日本列岛先后形成了较为强大的封建中央集权国家，其社会文化系统需要并且足以受容中国文化。而 8 世纪前后正是唐帝国的极盛时期，中华文化在这一阶段臻于成熟、完备，文化输出更为强大。在这样的背景下，唐帝国与日本、朝鲜半岛的文化交流以空前的规模与前所未有的有机性得以展开。

和东亚诸国的文化来往

公元 8 世纪前后东亚国家对中国文化的大规模移植与受容，将东亚国家与中国在语言文字（汉字）、思想意识（儒教、佛教）、社会组织（律令制度）、物质文明（科学技术）上连成一体，形成一个以中华帝国为文化源的有序结构系统。于是出现了朝鲜、日本、越南等亚洲周边国家不断地派遣留学生来中国，吸收中国先进的制度、技术、器物进而进行交融的文化大交流局面。

隋唐时期，朝鲜半岛主要处于新罗政权的统治之下，新罗和隋唐文化交流密切。新罗的都城金城（今韩国庆州），和隋大兴、唐长安城遗址颇为相似。"新罗号君子国，知诗、书"，唐玄宗曾特派经学家邢璹持节前往，以彰显大国之盛。① 新罗国全面学习唐朝文化，在考试方面，以儒家经典作为考试科目，其文学、医学、天文、历法等也都从唐朝引入学习，甚至绘画、雕塑、音乐也都受到唐人影响。宗教方面，公元 372 年从中国传入高句丽佛教，至隋唐时，新罗很多有学问的僧人前往唐朝，得到各宗大师的传承，然后归国开宗，将中国境内影响广泛的佛教教派，如天台宗、法相宗、华严宗、禅宗等，传入自己国内。

在与东亚国家的来往中，唐朝对日本的文化输出量最大。王小甫、范恩实、宁永娟编著的《古代中外文化交流史》第四章"隋唐五代时期的中外文化交流"中，系统地介绍了唐朝与日本的文化交往，书中说：

> 日本奈良时代（710—794 年）的所谓古京六宗，均为唐代中国的宗派。如唐初道昭、智达、智通来从玄奘受学，其后又有智风、玄肪来从智周受学，归国后分为南寺、北寺两传法相之学而成立专宗。日僧道光先入唐学南山律，后中国鉴真法师赴日传法，日本又成立了律宗。
>
> 入唐学问僧人除在弘法传教方面作出杰出贡献外，还极大推动了汉文化在日本的传播。在这方面贡献最为突出的是空海。空海来唐的目的虽然是为了研究佛学，但他对中日文化交流的贡献不限于佛教。除了将大批佛典等带往日本外，空海带回的典籍还包括《刘希夷集》《王昌龄集》《朱千乘诗》《贞元英杰六言诗》《杂诗集》《杂文》《王智章诗》《诏敕》等大批诗文作品和唐代书法作品。由他编纂的《篆隶万象名义》，则是日本第一部汉文辞典，对唐朝文化在日本的传播起了重要的作用。他的另一部重要的著作

---

① （清）阿桂等：《满洲源流考》卷十七，《国俗二》，辽宁民族出版社 1988 年版，第 324 页。

《文镜秘府论》，不仅促进了日本对唐朝文化的理解和吸收，而且是了解汉唐中国文学史的重要资料。

自隋唐以后，中国历朝均有大量汉籍输入日本，成为中外文化交流的重要一环。……据研究，隋唐时期汉籍传入日本的途径主要有五条：遣唐使求书；入唐日本人获得的私人馈赠；渡日唐人随身携带；中国商船的载运以及新罗人、渤海人的传播。

……

唐代，日本来华的遣唐使，大都挑选博通经史、娴习文艺和熟悉唐朝情况的人担任。……在日本政治史上，大化革新和明治维新（1868—1889 年）是两次划时代的进步。明治维新是模仿西方政治社会制度，大化革新则是模仿中国唐朝的典章制度。……

文武天皇大宝元年（701）颁布《大宝律令》；养老二年（718）修成《养老律令》，几乎全是抄袭唐朝的律令制度。行班田制，造户籍，修京师官署、郡国驿站，都是模仿唐朝的做法。日本建于 7 世纪后半期至 8 世纪后半期的难波京、平城京、长冈京、平安京，其平面均作长方形，以南北中轴线纵贯城市正中，于轴线北端置宫城，轴线左右两侧对称地布置里坊，显然是模仿了隋唐长安的设计特点。特别是平城京（今奈良）和平安京（今京都），不仅都城的形制和布局仿效长安，连太极殿、朱雀门、朱雀街等名称也是袭用长安城的。京都设大学，各国设国学，学校教授经书：《礼记》《左传》为大经，《毛诗》《周礼》《仪礼》为中经，《周易》《尚书》为小经，并兼习《孝经》《论语》。考试任官，一准唐制。

……唐朝的教育制度传到日本，于是唐代的教育内容和精神也就支配了日本。经书成为士大夫的必读书。如菅原氏自清公、是善至道真，三世皆通经史，为文章博士，成为儒学世家，连所作诗文也都是宣扬忠孝仁爱、纲常名教的。道真（卒于 903 年）被民间视为天满天神，到处为他建庙塑像，也被称为圣庙，与孔子齐名。……名儒吉备真备两次游唐，留学 17 年，在日本首倡行释奠礼，用大衍历……

随着历法的传入，中国的许多节令风俗也传到了日本。与节令有关的某些饮食、服饰、器用也为日本所采纳。奈良东大寺正仓院所保存的许多文具、衣饰、屏风、乐器等都来自唐朝或为仿唐作品。奈良朝始铸铜钱，元明天皇和同年间（8世纪初）所铸的"和同开珎（宝）"，就是模仿"开元通宝"的形式。日本书法、绘画皆源于中国，多为隋唐时代传入。由于采用汉文，中国文学史上的形式、风格乃至思想内容随时影响到日本，并给日本文学以启示。日本现有最早的史书是《古事记》（712年成书）和《日本书纪》（720年成书），其中有些神话传说就有不少中国成分。日本最古老的汉文诗集是《怀风藻》《凌云集》《文华秀丽集》《经国集》，都成于唐中叶，深受六朝到唐初骈体文的影响。最古老的和歌《万叶集》，日本人比作中国的《诗经》；五七调的确立，系仿中国五七言诗；长歌系仿乐府古诗；诗歌题材或仿刘伶《酒德颂》，或仿李白《月下独酌》等。此外，如游宴、赠答、和歌、题咏、送别等，大抵皆袭取唐朝诗人意境。日本最有名的长篇小说《源氏物语》桐壶卷，就受到了白居易《长恨歌》的启发。①

由此可见唐时的中国对日本文化的强烈辐射，输出文化内容包括文学、书法、绘画、教育、佛教历法、节令、习俗、汉籍书、典章制度、律令、选官，乃至都城建设，囊括日本社会政治生活的方方面面，还通过政府派遣唐使、民间个人来华等活动源源不断地将唐文化及时输入到日本国内。

隋唐时期，越南称交州。隋朝时，交州首领李佛子不愿去朝觐中国政府，被隋朝军队几百人俘虏，押解回朝，交州自此归隋朝统治。隋文帝允许在交州建筑寺院，印僧东来者，多在交州讲经。唐朝在交州设都护府，辖今越南等地，后改为安南都护府，交州便正式称作安南。唐代在安南推行的文教制度和选拔人才的政策与内地基本相同，并专设"南选司"，遴选安南人在当地入朝做官。"唐代安南上贡的珊瑚树、翡翠、珠玑等以及占城上贡的驯犀等，皆为珍稀之物，一再见于诗人们的歌咏。唐代安南的丝已成为王朝的重要岁收。……唐代将种麦和烧砖的

---

① 王小甫、范恩实、宁永娟：《古代中外文化交流史》，高等教育出版社2006年版，第186—188页。

方法传授给越南人民。越州和汝州的陶瓷制品，在越南受到普遍的欢迎。"① 佛教方面，唐代僧侣去交州，或与交州僧侣同往印度、南海求法取经者为数众多。其中无言通禅师南下交州，对越南佛教禅宗的发展起了重要作用。越僧无碍上人、逢定法师等精于汉学，在长安与王维、贾岛等诗人过从甚密。

2. 对远西影响

强盛、深厚的唐文化不仅深刻影响和改变了东亚世界的文化面貌，而且将其光辉辐射到远西世界。

唐时，波斯（今伊朗）是丝绸之路的重要转运站，同中国往来密切。7 世纪中期，波斯被大食（今阿拉伯）所灭，许多波斯人流亡到中国，长安、扬州、广州的波斯商人数以千计。大食商人从陆路和海陆来到中国，中国的造纸、纺织、制瓷技术传入大食，又通过大食传到欧洲、非洲的许多国家。唐人派高僧西行求法，不仅带回了宗教思想和佛教经典，也将印度的阿拉伯数字、天文历算、医学、制糖技术传播进来。

唐朝还与位于欧洲巴尔干半岛的东罗马帝国有来往，对方使臣带来了赤玻璃、狮子、羚羊、眼科技术等，唐朝的丝织品成为他们上等贵族的奢侈品。

波斯、罗马和大食的音乐、舞蹈由来华的使节胡商传入中国，为隋唐音乐舞蹈艺术注入新鲜活力。隋九部乐以龟兹乐为主，唐十部乐以西域乐为主，可见中亚、西亚的乐舞对中国影响之大。

中国的纸张、纺织、炼丹术、十进位计数法、陶瓷等传到阿拉伯、西欧、印度、非洲，对当地文化产生深远影响。唐文化强劲的对外辐射，有力地推进了世界文化的发展进程。以纸为例，中世纪的欧洲，尚流行以羊皮作为信息的物质载体。据估计，生产一本羊皮纸的《圣经》至少需要 300 多只羊的皮，文化信息的传播因材料的限制，范围狭小。纸的出现，为当时欧洲的教育、政治、商业、宗教等活动的蓬勃发展，提供了便利的物质传播材料，故美国汉学家德克·卜德指出："纸对后

---

① 胡世庆、张品兴：《中国文化史》（下册），中国广播电视出版社 1991 年版，第 289 页。

来西方文明整个进程的影响无论怎样估计都不过分。"① "唐"、"唐人"、"唐字"、"唐言"、"唐家"、"唐山"等海外至今流行的对中国以及与中国相关事物的惯称,生动形象地显示出唐文化在世界史上留下了巨大的、不可磨灭的印迹。

五 隋唐历史典籍

1. **历史类**:魏征《隋书》、刘昫《旧唐书》、欧阳修《新唐书》,这几部书是研究隋唐历史的正史。薛居正《旧五代史》、欧阳修《新五代史》,载五代史,陆游《南唐书》,为纪传体南唐史。刘知几《史通》,为中国首部史学理论专著。

2. **政治类**:温彦弘《大唐创业起居注》、吴兢《贞观政要》、韩愈《顺宗实录》。路振《九国志》载五代十国时九个国家的君臣行事。

3. **典章制度类**:官修《唐六典》、杜佑《通典》,记载历代典章制度沿革的历史;王溥《唐会要》,为唐代的典章制度断代史,王溥《五代会要》,载五代的典章制度。

4. **地理类**:李吉甫《元和郡县志》,开县志编写的先河。

---

① [美]德克·卜德:《中国物品西传考》,孙西摘译,见《中国文化》第二辑,复旦大学出版社1985年版,第358页。

第五章　宋元思想文化

所谓唐型文化，是一种相对开放、相对外倾、色调热烈的文化类型。李白的诗、张旭的狂草、吴道子的画，无不喷涌奔腾着昂扬的生命活力；昭陵石雕中神采飞扬的八骏，乾陵门雕中粗壮雄伟的石狮，李爽墓中双手握拳足踏怪兽的陶天王俑无不透露出大气磅礴的民族自信。所谓宋型文化，则是一种相对封闭、相对内倾、格调淡雅的文化类型。有宋理学特意于知性反省，造微于心性之间；两宋古文舒徐和缓，阴柔澄定；宋词婉约幽隽，细腻雍容；宋诗如纱如葛，"思虑深沉"；宋代建筑尚白墙黑瓦，槛枋梁栋不设颜色，专用木之本色；宋代瓷器、书法、绘画脱略繁丽丰腴，尚朴质、重意态。即使宋人服饰，也"惟务洁净"，以简朴清秀为雅。[1]

元代属胡人统治，与唐、宋文化单一汉人文化体系不同的是，元代思想文化明显地呈现出阶段性特征。在前期，元代文化在经历了多种民族文化、多种思想的碰撞、冲突后，出现宽松、自由的"思想解放"的局面，到了中后期，蒙古文化逐渐被汉族文化同化，融合到汉文化中，从而汉文化传统、伦理道德在中后期复而得到恢复、显扬。[2]

一　宋代文化政策

宋朝右文抑武，对广大文人士子关怀备至，形成宽松的思想文化政策，使他们能够尽情地施展自己的才华，创造出丰富的宋代文化。

---

① 冯天瑜、何晓明、周积明：《中华文化史》，上海人民出版社1997年版，第634页。
② 刘祯：《勾栏人生》，河南人民出版社2000年版，第110页。

　　宋开国之初，太祖深知武人力量过大会对朝廷政权产生影响，故实行右文抑武政策，初登皇位，便"勒石，锁置殿中，使嗣君即位，入而跪读，其戒有三：一、保全柴氏子孙。二、不杀士大夫。三、不加农田之赋"①。有宋一代，白衣卿相为数众多，文人士大夫在重文轻武的国策下，地位前所未有的优越。上至皇帝下至普通士人，皆以读书为荣，太宗、真宗都是博览经史的帝王，王应麟《玉海》卷30记载真宗两年半读完《周礼》《仪礼》《公羊传》《穀梁传》《孝经》《论语》《尔雅》《周易》《尚书》《春秋》《诗经》《史记》《汉书》《后汉书》《三国志》《晋书》《唐史》《后唐史》，还认真地批阅了《册府元龟》的初稿。有此认真读书的皇帝，就有风行读书的士人。

　　宋代在广大自耕农经济基础上建立起以世俗地主阶级为主要力量的封建皇权政治，世俗地主阶级比六朝门阀士族拥有远为广泛的社会基础和众多人数，适应这样一个广大的基础，宋代教育在教育对象上打破严格的门阀贵族限制，显示出一种平民化、普及化的趋向。在科举制度上，宋代科考与唐代相比，更具开放性。宋代君主就常常亲自主持考试，并严格把关，限制势家子弟在科考中获得任何特殊待遇。赵匡胤自己说："昔者，科名多为势家所取，朕亲临试，尽革其弊矣。"②

　　对寒士参加考试，朝廷则大开绿灯：一方面予以经济补助，"自起程以至回乡费，皆给于公家"③；另一方面则扩大取士名额，如北宋末年一次取士达800人，超过唐代开元全盛期29年取士的总数。在学校制度上，宋代学校不仅扩大学生名额，而且放宽学生入学品级等次，如太学生，唐代规定为五品以上王公子孙，但宋代则规定是"八品以下子弟及庶人之俊异者"④。国子生在唐朝是以文武三品以上及国公子孙为之，但宋代则是"以京朝七品以上子孙为之"⑤。

　　重文政策的观照下，儿童启蒙教育也得到重视。著名的《三字经》一书，就是宋代王应麟所作，该书以通俗浅近的语言，叙及人性与教育

---

① （明）王夫之：《宋论》卷一，《太祖》。
② （元）脱脱：《宋史》卷一百五十五，《选举一》。
③ （宋）王栐：《燕翼诒谋录》卷一，《进士试礼部给公券》。
④ （元）脱脱：《宋史》卷一百五十七，《选举三》。
⑤ 同上。

的关系、儿童教育的程序、礼仪、自然与社会常识、伦常道德以及读书次第、学习方法、为学目的等，成为宋以后相当长一段时间内私学蒙童必读之书。朱熹的《小学》、吕本中的《童蒙训》、佚名的《儿童识字课本》《百家姓》亦诞生于这一时期。这样，宋代上自皇帝本人、官僚巨室，下到各级官吏、地主士绅乃至一部分平民百姓，构成一个比唐代远为庞大也更有文化教养的阶层，他们在思想文化领域展开多样化的开拓，创造出"郁郁乎文哉"的宋文化盛象。

二　中国官方主流思想的诞生：宋代理学

从国力上说，宋代是一个国势衰减的朝代，宋太祖赵匡胤虽重建一统帝国，却始终为凶悍的契丹与党项羌人所困扰。对外战争中的一败再败，使得宋帝国不得不在赔钱纳绢之外还奉献出燕云十六州，以求得一时的安宁与平静。"安史之乱"后的社会动乱以及北宋的貌似繁华实则虚弱，在士大夫心灵上投射下深重的阴影。他们迷惘、困惑而又满怀忧思，沉重的"失落感"导致了深长的心理危机。一部分经世意识浓烈的士大夫在对现实痛心疾首之际，反思人生意义、宇宙社会秩序以及历史文化的发展，这就促使了理学的诞生。

1. 理学产生的条件及原因

细究宋时理学产生的条件及原因，无外乎以下几个方面：

（1）国家重新统一的需求。经过"安史之乱"、五代十国之分裂，人心、道德理念已走向多元化，价值观念颠倒，不利于专制统治，需要重新确立伦理道德体系，以凝固人心、维护统治，在前代儒学注重君臣关系、家庭伦理关系以及个人修养的基础上，将伦理道德置于天命自然"理"之范畴的理学应运而生。

（2）教育制度、科举内容的变革，民间书院自由讲学之风的兴起。由于重视文化事业，宋代在发展教育、兴学育才、普及文化方面非常重视，如在科举制度的变革上，除了上述取消门第限制，降低中央官学入学资格，扩大取士名额外，考试内容多样化，进士科由诗赋为主转为经义、诗赋、策论并重，在考试中杜绝徇私舞弊，考中进士即可授官，对文化的重视、科举的改革刺激了社会的读书风气，为专门进行道学研究之人群的产生提供了可能。

（3）印刷事业的发展，书籍产量猛增，也为人们参与读书、研究学问提供了条件。宋代雕版印刷，不仅有官刻、家刻，还有坊刻，刻量和印刻范围都较大。宋朝书坊遍及全国各地，具有名目新、刻印快、行销广的特点，并形成了几个著名的刻书中心，人们能够很容易得到书籍。

（4）朝廷提倡繁荣文化，倡导著书立说，许多大型类书问世，为理学的产生提供了资料准备。北宋建国之初，组织人力编纂类书，宋朝四大书：《太平御览》载百家，1000卷；《太平广记》载小说，500卷；《文苑英华》载文章，1000卷；《册府元龟》载史事，1000卷。这些书籍基本上复兴了前代几乎所有的书籍，为理学家们博古通今提供了资料基础。

（5）禅与道的刺激。动荡社会必然引起禅风的盛行，北宋初年，南北禅宗颇为盛行，在引导人们抑制欲望、使之转移或升华为一种人格自我力量上，禅学与孟学有异曲同工之妙，因此宋文人将二者沟通起来，开启了"缘佛入儒"的先例，因之诞生了理学。

（6）唐末的韩柳复古运动，一反汉唐经学侧重文字语言训诂旧风，专注于经书内在理念的探讨，自由阐发自己的见解，倡导与"载道"、"明道"目标同步的文学载体，这为理学的产生提供了研究思路。

2. 理学定义

理学，亦称新儒学，又称"道学"或"宋学"。之所以被称为理学，是因为两宋诸子所创建的思想体系以"理"为宇宙最高本体，以"理"为哲学思辨结构的最高范畴；之所以被称为新儒学，是因为理学家们以儒家礼法、伦理思想为核心，但其张扬的孔孟传统已在融合佛、道思想精粹中被加以改造，具有一种焕然一新的面貌；之所以被称为"道学"，是因为宋代理学诸子只认承继尧、舜、禹、汤、文、武、周、孔的道统，并宣称他们的学问以"明道"为目标；之所以被称为"宋学"，是因为清代乾嘉年间，考据学大兴，清儒们推尊汉儒，攻击宋代理学家解经空疏弊病，遂以"汉学"与"宋学"对称。①

――――――――――

① 事实上，"宋学"与"理学"不是同一事物，有一定的区别，"宋学"及"宋学精神"将在后面章节专门探讨。

理学虽有众多名目，究其实质，乃是一种以儒学为主体，吸收、改造释、道哲学，在涵泳三教思想精粹之上建立起来的伦理主体性的本体论哲学。

3. 理学发展的几个时期

宋代理学在其整体发展行程中，大致可分为开创时期、奠基时期与集大成时期三个阶段。

开创时期

开创时期的理学家主要代表是周敦颐和邵雍。周敦颐一向被视为"道学宗主"，理学开山，这位被人称为濂溪先生（因居于湖南营道濂溪而得名）的大学者，对理学的突出贡献有二：一是参阅道教、佛教，融会自古相传的阴阳、五行、动静等观念，构制了《太极图说》，建立了一个"无极→太极→阴阳→五行→男女→万物"的宇宙生成图式，并从中导出"圣人定之以中正仁义而主静"①（即无欲故静）的结论，从而为理学的发展奠定了方向，以后的理学诸子在修养论上从未离开过"主静"、"窒欲"这条路径。二是在《通书》中，周敦颐依据《易》与《中庸》之论，将"诚"作为最高道德伦理境界，进一步将上述中的宇宙图式与"诚→几（善几、恶几）→德"（爱、宜、理、通、守，仁、义、礼、智、信）的伦理范畴沟通起来，显示了理学借释道宇宙论、认识论的理论成果以构造伦理道德哲学的基本趋向。

邵雍将"天下之物"所具的"理"与人的"心"、"性"纳为一体，进而将"我"、"情"、"目"等感性因素和人的欲望推到"理"、"性"的对立面，称前者为"公而明"，斥后者为"偏而暗"。此种观念与周敦颐"无欲"论相映照，为后世理学诸子的"天理"、"人欲"对立论开启了道路。②

奠基时期

如果说周敦颐与邵雍是理学的开端发引性人物，张载与二程则为真正的理学构建者。

张载为陕西关中人，故后人称他的学派为关学。张载与其他理学家

---

① （清）张伯行辑：《周濂溪集》卷一，康熙四十七年正谊堂本，第2页。
② 李军林：《中国传统文化概论》，合肥工业大学出版社2009年版，第47页。

一样，关注重建以人的伦常秩序为本体轴心的孔孟之道。在宇宙论的基础上，张载深入地探讨了"天"（宇宙）、"人"（伦理）合一的关系。他的代表作《西铭》便体现了把人之所以为人的必然原因，上升为宇宙（"天地"）的"所以然"的致思趋向，从而将"人性"与"天地之性"浑然一体，使伦理学获得本体论的论证。张载所提出的"心统性情"、"天地之性"与"气质之性"、"德性所知"与"见闻之知"等命题亦都关乎伦理行为，后来理学诸子无不以上这些命题作为理学基本命题。

二程即程颢、程颐两兄弟。他们是周敦颐的学生、邵雍的晚辈、张载的姻亲。居住于洛阳，后人便以"洛学"来称呼他们这一学派。二程是建立理学的重要人物，他们在建立伦理本体上比张载来得更明确、更直接、更迫切，这就是"天理"观念的提出。自二程发明"天理"，再经朱熹的一番推扬，所谓永恒、无限、普遍、必然的"理"成为不增不减无所欠缺的本体存在："天"—"命"—"性"—"心"统统由"理"贯穿起来，"性即是理"；"在天为命，在义为理，在人为性，主于身为心，其实一也"[1]。人类居于客观世界的一切活动也因此被归结为对"理"这一伦理本体的大彻大悟，即所谓"穷理、尽性、至命，只是一事"[2]。称新儒学为"理学"，显然十分精当。

集大成时期

周敦颐、邵雍、张载、程颢、程颐称为"北宋五子"，理学的理论基础与体系构架在他们的努力下已粗具规模，至南宋朱熹，理学更以集大成的姿态趋于成熟。

朱熹为安徽婺源人，婺源古属新安郡，朱熹总称自己为"新安朱熹"，后来寓居福建，所以他的学派称"闽学"。在"集诸儒之大成"，并充分吸取释、道哲理的基础上，朱熹对理学展开了一次系统的、创造性的总结，从而成为两宋理学的"集大成者"。朱熹所建构的哲学思辨结构颇为庞大，它的最高范畴是"理"，"理"借"气"而存在，当"气"派生万物时，"理"即随"气"进入"物"中。在派生万物后，

---

① （宋）朱熹编：《河南程氏遗书》卷十八。
② 同上。

本体"理"又通过"格物穷理"的认识方法，破除"物"—"理"之间的障碍，向自身复归，从而最终形成"理"—"气"—"物"—"理"的逻辑行程。朱熹不仅构造了以"理"贯万物而自我实现的逻辑结构，而且还围绕着"理—气"问题，多方面和多层次地论证了一系列哲学中心范畴，如形上、形下、道器、动静、无极、太极等。

朱熹理论体系的最高范畴是"理"，"理"在逻辑上是先于、高于、超越于万事万物的现象世界，又是构成万事万物的本体存在。但"理"又具象化为人世间的纲常伦理。这就让本体论和道德论合二为一，从而为道德论奠定本体论基础。朱熹将宇宙论与伦理学沟通起来，使得人世的伦理道德成为一种理性本体，对个体具有一种主宰、统率、命令、决定、先验的作用力。

为指明自觉认识"天理"的途径，朱熹精心改造了《大学》，突出了"正心—诚意"的"修身"公式：

> 古之欲明明德于天下者，先治其国；欲治其国者，先齐其家，欲齐其家者，先修其身；欲修其身者，先正其心；欲正其心者，先诚其意；欲诚其意者，先致其知；致知在格物。[1]

在这一系列范畴中，"格物—致知"是基本出发点，所谓"格物"，便是体验作为外在性规范的"天理"；所谓"致知"，即了悟到伦理本体并贯彻到自己的行动中。朱熹所言，"格物是物物上穷其至理，致知是吾心无所不知。格物是零细说，致知是全体说"[2]。从"格物"到"致知"，实质上便是将外在规范转化为内在的主动欲求，亦即伦理学上的"自律"，有了这一自律，方有诚意—正心—修身乃至齐家、治国、明德于天下的功业。

这样，经朱熹构造，一个庞大的、以人之伦常秩序为本体轴心的儒学体系得以建立。孔、孟的一系列思想在这一体系中被加以新的形而上的解释，释、道两教关于个体修炼与宇宙论、认识论的思想精粹亦被广

---

[1] （宋）朱熹：《大学章句》，见《四书集注》，三秦出版社1998年版，第4页。
[2] （宋）朱熹：《语类》卷十五，《大学章句·补格物章》。

为摄取入内。自两汉以来多元发展的思想意识形态至此越过"正"—"反"阶段而进入"合"的集大成境地。朱熹亦因此成为儒学"正宗"承统者和"礼教"的圣人。

4. 理学对中国文化的影响[①]

礼治秩序重建

宋明理学对中国文化至为紧要的影响之一，便是在新的哲学基础上重建传统礼治秩序。"礼"是中国文化中强劲的意识形态，它由初民的祭祖仪式发展而来，经孔子、子思、孟子、荀子以及董夫子等哲学家的反复改造，终至形成具备完整哲学体系与礼仪程序的礼治秩序，强有力地规范着人们的生活行为、心理情操以及是非善恶观念。

然而，自东汉末年以来，由于社会政治长久动荡不宁，也由于南亚佛教的播入以及少数民族"胡"文化的大规模渗入，礼治秩序趋向式微。以致魏晋南北朝时期的反礼法思潮活跃一时，隋唐时期人们的礼法观念也颇为薄弱。

宋代理学家们立足于"理"本体说，对礼治哲学展开了新的阐述，使"礼"在以"理"为最高范畴的伦常系统中获得至关重要的地位，"礼"的权威性与普遍必然性在更高的层次上得以确认。理学家们不仅高扬"礼"在宇宙大系统中的位置，而且对现实的礼仪秩序加以勾画，其总体特征便是在人伦关系中强制注入以"理"为依据的尊卑名分。

由理学家强化并重新推广于中国社会的礼治秩序给中华民族带来深重的精神损伤。礼治秩序只承认人伦关系网络的存在，而根本否认个体的独立价值。在礼治秩序中，个人永远是被规定、被组织的对象，人的主体性与个性全然消融在贵贱有差、尊卑有等的名分之中。任何异议的争辩和个性的表现，都为礼治秩序所不容。"天理"与"人欲"对立，使着意于恢复和强固礼治秩序的宋明理学家们对儒家传统的反人欲观念做了极致性的发展。在他们看来，伦常道德与人的感性自然要求是截然对立的，而伦常道德的崇高也正是在灭绝个体快乐、幸福与利益的自我净化过程中体现出来。在理学家的鼓吹下，以"克己复礼"为宗旨，

---

① 本部分多参考冯天瑜、何晓明、周积明《中华文化史》（上海人民出版社1997年版）第652—662页"理学与中国文化"部分内容。

自觉尊奉礼仪规则，便成为人道德实践的唯一内容，甚至连坐、立、说、笑也不能脱逃于礼之规范。个体的所谓主体性、独立性在超越一切的绝对——礼的面前，荡然无存。

礼治秩序的长期浸染，在中国国民中造成一种主奴根性。所谓主奴根性即主性、奴性兼而有之。当个人在人伦关系网络中扮演的角色是为父、为官，他就可以支配和役使在他之下的子和民，表现出一种主性。假若个人的名分是为子、为民，就只有服从任何形式的役使和支配，表现出一种奴性。假如既为人子又为人父，那么主性和奴性就兼而有之。主奴根性使得中国人有一种习惯思维，"对下可以居高临下、作威作福，对上则要毕恭毕敬、媚态尽显"，其结果，人人都不平等，很难产生"平权意识和自由精神"①。由于在人伦关系大网络中，个人总是具有双重身份，因此，中国国民的主奴根性便更为根深蒂固。

由穷理灭欲的原则出发，理学家们将礼治秩序对妇女的拘束推向极致。理学家们在新的哲学基础上对中国传统的"男女有别"、"男尊女卑"的观念加以阐发，把所谓"妇德"与"家之隆替，国之废兴"联系起来，从而使传统礼教对女性的道德制约具有一种神圣的色彩。理学家们在深化传统"女教"学说同时，还进一步发展更为细密的束缚女性的礼仪规则。确立女子应具备温良淑贤、安详清静、平和文雅、纤弱轻柔、稳重端庄的品行，如果表现个体性格的坦荡、热情则被视为轻佻浮躁。理学家们更对妇女贞节操守表现出狂热的关注，"饿死事小，失节事大"的观念使得中国妇女遭受到前所未有的历史性损伤，有形的贞节坊、烈女坊凝聚了千万妇女"孤灯挑尽未能眠"的痛楚情感，无形的封建规范至今还隐性地成为重压中国妇女的文化心理。在礼治秩序中的妇女，其活动半径被束缚在庭院内闱之中，很少外出活动，更缺乏强身健体的锻炼，导致女性普遍体质孱弱，进而影响她们孕育的孩子体质上也不够健硕。南宋以后汉族和他族战争中屡屡战败，其因母体孱弱而导致的体质原因不容忽视。

"内圣"经世路线的高扬

孔子以后，"内圣"、"外王"之学发生分化。荀子力主"外王"

---

① 李海清：《当代中国改革路向》，中共中央党校出版社 2012 年版，第 130 页。

之学，着意于"制天命而用之"，对外部世界进行征服，强调"一天下，财万物，长养人民兼利天下，通达之属，莫不从服"①，建立圣王之不朽功勋。孟子则着力发挥孔子经世学说的另一侧面——"内圣"之学。他强调，意欲经世，必须先"修身治家"、知"礼"识"仁"，然后才能谈得上"治国平天下"。在宋代理学的理论框架中，正心诚意的内在"修身"是"经世"的根本，只有先"正心诚意"，然后才能谈得上"治国平天下"，只要能做到"正心诚意"，自然就会"国治民安"。

　　这条路线对于宋代重文轻武、不鼓励好大喜功的政策正是一种支持，也是宋代内敛的文化特征的一个体现，它对中国文化的深刻烙印在于它将中国政治完全纳入道德的范畴。诚然，原始儒学自诞生之日起，就强烈地表现出政治道德化的趋向，但是，两者并非完全合一。孔子评价管仲，以他"霸诸侯，一匡天下"的政治功德为出发点。从汉代到北宋初年，无论是在儒者设计的种种帝国秩序方案中，还是在统治集团的施政意识中，个体操守与政绩功业、道德与政治并未合为一体。然而，宋明理学家专求"内圣"的经世路线，将"正心诚意修身齐家"提高到空前的本体高度，使"外王"的政治活动从属于"内圣"，以"内圣"为指归，从而造就出一个政治全然从属道德的中国式政教合一的统治系统。此种致思趋向的伸展，强化了中国传统的重义轻利的观念，使理学在现实社会还造成颇为强大的空疏学风。宋明深受理学浸染的士子由于把人生意义的追求指向内在的完善和超越，因而鄙弃事功，脱离现实，"平时袖手谈心性"，一遇危难，便束手无策，"惟余一死报君恩"②。

理想人格的建树

　　宋明理学在给民族文化、民族进步带来严重祸害的同时，也在民族传统中留下了若干积极因子，这就是自觉的道德理想人格的建树。宋明理学是一种伦理学主体性的本体论，它孜孜讲求"立志"、"修身"、"涵养德性，变化气质"以完成"内圣"人格。所谓"内圣"人格，

---

① 《荀子·非十二子》。
② （清）颜元：《存学编》卷一。

是中国传统文化精神在封建时代的最高表现形式，其意蕴有三：一为孔颜乐处，即圣贤之乐不在外物，而在自我，是自我意识到自身与万物浑然一体，达到"与天地合其德，与日月合其明，与四时合其序"的真善美慧高度统一的境界。二为"民胞物与"，其意为百姓都是我的同胞，万物都是我的朋友。这种民胞物与的博大胸怀，体现出一种广阔的"宇宙意识"。知识阶层正是在这种"宇宙意识"中，引发出强烈的社会责任感与庄严的历史使命感，从而将个人人格的完成置于大众群体人格的完成之中。三曰"浩然正气"，即执着于人格理想与道德信念，不为任何外来压迫所动摇。

宋明理学建树理想人格的理论与观念，对于中华民族注重气节、注重道德、注重社会责任与历史使命的文化性格无疑产生了深远影响。张载庄严宣告："为天地立心，为生民立命，为往圣继绝学，为万世开太平"[1]，显示了人的伦理学主体性的崇高与伟大。顾炎武在明清易代之际所发出的"天下兴亡，匹夫有责"的慷慨呼号，激励和鼓舞了中国人的群体态识，成为危难之际动员中华民族每一分子自觉起来捍卫群体尊严和安全的号角。东林党人在异族强权或腐朽政治势力面前，正气浩然，铁骨铮铮，即使镣铐加身，亦不失节；即使屠戮在即，亦绝不屈膝。"人生自古谁无死，留取丹心照汗青。"由文天祥、张载、顾炎武所传递出来的社会责任感、历史责任感以及道义责任感，闪烁着理想人格的灿烂光辉，浸润了宋明理学的精神价值与道德理想，成为中华民族精神文化的"脊梁"。

三　宋学与宋学精神

与理学专注于"理"、"道"、"气"等形而上思想的探讨相异趣，宋代士子还开创了实践与明道共兼的宋学及宋学精神。宋代诸儒在"为天地立心，为生民立命"的责任担当下，躬行实践，以身作则，在学问、政治、教化方面都有所建树，不仅开创了一代之学，而且践行了一种兼有"求

---

① （宋）张载：《张子全书》卷十四，《近思录拾遗》。

理"、"求实"、"道德"、"忧患"、"主体"①等的时代精神。宋代大儒胡瑗、范仲淹、孙复、石介、王安石、苏轼、欧阳修等人为了重建礼仪秩序，复兴儒学，称宋学，他们不只在"学"，在人格风范的树立、在学风的转变、在躬行实践及经世致用等方面，都有新的表现，形成宋学精神。

1. 宋学

宋学开创者为胡瑗。胡瑗开创宋学和个人经历关系密切。他为人清高正直，淡泊名利。少年贫苦，立志求学，7岁能写文章，13岁通过《诗》《书》《礼》《易》《春秋》五经。曾在泰山与孙复、石介一起，十年苦读，磨炼志向，三人一起被称为"宋初三先生"。胡瑗学成后在苏州一带聚徒讲学，因道德和学问而闻名四方，且以自身砥砺精神言传身教，传播道德和学问，并躬行实践，为此他创立了苏湖教法。这一教法是他在湖州任教时创立的，故称。这是一种分斋教法，立"经义"（又称"明体"）和"治事"（又称"达用"）两斋，对于那些心性通颖、可委任大事的学生，以"经义"斋，教之以讲明六经，让其明体通义；对于那些资质平平的学生，以"治事"斋，进行技能教授，选择一些具体的如御敌、安民、水利、历算等技能，让其能够具体治事。此谓"明体达用"，强调"明体"的意义，是重新解释经义，回归义理上去，挽救儒学危机，恢复其统治地位；明确"达用"的目的，是针对汉唐以来的训诂章句之学的弊流，纠正学风，并且将其和社会实践结合起来，不托空淡，讲究实际效用。在学习态度上，胡瑗还教学生思考"颜回所学何好"，学习他陋巷简居、箪食瓢饮却不改其乐、能够忘我读书执着求道的精神，将颜回"学做圣人"的自律融入到学生的读书、求道、治事、明理之中，挺立一种极强自律性的道德人格。

这种苏湖教法，开宋学之先山，后来在朝廷推广，在各州府学校通行，创通经义，昌明师道，扭转学风，将道德精神和求实力行相结合，形成一种独特的宋学精神。

开创宋学的第二个重要人物是范仲淹，范仲淹两岁丧父，母亲改嫁，自己在长白山醴泉寺僧舍读书，生活清苦却勤奋读书，养成先忧后乐的品格，他自己说，每睡之前思考：奉养家母、读书均可好，如果好

---

① 张立文等：《中国学术通史》（宋、元、明卷），人民出版社2004年版，第65—69页。

便能入睡，否则就不能安眠，第二天必求更称之者。为官期间，范仲淹耿直忠信，勇于批判时弊，革新政治，推行庆历新政，光明磊落，刚毅自强。

在开创宋学方面范仲淹有很多建树，表现有：第一，挺立自己的道德人格，为"士"标立新风范，建树"先天下之忧而忧，后天下之乐而乐"的道德理想主义；第二，网罗人才，开创风气，推动文化变革，引导学术争鸣，倡导自由议论和怀疑精神；第三，革新政令，积极推动政治经济改革。

从中可以看出，宋儒复兴儒学，和汉唐不一样，不再重训诂章句，而是重视要旨、义理，探索经典的本来意义，以达到通经，同时兼重实践。事实上，自先秦儒学创立，中国古代儒学一直按着"内圣"、"外王"两个路线交替发展前行，内圣和义理相结合，注重儒学要旨大义，外王和训诂章句结合，讲究经世实学建功立业。统一繁盛时，外王章句凸显；动乱衰败时，内圣义理发达。汉代先今文后古文，是训诂与义理的交替发展，唐重视章句，立五经正义，北宋开义理，但宋学不仅治经，还和治事兼顾起来，宋学一开始就和范仲淹、王安石的改革结合起来，其经世致用的理想不再托诸空谈，而是强调对国家和社会发展的作用。北宋的荆公之学、温公之学以及苏氏蜀学都有求真务实的共同特征。至北宋末年，战乱频仍，经世托空，义理凸显，南宋建立，纯义理的理学发展势头大涨。

探研宋学与理学的区别，宋学是理学的渊源，均讲究考究义理，但差别在社会实践上。真正的理学兴起是在南宋末年，此时的宋学失去了经世致用之环节，变为道德性命之学，强调个人的修养，人伦的天理性，基本限于著书立说，而没有应用到社会救国实践中，演变成了理学。

2. 宋学精神

宋学不仅体现在经义讲解和经世致用即通体达用方面，还体现在人格风范建立方面，即钱穆所说的平民精神，为人要挺立道德人格，砥砺风节，敢于议论、怀疑、实践，不能随波逐流，与时俯仰。

对于宋学精神，研究王安石的陈植锷先生概括为议论精神、怀疑精神、创造开拓精神、实用精神、内求精神、兼容精神。钱穆说："宋学精神，厥有两端：一曰革新政令，二曰创通经义，而精神之所寄则在书院。革新政令，其事至荆公而止；创通经义，其业至晦庵而遂。而书院讲学，则其风至明末之东林而始竭。……"① 这里的书院精神就是自由，可以自由解经，自由讲学，自由议论争鸣，还敢于疑古惑经，敢于怀疑权威。

宋学精神本孕育于民间，范仲淹、胡瑗、孙复、欧阳修等人出身清贫、困穷苦学，这些平民知识分子与六朝隋唐士族知识分子在生活经历、背景方面有巨大的差异，因此，道德修养、学术风格、文化观念、生活方式和政治态度上的差异更为明显，他们恢复的是先秦儒家的精神，即，学风上自由解经，自由讲学，议论争鸣，敢于疑古惑经，敢于怀疑一切；人格上安贫乐道、吃苦忍耐、刚毅自强；政治上经世致用、求真务实，敢于革新。这些平民知识分子为官后，继续倡导这种精神，并带到朝廷，这种精神是在儒学学术研究中形成的，因儒学国学显学地位，很快在全国形成一种风气，并影响到其他领域，均有一种宋学精神的风行。如果说孕育于唐宋之际的民间平民精神，是萌生学术自由、讲学自由、议论自由等宋学精神的内在原因，那么宋代的右文政策、宽容态度、台谏制度则是使宋学精神得以顺利发挥的外在原因。

四　文人声气的形成

中国士人的地位，至两宋有一个显著的改变。宋代右文政策使得文官多、官俸高、大臣傲、赏赐重，宋太祖又勒刻"不杀士大夫之誓以诏子孙"。如此时代文化氛围，自然培育出一个规模庞大的士大夫阶层，他们与前代文人相比，文人意识更为自觉，其文化创造活动也因此渗透着更为强烈的文人气质。宋代疲弱的国力，一部分士大夫在社会文化由盛而衰巨变的强烈刺激下，突然感到自信心的崩溃与人生理想的破灭，为了寻求新的心理平衡，他们逃遁、退避于现实世界之外，着意于心灵的安适与更为细腻的官能感受，这一将人生理想的追求方向由向外转为向内的心理趋向日益张大，最终支配前一种入世—经世的思维路径，造成宋人内倾、封闭的心理特征，培养出一种细腻敏感的文人声

---

① 钱穆：《中国近三百年学术史》，商务印书馆 1997 年版，第 7 页。

气。文人声气大致包括以下三个方面。

1. 雅化的词

宋词集中地反映了文人士大夫自觉改造俗文化的群体意识，也更为典型地反映了中国文人士大夫对"雅而不俗"的清高孤傲境界的追求。"雅"不仅成为宋词的重要特征，也是宋代文人士大夫的重要品格。宋词不仅柔美钟秀，如晓风残月、千里烟波、斜风细雨、平湖曲岸，"柔化"着词人的创作心理，而且香艳婉媚，细腻精致，侧重音律和语言的契合，造境摇曳空灵。柔美钟秀、香艳婉媚、细腻精致，共同构成了宋词阴柔美的世界，晚唐以降至北宋末年，"婉约"、"阴柔"不仅作为一种词风，而且也作为定向了的艺术主题和审美兴趣，始终在词坛居于主导地位，从而集中地映现出以"阴柔"为特征的两宋文人士大夫的心境和意绪。

2. 空灵的文人画

宋代文人士大夫以一种自觉的群体意识投入绘画，把绘画纳入文人生活圈。此种思潮的标志，便是"文人画"观念与理论的诞生。与偏重写实、注重精细描绘、有现实主义倾向的宫廷画相比，文人画讲究诗书画一体，诗中有画，画中有诗，追求内在的高雅修养，成为文人寄兴、寓意、怡情的手段。文人画格调高雅，着意空灵洒脱、淡泊逸气，是文人士大夫理想品格的外在表现。宋人偏爱画梅、兰、竹、菊，正是着眼于表现文人士大夫的理想人格。宋代文人还将绘画看作宣泄自身情感与表现自我的一种艺术手段，因而抛弃绘画中的"形似"手法，高度强调神韵，以笔墨传神。宋代山水画文人意味更为浓郁，大批经由科举进入仕途的士大夫，在尽享荣华富贵之际，又竭力追求一种高雅、韵致的精神生活，山水绘画便成为文人在尘世喧哗中寄托性灵之所在，与士人优雅却纤细的文化性格正相一致。

3. 脱俗的文房四宝

宋代文人以其特殊的气质投入艺术创作，亦以独特的审美观去装饰、赏鉴周围的生活环境，文房自然成为文人美感所浸染的重地。文房是文人作息攻读的场所，陈设于文房中的物品原以辅助书写功能为主，由于文人审美观的自觉参与，宋以来逐渐形成关于文房的系统的审美标准，此即所谓巧而自然、精雅脱俗、简便大方、细致而不繁琐，文房之中最基本的笔、墨、纸、砚四宝，越来越富于装饰性、赏玩性，成为颇富文人情趣的工艺品。其淡雅的情调浓烈地传达出这一时期士大夫阴柔细腻的文化心态。

五　文化中心的南移

从宏观俯视整个中国传统文化发展脉络，宋文化是魏晋以来文化运动的一个穴结，主要表现有三：

（1）自汉末以来始终斗争不断的儒、道、佛三大思想流派，在宋理学家手中完成了整合运动，一个庞大的、精致的哲学思想体系再建于中国文化结构内。

（2）魏晋以来支离破碎的礼治秩序、宗法文化也在宋代得以重建，从而又使儒学重新成为正统，深刻支配中国封建社会后期文化面貌近千年。

（3）自东晋以后开始的中国文化中心转移运动也在此时有了总结性的终结，那就是，文化中心从北部黄河流域转移至南方江浙一带，长江、淮河成为南北文化的分界线。

中国从商周直到西晋末，北方经济文化发展的水平远远超过南方，汉文化的核心地带一直在黄河中下游流域，汉民族的政治和文化活动，以黄河及其最大支流渭河的河谷为轴线，呈东西向移动变化，中国的几个著名古都——长安、洛阳、开封等，皆分布在这一轴线上，在不同时期绽放各自的风采。然而，自汉末以后，北方的中国文化遭到一次又一次的巨大冲击，推动中国文化重心南向转移运动一次次发生。

第一次迫使中国文化南向转移的大波澜是永嘉之乱，以及接踵而至的五胡乱华。发生于永嘉五年（公元311年）的永嘉之乱，给予黄河流域的经济、文化沉重打击。永嘉之乱后政治局面的混乱以及外族入侵的巨大压力，迫使中原人民随着晋室南渡大规模南移。北方固有的文化被传播至南方，大大促进了南方衣冠文明的长足发展。大量劳动人手的投入，使南方的经济开发也呈现一种全新局面。虽然此时从总体格局上观照，北方经济实力仍然远远超过南方，文化水平依然占有传统优势，但是，此时的南方，已不是过去的湿热荒蛮之地，南方政治、经济的中心——建康（今南京市）至梁代时已成为拥有户口 28 万、人口超过百万的中国第一大城市。①

第二次迫使中国文化中心向东南推进的大动荡是"安史之乱"。此后大唐帝国开始衰竭，黄河中下游地区经过浩劫，残破不堪，继之而来的藩镇割据与政局动荡使士民再次大规模向南迁移。南方州郡的人口因此迅速增加，经济发展亦已远远超越北方。天宝以后，唐中央政府的财政完全仰仗江南，江南已成为"国命"所在。然而，中国经济重心虽在唐末完成向南转移，但全国文化的重心还滞留在长安—开封—洛阳的东西轴线上，这种情形至北宋依然不变。如仁宗末年，洛阳仍是一文化重镇，"二程"毕生从事讲学，其活动中心便在洛阳。重臣退休、半退休，或因政见不和辞官，多被安置到洛阳。但是，也正是在北宋，文化中心南趋的态势已十分明显。"二程"虽在洛阳讲学，弟子却以南人居多。故程颢送他的大弟子杨时南归时，发出"吾道南矣"之叹。北宋的词家，前期如晏殊、欧阳修、张先、柳永等，全都是南人，后期的黄庭坚、秦观、周邦彦等，也多数生长于江南或其周边。当时画家与书法家中亦南人颇盛。

第三次是爆发于 1126 年的"靖康之难"，它终于给文化中心南迁以最后的推动，完成了中国文化中心的南移。是年，金人攻破汴京，随之统治北方 100 多年。宋室如同当年的晋室，南渡江南。和宋室南渡相先后，"中原人士扶携南渡几千万人"②，以此为契机，中国文化的南迁终于完成。

南宋以降文化中心南迁的征象有如下几方面：

（1）南北向文化中心取代东西向文化中心。杭州—苏州构成南北向文化轴心，取代了开封—洛阳东西向轴心。南来朝廷偏安临安，即杭州。杭州早在北宋中叶，就有"东南第一州"之称，又拥有天下绝美的西湖：断桥残雪、平湖秋月、苏堤春晓等绰约多姿的自然山水经文人点化，更令人心醉神迷。苏州在当时也颇为繁盛，北宋末年时

---

① 陈胜利、茅家琦主编：《南京经济史》（上），中国农业科技出版社 1996 年版，第 76—77 页。

② （宋）李心传：《建炎以来系年要录》卷八十六。

已拥有户口四十万，被视为百事繁庶的人间天堂。南宋范成大流连苏杭，不禁在《吴郡志》中发出"天上天堂，地下苏杭"的由衷赞叹。一句"暖风熏得游人醉，直把杭州作汴州"道出了杭州富庶胜过北方的事实。

（2）政治中心人物南人化。具有代表性政治人物籍贯分布的改变，是文化中心迁移态势的外在显现。宋中期的政权核心，南人开始为相，南宋时南人当宰相者渐多。浙江曾有24人担任宰相，北宋4人，南宋20人。陆游在《论选用西北士大夫札子》中指明两宋时期政权中心籍贯分布的改变："伏闻天圣以前，选用人才，多取北人，……故南方士大夫沉抑者多。仁宗皇帝……公听并视，兼收博采，无南北之异。于是范仲淹起于吴，欧阳修起于楚，蔡襄起于闽，杜衍起于会稽，余靖起于岭南，皆为一时名臣。……及绍圣、崇宁间，取南人更多，而北方士大夫复有沉抑之叹。"① 从"南方士大夫沉抑者多"到"北方士大夫复有沉抑之叹"，政权中心人物籍贯分布的改变，鲜明地显示了文化中心自北向南转移的态势。

（3）学术中心的南移。唐至北宋，中国学术中心位于洛阳—洙泗一线，属于北方，南宋时则迁转到福建。福建在唐代被称为"无儒家者流"的文化贫弱之地，但在南宋，学术文化迅猛发展。北宋末年，福建人杨时受学于"二程"，载道南归后，福建遂成为宋学中心。朱熹虽籍贯为安徽，但实际生于福建，居于福建，死于福建，他所创立的学派故称闽学。道学中的重要人物如胡安国、罗从彦、李侗、蔡元定、蔡沈、黄干、真德秀都是福建人。朱熹十分敏感地注意到中国学术中心的南移。他曾叹曰，"岂非天旋地转，闽浙反为天地之中？"② 陈亮亦有"人物满东瓯"③ 的说法。这些例子已经明显地表明南宋时中国学术中心的南移，自此开始直至近代，南方学术文化始终领导中国学术文化潮流所向，成为学术中心之所在。

---

① （宋）陆游：《渭南文集》卷三，《论选用西北士大夫札子》。
② （明）丘浚：《大学衍义补》卷八十六，《都邑之建（下）》。
③ （宋）陈亮：《南乡子·谢永嘉诸友相饯》，见萧枫主编《唐诗宋词全集》（第11卷），中国文史出版社2001年版，第38页。

六　元代思想文化

1. 理学北传，定于一尊

濫觞于北宋初年的理学，到南宋逐渐壮大，形成一股波及整个文化界的思想洪流。在南宋中期，由陆九渊创立的陆学和由朱熹创立的朱学成为理学两大派别。南宋理宗时，朱学已经在思想界取得正统地位，被统治者利用，影响力大增。但是朱、陆两派之争从未停止，南宋淳熙二年（公元 1175 年）著名的"鹅湖之会"是朱学和陆学的第一次大争论，朱熹强调通过"格物"来达到"明理"，主张多读书，多观察事物，加以分析归纳，然后得出万物之理；陆九渊主张"发明本心"，心明则万事万物的道理自然贯通，不必多读书，也不必忙于考察外界事物，他说"墟墓兴衰宗庙钦，斯人千古不磨心。涓流积到沧溟水，拳石崇成泰华岑。易简工夫终久大，支离事业竟浮沉。欲知自下升高处，真伪先须辩只今"①，朱熹机辩曰："德义风流夙所致，别离三载更关心。偶扶藜杖出寒谷，又枉篮舆度远岑。旧学商量加邃密，新知培养转深沉。却愁说到无言处，不信人间有古今。"② 陆学攻击朱学"支离"，不如陆学"易简"；朱学则讽刺陆学"离经"、"空疏"，直到南宋灭亡，朱、陆双方之争也没有分出高下。

元帝国建立后，开始倡导以儒学为主的思想文化。但由于宋与金、元的长期对峙，北方战乱不断，"南北道绝，载籍不相通"③，致使这里"声教不通"④，理学著作流传甚少，后理学经过北传才得以在元朝产生影响。忽必烈在征讨南宋时，南方朱学传人赵复（学者称江汉先生）被俘，早期服务于蒙古大汗的幕僚——儒学者杨惟中、姚枢奉忽必烈"网罗南儒"的命令，将赵复礼送至燕京太极书院，赵复始在书院讲授

---

① （宋）陆九渊：《陆九渊集》卷二十五，《鹅湖和教授兄韵》，中华书局 2008 年版，第 301 页。

② （宋）朱熹著，郭齐、尹波点校：《朱熹集》（一），四川教育出版社 1996 年版，第 185 页。

③ （明）宋濂：《元史》卷一百八十九，《赵复传》。

④ （明）黄宗羲：《宋儒学案》卷九十，《鲁斋学案》序录。

程朱理学，理学自此北传。元代理学大儒，南有吴澄，北有许衡，许衡曾间接受教于赵复，理学在北方传播过程中，许衡的作用最大，他创立的鲁斋学派是北方理学的大宗，影响整个元代。许衡在元初以集贤院大学士兼国子祭酒，设立十二分斋（书院），征选其主要弟子为各斋斋长，教授朱熹哲学，将程朱的著作作为国子学的基本教材，使天下之人皆诵习程朱之书，从而使朱学在北方得到广泛流播。"理学北传，是元代思想文化史上的一件大事。……不仅确立了程朱之学的学术承传和学术地位，同时使得程朱理学被列入官学的教学内容和科举程式，完成了朱学向官学的演变。"[①]

在赵复、许衡等人的推动下，元仁宗皇庆二年（公元 1313 年），朝廷宣布恢复科举制度，考试办法以朱熹的《贡举私议》为蓝本，考试内容确定为"四书"，以朱熹的注释为准，"五经"也以朱熹及其门人的注疏为准。由此，朱学便取得了官学的地位，定于一尊。由于官方的大力提倡，许多理学家的著作都由政府雕版刊行，"天下之学皆朱子之书"[②]、"海内之士非程朱之书不读"[③]，从太学到地方乡学，师徒讲诵，多以朱学为则，从而造就出一大批著名的朱学饱学之士，如朱升、宋濂、叶琛、刘基等，成为推动理学进一步发展的学术中坚人物。

元代作为彪悍的蒙古族统治时代，更注重实用性、可操作性，因而在理学上只是"承流宣化"，不重玄奥，因此相对陆学，朱学更容易为其所接受。此时的陆学，由于没有得到官方的支持，许多人物屏迹山野，虽不改陆学"自识本心"的宗旨，但其影响逐渐式微，直到明中后期，社会风气大转，其心学一派才逐渐取得思想界主流地位。

2. 多教并传

元代为推行大一统的需要，更为了实现对人数众多的汉族的统治，采取笼络女真、契丹、回回、藏族而抑制汉族的民族政策，在宗教政策上，也对各个民族的宗教宽容优待，历代蒙古族统治者都会对宗教实行来者不拒、免去差役的优待、宽容政策。对于当时影响中国的三大宗

---

① 吴立群：《吴澄理学思想研究》，上海大学出版社 2011 年版，第 9 页。
② （元）虞集：《道园学古录》卷三十六，《考亭书院重建朱文公祠堂记》。
③ （元）欧阳玄：《圭斋集》卷九。

教——儒、释、道，采取三教合一的宗教政策，既奉养佛教，又尊孔崇道。如元世祖在信奉藏传佛教的同时，也向许衡、王恂等儒士求教孔子"为君难"的理论，向道士杜道坚询问治国方略。其他无论什么宗教，只要不影响蒙古人的统治和尊严，就不会受到大的限制。当时就有人称："在此大帝国境内，天下各国人民，各种宗教，皆依其信仰，自由居住。"①

因此，统一的多民族国家元帝国，在宗教上出现了百花齐放、多教并传的局面，除了儒、佛、道三大主要教派外，其他诸多宗教，如天主教、东正教、伊斯兰教、基督教（聂思脱里教、景教、大秦教）、摩尼教（明教）、犹太教、印度教等都在元代得到一定的传播和发展，"从共时结构上可以说是宗教教派繁盛的时期。"②

佛教

元代最盛行的宗教是佛教，特别是藏传佛教。忽必烈在即大统前，曾受戒于吐蕃高僧八思巴，即位后尊八思巴为国师，也将吐蕃佛教定为国家最高地位的宗教，藏传佛教高于其他佛教派别的地位由此确定。后八思巴又被升为帝师，在元朝廷乃至全国佛教领袖中享有极高地位。此后遂成定制，帝师也成为元朝诸帝供奉的最高神职，被尊为皇帝之下、万人之上的神圣职位。元朝帝师共12人，都是来自西藏的高僧，他们往来京城、西藏时，百官均隆重迎送。其在世时接受大量的布施、赠赏，死后赐金亦十分丰厚。帝师的子弟、门徒也大多受封官号，享有极大的特权。元朝做佛事之频繁、规模之大、用度之巨都是十分罕见的。

尽管藏传佛教地位独尊，但就全国而言，最为流行的佛教派是禅宗。同时，从佛教派生的白云宗，即"白莲教"，在南方也拥有了越来越多的徒众，到元末发展成农民起义军最初的主要力量。发展至明代，尽管明初严禁白莲教，但它派系众多，信徒也越来越多，对下层社会的影响逐渐增大，至清代中期，白莲教与朝廷处于敌对状态，多次发动起义，有的发展成跨越多省的农民起义，对清代统治造成重大影响。

① 江文汉：《中国古代基督教及开封犹太人》，知识出版社1982年版，第123页。
② 孙悟湖：《汉族、藏族、蒙古族宗教思想文化交流研究》，中央民族大学出版社2006年版，第258页。

道教

道教在元代也比较盛行。元朝时期，道教内部发生重大变化，新的道教宗派纷起。在北方活动的，主要是太一、大道、全真三派及浑元教；流传于江南的主要有正一、上清、灵宝三大传统符箓道派。

北方道派中，以全真教对蒙古统治者影响最深。全真教由道士王重阳（名嚞，字知明，号重阳）创建，教义主旨在于宣扬儒、释、道三家合一，兼而修之，故号全真。王重阳死后，其弟子丘处机开创的全真龙门派最为盛行。丘处机曾西行觐见过成吉思汗，受到重视，因之，全真教在蒙古帝国前期的三四十年内，成为北方道教的主要势力，形成了一门独尊的势头。元宪宗（蒙哥）统治时期，发生了道佛之争，吐蕃佛教的八思巴奉命审订伪《化胡经》，就佛教与道教谁是正宗的问题与道家展开辩论，全真教在两次佛道之辩中被驳倒，结果使道教的地位降至佛教之下，而且也改变了全真教在北方道教诸派中一门独尊的局面，道教的势力逐渐衰落。

流传于江南的正一、上清、灵宝三大传统符箓道派，与北方的全真、真大等清修教派不同，三山符箓道都持符箓念咒作法，更容易得到信仰萨满教的蒙古统治者的信服。忽必烈灭南宋后，遣使召见正一道第36代天师张宗演，赐给玉芙蓉冠、组金无缝服，并赐银印，封真人，主领江南道教。此后，历代嗣位的正一天师，都得元廷认可，封真人号，袭掌江南道教。元成宗大德八年（公元1304年），第38代正一天师张与材受封正一教主，主领三山符箓。自此，上清、灵宝派便正式归并于正一道门下。①

伊斯兰教

元代伊斯兰教徒，波斯语为 musulmdn，阿拉伯语为 muslim，即穆斯林。元代汉文文献中通常称"回回"，是"回纥"的谐音。元朝境内的伊斯兰教徒，主要来自蒙古西征时从中亚、波斯和大食俘掠来的人口或当时投降依附蒙古的官员将领，当然也有相当部分的商人，还有一部分唐宋时期寄居中国的大食、波斯人的后裔。

回回人入居元朝后，受到元统治者的尊重，仍世代保持伊斯兰教信

---

①　苏鲁格、宋长红：《中国元代宗教史》，人民出版社 1994 年版，第 5 页。

仰及其制度和习俗。伊斯兰教士"答失蛮"，与和尚、道士、也里可温大师同享免除赋役的特权，但规定必须"在寺住坐"，别无营运产业；伊斯兰教的礼拜寺，同佛寺、道观一样得到元廷的保护，其宗教活动和生活习俗都不受限制。元朝专设"回回哈的所"，掌管伊斯兰教的宗教事务及刑名、词讼诸事，让其自治。由于宽松的宗教政策，元代回回人数日渐增多，据至正八年（公元1348年）中山府《重修礼拜寺记》碑文载，当时"回回之人遍天下"，"近而京城，外而诸路，其寺万余"。[①] 在元代，回回人属色目人，且占据色目人中的绝大部分，政治上很受蒙古统治者信任，在政治、经济和文化各方面都占有重要的地位，不少人在中央衙门或地方官府担任要职。

基督教、天主教

元时入华的基督教，即元人称的也里可温。也里可温有两大派别，其一为曾流行于唐代的景教，即基督教聂思脱里派；其二为远西的罗马天主教。

基督教聂思脱里派于唐代传入我国，当时被称为波斯经教、景教或大秦景教。后由于唐政府的取缔，基督教在内地趋于灭绝。入主中原前，蒙古草原上的克烈部、乃蛮部都信奉基督教，这些部落被成吉思汗灭亡后，基督教也随着被征服的部众重新传入内地。

元朝又称"也里可温"为"秦教"，教徒也享受优免差发徭役的特权，但"种田入租，贸易输税"[②]。他们虽散布在各地，人数并不多，大多在元代政治中心大都和江南一带，从事传教活动，也有从商者、为政者。在江南地区，元政府派信奉基督教、使用突厥语言的汪古部贵族为官，驻守泉州，专门管理"江南诸路明教、秦教"[③]。随着元朝的灭亡，基督教一度在中国泯灭。直到明朝后期，才又出现天主教东来的记载。

在元朝，基督教另一支——罗马天主教也传入了中国。蒙古大军的西征，使罗马教廷为之震动，因此法国国王和教廷都曾遣使者到达

---

① 孙贯文：《重建礼拜寺记碑跋》，《文物》1961年第8期。
② （明）宋濂：《元史·世祖本纪》卷五。
③ 赖新元主编：《中国通史》（13）第五卷，《元明清》，延边人民出版社2000年版，第385页。

过中国，忽必烈也曾邀请罗马教皇选派一百多名熟知教律、精通七艺的教士来中国。在来华的传教士中，1289 年抵达元帝国的约翰·孟德高维诺是传教第一人，他先后在大都兴建了两座教堂，并学会蒙古语言文字，译出《新约》和祈祷诗篇来教授信徒。在他的影响下，天主教传教逐渐从元大都向外地扩展，教徒多时发展至三万余人。

但是，由于基督教教规比较严，初入中国，没有和中国本土文化结合实现中国化，加之仅在城镇传教，没有深入到广大农村农民中去，因此，天主教在元代思想文化系统中，只占据一个次要的补充地位。至元灭亡时，宗教宽容政策发生变化，罗马教廷又在各种冲击下威势下降，基督教又一次绝迹中原，退出中国传统文化舞台。

摩尼教、犹太教

摩尼教是唐代传入中国的又一支教派，是唐代漠北的回鹘汗国所信奉的宗教。因为回鹘人帮助唐朝平定"安史之乱"有功，所以摩尼教在唐代受到保护。后回鹘人西迁，内地的摩尼教遭唐政府禁限，只有东南沿海一带部分百姓信奉。因崇拜光明，也称"明教"。到了元代，元朝人像对待其他宗教一样对待明教，并不进行干预。当时明教在泉州、温州地区十分流行，并建有寺院。寺院内，教徒们"斋戒持颇严谨。日一食，昼夜七持诵膜拜"[①]，一些学习明教经典的汉族知识分子，也隐居于此。在元代，明教和基督教一起，受驻节泉州的汪古部贵族管理。

犹太教进入中国的时间较早，宋代时，就有相当数量的犹太人定居开封。他们是来自波斯或中亚落籍不归的西域商旅的后裔，在开封有自己的社区，保存了自己的宗教。元代，犹太人被称为术忽或主吾，有的时候也被称为术忽回回。蒙古人将伊斯兰教徒和犹太教徒视为一类人。总之，只要他们的宗教信仰不损害蒙古统治的尊严，蒙古人对伊斯兰教徒和犹太人则采取放任态度，不予干涉。

3. 中外交流

元帝国在空前辽阔的疆域内，建立起完善的驿站系统，从元代各大

---

① （元）陈高：《不系舟渔集》卷十二，《竹西楼记》，上海古籍出版社 2005 年版，第146 页。

都市到中亚、波斯、黑海、黑海之北的钦察草原以及俄罗斯和小亚细亚各地，都有驿站相通，元大都则处于这一国际交通网的中心，大大地促进了中西各国的人员来往和文化交流。忽必烈定都元大都后，这里聚集了来自亚欧各地的贵胄、官吏、传教士、天文学家、阴阳家、建筑师、医生、工程技术人员，以及乐师、美工和舞蹈家。在空前开阔的文化交流格局中，中外文化交流广泛地铺展开来。

但这一时期的文化交流，由于是首次欧亚大陆间的大规模交流，体现的鲜明特征是：其交流接触仅是表层的，物质层面的较多，通过交流，东西方对彼此的认识处于浅显的"印象"层次，其文化影响也只是在"物质"层而非"思想"层面。[①]

在这一期大规模文化交流中，有两种人非常繁忙，一为旅行家，一为科技人。

旅行家

受罗马教皇和法国国王派出使者带回的东方见闻旅行报告书影响，欧洲人对于蒙古的地理、民情以及蒙古人兴盛、强大的历程有较为确切的了解，并引起了旅行家们极大的东进兴趣。两位有名的旅行家马可·波罗和伊本·贝图达，其中国旅行见闻在欧洲掀起了"东方热"，此种热潮成为后来欧洲航海家环球航行寻觅东方世界的一重要诱因。

1275—1295年这20年间，威尼斯旅行家马可·波罗跟随他的父辈尼柯罗兄弟取道波斯，沿着古丝绸之路，翻越帕米尔高原，穿过河西走廊，经宁夏（银川）、天德军（今呼和浩特东），横贯欧亚大陆抵达大都。他在大都，深得忽必烈宠信，多次奉命出使各地，到过云南、四川、福建泉州，还随阔阔真公主下嫁伊利汗阿鲁浑的使团，从泉州经海道到霍尔木兹，游遍中国大地。马可·波罗回到威尼斯后，自己口述，小说家鲁思梯谦笔录写成不朽名著《马可·波罗游记》。这部书对中国赞美备至，称中华帝国拥有"连绵不断的城市和邑镇"以及"优美的葡萄圃、田野和花园"。帝国的首都"按四方形布局，如同一块棋盘。设计的精巧和美观，简直非语言所能描述。"宫殿"宏伟壮丽，气势轩昂，……设计合理，布局相宜，非常美丽，建筑术的巧夺天工，可以说达到了登峰造极

---

① 冯天瑜、何晓明、周积明：《中华文化史》，上海人民出版社1997年版，第755页。

的程度"。他赞颂泉州港口，"商品、宝石、珍珠的贸易之盛，的确是可惊的"。他描述苏州"人口众口，稠密得令人吃惊"，赞叹杭州"庄严和秀丽，堪为世界其他城市之冠。……仿佛生活在天堂"①。

马可·波罗之后，被尊为"伊斯兰世界的旅行家"的伊本·贝图达经由海上来到中国。他到过伊斯兰、拜占庭、印度、黑非洲，对比之后，高度推崇中国文化，认为中国的农业和灌溉工程极为发达，赞扬中国是世界上出产小麦最多的国家，他又称颂中国的瓷器首屈一指，中国的绘画人才出类拔萃。

当时中国人的旅行家有汪大渊和苏马，汪大渊两次周航印度洋，他称颂地跨亚非的马克鲁克王朝兵马壮盛、居民富庶。马苏在1287—1288年充当伊利汗派往罗马和巴黎的大使，游历欧洲，在他的游记见闻中，意大利和法国的奇风异俗被描述得栩栩如生。

科技人才

元代中国对外部世界的大规模开放，使大批中亚波斯人、阿拉伯人迁居内地，有学者统计，其数量达200万人之多，他们之中，有不少科技人才，通过他们，异邦的先进科技，尤其是当时文化发达水平与中国并驾齐驱的阿拉伯科学，流入中国科技界。

阿拉伯天文学、医学、数学十分发达，对元帝国颇有影响。波斯人札马鲁丁因精于历算，应元帝征召入华，精心编制了回回历——《万年历》，又在北京建立了观象台，制造了七种创制于阿拉伯的天文、地理仪器。元代天文学家郭守敬，参考阿拉伯人回回历，制作《授时历》。在元朝，由于回回司天台的使用，阿拉伯数字渐入中国数学界与中国社会。欧几里得的《几何原理》经阿拉伯算学著作介绍，成了元代数学书中的命题和解算理论。阿拉伯的医药在中国也十分流行。元人王沂《伊滨集》卷五有《老胡卖药歌》："西域贾胡年八十，一生技能人不及。神农百草旧知名，久客江南是乡邑。朝来街北暮街东，闻掷铜铃竞来集"，描述了回回老医生在民间卖药行医情景。元政府的太医院，下专设回回药方院和回回药物局两个阿拉伯式的药学管理机构，专

① ［意］马可·波罗口述，鲁思梯谦笔录：《马可·波罗游记》，陈开俊等译，福建科学技术出版社1981年版，第137、96、94、174、175页。

管大都和上都的宫廷医药。

阿拉伯的建筑家在元代颇负盛名。阿拉伯人也黑迭儿和他的儿子马合马沙相继主持元政府工程部门，并直接领导了大都建设。北京宫城的布局、建筑、苑囿大多由也黑迭儿规划。"崇楼阿阁，缦庑飞檐"也多由他亲自设计。

中国文化也有西传。中国四大发明均在此时传入西方，改变了此后300多年西方世界的历史。火药传入阿拉伯，再传入欧洲，使欧洲从冷兵器时代进入到了火炮的热兵器时代，对欧洲社会变革起了巨大的推动作用。指南针传入欧洲，使欧洲航海事业大规模展开，成为哥伦布等航海家"地理大发现"的必要技术手段。印刷术也在元代经由埃及传入欧洲，15世纪中叶的威尼斯成为当时欧洲印刷业的中心，借印刷术之力，西欧文化教育从修道院的狭隘天地中解放出来，为新兴市民发动文化上的革新提供了广阔天地。中国历法、数学、瓷器、茶叶、丝绸、绘画、算盘亦都通过不同途径西传，进入俄罗斯、阿拉伯、欧洲，世界文化的总体面貌因之而更为辉煌灿烂。①

4. 元曲与绘画

元代戏曲和绘画艺术有很大发展，呈现出自己鲜明的特色。元曲是这一时期最具创造性的文学艺术品种之一，包括散曲和戏曲，散曲分小令和套数两种体裁，戏曲即杂剧和南戏，尤以杂剧为盛，杂剧在艺术上富有创造性，在内容上富于现实性，堪称元代文学艺术发展繁荣的典型代表；元代绘画摒弃南宋院画风格，继承宋文人画理论，在山水画方面有重大发展，在中国绘画史上居关键地位。

元曲

（1）散曲。元散曲是继词之后的一种抒情诗歌表达方式，是可以和乐歌唱的新诗体。它兴起于金、元时期，是在民间俗谣俚曲的基础上，融合各民族的曲调而成的。散曲的出现是中国诗词不断推陈出新的结果，也是各民族文化互相融合的产物。词本是兴起于民间的一种通俗文学，但历经五代、两宋，填词制曲日益讲究音律修辞，刻意工巧，渐

———————

① 参见冯天瑜、何晓明、周积明《中华文化史》，上海人民出版社1997年版，第755—757页。

趋僵化而失去原来通俗活泼的面貌，失去了群众基础和生命力，此时融合北曲特征的清新活泼的散曲便应运而生。

散曲有小令和套数两种形式。小令是散曲的基本单位，是单曲；而套数则是由多支宫调相同的单曲连缀而成的，是组曲，一般有尾声，表示曲终。散曲相对于词而言，要自由灵活得多。一可加衬字，二可用重韵，三是长短较词更为不齐整，少则一两字，多则几十字连用，因此更能表达丰富的内容和情感。

元代散曲散佚很多，今人隋树森所辑《全元散曲》收散曲作品4300多首（套），其中小令3850余首，套曲450余套。元时散曲作家也有很多，明人朱权编《太和正音谱》，收录元散曲家187人，另有"词林英杰"150人，共337人。前期以关汉卿、马致远、张养浩等人为代表，后期有张可久、乔吉、睢景臣等著名散曲作家。元代少数民族也多有曲家产生，见于记载的有畏兀儿人贯云石、全子仁，回回人马昂夫、薛昂夫、萨都剌、丁野夫、兰楚芳、赛景初、沐仲易、虎伯恭、王元鼎、阿里西英、阿里耀卿、大食惟寅等，康里人不忽木、金元素、金云石等，女真人奥敦周卿、王景榆、李直夫等，蒙古人阿鲁威、杨讷等。①

元散曲语言通俗生动，口语化程度很高，幽默感极强，形式自由活泼。其内容丰富多彩，或写山水宴饮、男女欢情、隐逸生活，或抒泄个人的乡愁、归隐的闲情逸致，或讥讽现实的黑暗，反映下层人民的疾苦。前期作品通俗本色，浑厚质朴，多属"盛元体"，中期作品豪放清丽兼善，到了晚期，以清丽为主，豪放为辅，但开始刻意雕琢，讲究技巧，作品趋向于追求精致小巧，已经完全失去淳朴本色，而近于令词了。②

（2）戏剧。元代戏剧包括杂剧和南戏两大系统。

元代是杂剧繁盛的时代，元杂剧借助市井文学的构架，注入诗歌抒情的传统精神，不仅以丰美的和声弹奏出当时时代的精神魂魄，而且使

---

① 白寿彝总编，陈得芝主编：《中国通史》第8卷，见《中古时代·元时期》（上册），上海人民出版社2013年版，第593页。

② 徐季子、姜光斗主编：《中国古代文学》，华东师范大学出版社2009年版，第352页。

中国戏剧艺术走向成熟，让中国真正成为世界上一个"戏剧大国"，元杂剧以绚丽之花开在元时代思想文化的原野，为元代文化增添了独具特色的魅力。

元杂剧是流行于北方的戏剧，又称北曲。其产生有两个源头：一是从宋到金的说唱艺术——诸宫调，诸宫调有人物形象、故事情节、说唱，还有乐器伴奏，和戏曲非常接近。但通常只由演唱者以第三者身份来叙述故事，没有角色演员和剧幕，仍为叙述体，而不是戏曲的代言体，类似今天的京韵大鼓、河南琴书，因此不是戏曲。但其题材内容、组织结构、音乐曲调和讲唱方式都给元杂剧以有益启示；二是从宋到金的以调笑为主的短剧——宋杂剧、金院本。宋杂剧是从唐朝的参军戏、歌舞杂戏发展而来的，在宋时的宫廷、军营、勾栏、瓦舍上演的短剧，有剧本，有角色行当，分艳段（开场白，用以招揽观众）、正杂剧（正式剧情）、散段（附于正剧后的玩笑段子）三段演出，是中国戏曲的雏形。院本是金朝相对于官本而言的演艺底本，官本在宫廷官府上演，院本在市肆勾栏流行，"金有院本、杂剧、诸宫调。院本、杂剧，其实一也"①。不过院本因在民间演出，适合民间通俗易懂插诨逗乐的需要，相较于官本的隽永雅正，院本以热闹为主，多滑稽表演。北杂剧就是将宋金杂剧中表演、戏弄等有价值的成分，与诸宫调中曲白相生的体制和音乐连套的方式，加以综合、提炼，从而形成新的剧种。

杂剧勃兴于元代，自有它肥沃的土壤。首先，女真与蒙古统治者对歌舞戏曲的喜好促进了北方都市中艺人的聚合。马背上的女真、蒙古贵族对于歌舞伎乐有一种浓酣兴趣，即使在驰骋征战之际，还念念不忘借助军事压力向宋廷索取杂剧艺人、讲唱艺人、百戏艺人。公元1127年，金人就向宋廷索取"杂剧、说话、弄影戏、小说、嘌唱、弄傀儡、打筋斗、弹筝琵琶、吹笙等艺人一百五十余家，令开封府押赴军前"②，和平时代的北方都市中，因而集中了大量艺人，13世纪建立起的元大都，山西、河北等地的艺人以各种形式向这里集中，从而为元杂剧的产生奠定了厚实的根基。其次，蒙古贵族的文化政策促成了大批文人涉足

---

① （元）陶宗仪：《南村辍耕录》，卷二十五，《院本名目》。
② （宋）徐梦莘：《三朝北盟会编》卷七十七，《靖康中帙五十二》。

杂剧创作。元代统治者虽然宣布尊崇孔子，也选用了一批儒生士大夫，但对于汉族知识分子是轻贱、蔑视、遗弃的，在"一官、二吏、三僧、四道、五医、六工、七匠、八娼、九儒、十丐"的等级排位中，文士儒生被屈辱性地排在仅次于乞丐的地位，甚至连工匠娼妓都不如。和重文的宋代相比，鲜明的悬殊产生强烈的愤懑、失意，使文人们流连于唱唱打打、热闹非凡的勾栏瓦舍以买醉，一些潦落文人与杂剧产生了一种亲缘联系，他们与艺人为伍，并渐次涉足杂剧创作，形成一支具有高度文化素养，与演剧艺人生死与共、相濡以沫的杂剧创作队伍，从而为杂剧的发皇张大，进而演进为一代文学主要形式奠定了繁荣的基础。最后，在元代特定的文化氛围中，蒙古统治者的文化辖制和思想禁锢相对宽松，尤其是他们喜欢的表演杂剧，文人们得以较为自由地表达那个历史时代的深沉悲愤、抗争与苦闷，为元杂剧丰富多彩的内容提供了条件。

在繁盛时期，元代杂剧作者有 200 多人，剧目 600 余种，现存 150 余种，并且出现了关汉卿、马致远、郑光祖、白朴"元曲四大家"，和辉映千古的四大悲剧《窦娥冤》《汉宫秋》《梧桐雨》《赵氏孤儿》和四大爱情剧《拜月亭》《西厢记》《墙头马上》《倩女离魂》。在内容和精神上，元杂剧表现出两大主调，第一主调是倾吐整体性的郁闷和愤怒，第二主调是讴歌非正统的美好追求。① 面对黑暗的社会现实，元杂剧艺术家将人民的郁愤之情锻铸成多样化的戏剧情节，或以清官戏，或以历史剧，或借助鬼神，愤激地谴责黑暗、鞭挞现实、倾吐内心的郁闷和愤怒；同时用美好的婚姻爱情剧，塑造了一大批叛逆女性，如《西厢记》中的红娘、《拜月亭》中的王瑞兰、《墙头马上》中的李千金，以及《倩女离魂》中的张倩女，无论身份贵贱，都具有一种敢于抗争、傲视黑暗世道的精神力量，杂剧家们通过自己的笔触歌颂了女性对美好爱情的追求和对非正统的鼓舞。这一系列栩栩如生的女性形象，构成了一条灿烂夺目的艺术画廊，为中国文学、中国戏剧留下了光辉夺目的篇章。

南戏又称"南曲戏文"，因别于当时北方的宋杂剧而称。就艺术形

① 冯天瑜、何晓明、周积明：《中华文化史》，上海人民出版社 1997 年版，第 738 页。

式而言，南戏也是由民间歌舞、宋杂剧、说唱艺术逐步综合而成的，与北方杂剧相比，南戏以当时南方民间流行小曲、歌谣为主，并吸收了唱赚、词调、大曲等音乐因素，音乐运用自由，不受宫调理论的限制，且突破了宋杂剧每折一人歌唱的成规，有独唱、对唱、齐唱等形式，因之其演出和唱法均比较自由。南戏也由唱词和科诨组成，唱词多采自宋词和里巷歌谣，其曲调除民间曲调外，还有大曲、曲破、佛曲、舞队、影戏、鼓板、唱赚等，但不限宫调，不限折数，一折剧演唱也不限一人，更接近现代意义的戏曲。

在对戏曲发展方面，南戏比北杂剧贡献更大，南戏的声腔不断变化，发展有很多种类，"腔有数样，纷纭不类。各方风气所限，有昆山、海盐、余姚、杭州、弋阳"①。在戏文、音律方面，南戏创作范本《琵琶记》，因风格婉转曲折，文词以本色为主而文采斐然、雅俗共赏，被誉为戏文中的"绝唱"、曲调中的"曲祖"和"南曲之宗"。

南戏早年萌芽于温州一代，宋徽宗宣和年间开始流行，南宋时进入到临安和其他城市，吸收各种艺术如宋杂剧、诸宫调、唱赚、大影戏等的长处，发展成为大戏，十分兴盛。明祝允明说："南戏出于宣和之后，南渡之际，谓之温州杂剧。"②

入元后，南戏的发展呈现出先衰后盛的趋势。元代早期，南戏被当作"亡国之音"而遭受歧视，一度受到压制，只在江南民间流传。元中期后，北方因为战乱，戏曲创作和演出活动的重心移到了南方，北杂剧已趋衰落，南戏吸收了杂剧的艺术经验，加之自身亦俗亦雅的自由风格，重新兴盛起来，南戏作家在各地成立编写戏剧话本的团体组织，即书会，如温州有九山书会，平江（今苏州）有敬先书会，杭州有古杭书会等，所创作的剧本，据现存宋元南戏剧本残本存目统计多达 170种。南戏蔚然大兴，很有压倒杂剧之势，在元末出现了历史上有名的"四大传奇"——《荆钗记》《白兔记》《拜月亭》《杀狗记》。发展至明代，由于文人士大夫的积极参与，南戏走上文人化道路，曲牌越来越规范，曲词越来越典雅，宫调连套也趋向程式化，演变为明清传奇。

① （明）魏良辅：《南词引证》，嘉靖二十六年（公元 1547 年）文征明手抄本。
② （明）祝允明：《猬谈》，见《续说郛》卷四十六。

绘画

元代绘画主要发展了宋代的文人画。宋代画派除了前面所说的文人画，在皇室宫廷，还流行一种院体画，简称"院体"、"院画"。宋代尤其是北宋，历代帝王都热衷于绘画，有些帝王自身就是画家，因之在宋初设置翰林图画院，招聘优秀画家供职于宫廷。这些宫廷画家为了迎合帝王宫廷需要，多以花鸟山水、宫廷生活及宗教内容为题材，作画讲究法度，重视形神兼备，风格华丽细腻，笔法工整细致，富丽堂皇，构图严谨，色彩灿烂，有较强的装饰性，因多在翰林图画院，帝王风格绘画称为院体画。与院体画相对，在山野，士大夫们关怀自我心灵的怡性，创立文人画。中国文人画创立于北宋，成熟于元代，极盛于明清，元代绘画在发展文人画方面起了推动作用。

元代文人遭受到民族政策的歧视，处于失意境地，常以书画自娱，文人画不断兴盛发展，形成中国绘画史上的又一个高潮。与宋代相比，元代画家更突出水墨形式和书法意味，诗、书、画三者结合得更加紧密，更能凸显士大夫的抒情寄意。与此同时，元代宫廷虽亦网罗画家，然而没有画院机构，宫廷绘画不成气候，名家寥寂，使得院体画逐渐式微，人物画退居二线，山水画成为画坛主流。在创作思想上，元人山水画承继北宋末年文同、苏轼、米芾等人的文人画理论，提倡遗貌求神，以简逸为上，追求古意和士气，重视主观意兴的抒发。由于抛却了院体画刻意求工、注重形似的画风，文人画独占画坛，元朝文人画家们将作者、风景和观画人三者相沟通，造出绘画高妙之境，形成了鲜明的时代风貌。在元代短短90余年的统治时间内，画坛名家辈出，赵孟頫、钱选、高克恭、王渊等和号称"元四家"的黄公望、吴镇、倪瓒、王蒙在整个中国绘画史上久负盛名。

七　宋元历史典籍

历史类：

通史类：脱脱《宋史》、王称《东都事略》（纪传体北宋史）、脱脱《辽史》《金史》、宋濂《元史》、柯劭忞（wěn）《新元史》。

通鉴类：司马光《资治通鉴》，编年体通史。李焘《续资治通鉴长编》，北宋编年体史书。徐梦莘《三朝北盟会编》，徽宗、钦宗、高宗三朝 45 年间宋金战和资料。李心传《建炎以来系年要录》，南宋高宗一朝 36 年编年体史书，仿《续资治通鉴长编》之体例。毕沅《续资治通鉴》，编年体宋元两代史事。

纪事本末类：袁枢《通鉴纪事本末》，第一部纪事本末体史书，以记载事件始末为主，记述战国至五代 1362 年的历史；陈邦瞻《宋史纪事本末》《元史纪事本末》。

典章类：纪晓岚《续通典》，记载唐末辽宋夏金元明的典章制度。郑樵《通志》，有纪传、世家、列传、载记、四夷传、谱、略。其中略为首创，将历代典章制度、学术文化分门别类加以记载，逐一述其流变。纪晓岚《续通志》，仿通志体例，载时间从唐末到元代。马端临《文献通考》，上古到南宋的典章制度沿革，《续文献通考》续修至明末。李心传《建炎以来朝野杂记》宋室南渡后的前四朝史料，体例与会要相同，分甲、乙、丙、丁四集，每集二十卷。《宋会要辑稿》，记载两宋典章制度的优秀史料，和《元典章》一样，两部都是官修。

笔记体：沈括《梦溪笔谈》，记载多种自然科学史料。洪迈《容斋随笔》，读书笔记，涉及文学历史艺术哲学等多个方面。陶宗仪《南村辍耕录》读书偶感，记载元代典章制度、掌故、文物、史事，兼及历史地理小说戏剧书画诗词等，还有发明创造。

学术思想史：黄宗羲《宋元学案》，宋元学术思想史的专著。

地理类：乐史《太平寰宇记》，宋太宗太平兴国年间的中国地理情况。王存《元丰九域志》，真宗熙宁、元丰年间的各地区概况。孟元老《东京梦华录》，北宋末年东京的城市风貌、岁时物产、风土习俗。

第六章　明清(前期)思想文化

一　明清文化的特色:沉暮品格

假如说先秦文化是中国文化的青春期,那么这一青春期的文化具有一种神秘气氛中憧憬图腾的特质,意气风发的先秦哲人创造了中国文化的"轴心时代"。假如说汉唐文化是中国文化的成熟期,那么这一成熟期的文化具有一种大开大合的气概,在多元文化的交流融合中,汉唐文化推出丰盈灿烂的"黄金时代"。成熟至极,衰势渐显,宋文化已具有一种"老憎"性格:澄怀味象,沉静而内向。而至明清时代,中国封建文化更显现出典型的沉暮品格。

所谓沉暮品格是文化生命衰落期的一种征象。由于肌体的衰老,封建文化已不再具有年富力强时从容应付万千挑战和巨大压力的能力,它恐惧自身生命的行将终结,畏惧异己生命的新生,它竭力维护一种僵化的、百般禁忌的文化氛围,以此回避任何对自己生理或心理的挑战来延续文化的代谢。大明帝国在国家体制上废相权、分割军权,"收天下之权以归一人"①,又设立特务机关锦衣卫,清帝国的南书房、军机处,其核心意旨在于以推向极致的皇权专制制造出一层保护封建文化价值系统的坚硬外壳,借此弥补因肌体衰老而带来的应变力的衰竭。

明清文化的沉暮品格主要表现在以下三个方面:

(1) 多忌讳与文网

明代开国皇帝朱元璋,出身寒微,又有做过和尚的经历,这使他产生一种无比敏感的忌讳,并将忌讳的矛头下意识地指向文化水平远比自

---

① (明)魏焕:《皇明九边考》卷一,《番夷总考》。

己高明又"善讥讪"的文化人，大兴文字狱，不仅镇压任何触犯自身忌讳的文字，而且决不容某些文人著文言及宫闱秘事或政治弊端。朱元璋以文字之"过"展开屠杀的行径，在中国封建时代是不多见的。他屡兴文字狱、推行文化专制主义的做法，被其后继者所承袭，明成祖朱棣从建文帝手中夺取皇位后，严禁建文时的主要谋臣、明初文学家方孝孺的著作流行，下令"藏方孝孺诗文者，罪至死"①。朱棣还查禁大量不利于封建统治的戏曲，此外，因出试题或进书得祸的，在永乐年间亦是从不间断。

明代文字狱的推行，还具有两个引人注目的动向。首先，明代因文字杀人，抛弃了"刑不上大夫"的老规矩，直接施重典于大臣，不仅"诛其身"，而且"没其家"，以此树立皇帝的绝对威权。其次，明代君主在明代文网周纳中大量使用特务手段，特务机构厂卫，以士人为重点侦伺对象，"飞诬立构，摘竿牍片字，株连至十数人"②。

与明代相比，清初统治者的文字狱有过之而无不及。著名的有康熙时的《明史》案、《南山集》案；雍正时的查嗣庭案，吕留良、曾静之狱；乾隆时的胡中藻案；等等。近人整理刊行的《清代文字狱档》，收录案件65案之多。为了从精神上禁锢人民，严禁一切反清思想和书刊的传播，乾隆皇帝借编《四库全书》的机会，将天下所有书籍中不利于清廷统治的地方加以删改，甚至不惜焚毁，十年之间，毁书24次，538种，13862部③。

这一切无不表明，中国文化专制主义到了明清时代已达到新的阶段。

（2）灭异端的文化一统

明清时期，官方所树立的正宗学说乃是程朱理学。朱元璋多次诏示："一宗朱子之书，令学者非五经孔孟之书不读，非濂洛关闽之学不讲。"④ 朱棣还令胡广等纂修《四书大全》《性理大全》《五经大全》，颁行天下，以此作为士子习业的经典著作。在《大全》卷首中朱棣明

---

① （清）张廷玉：《明史·方孝孺传》。
② （清）张廷玉：《明史·刑法志》。
③ 上海师大历史系：《中国古代史辅导讲座》，福建人民出版社1985年版，第177页。
④ （清）陈鼎：《东林列传》卷二，《高攀龙传》。

确宣告，三部《大全》是治国与统一思想的大纲。三部理学《大全》的颁布，从法典的意义上，正式废弃了唐代钦定的《五经正义》，以义理之学取代了汉唐训诂之学。清代沿袭宋明理学正统，将之作为官方意识形态。康熙帝尊崇程朱理学，将朱熹从原配享孔庙东庑先贤之列升为大成殿十哲之次，颁行《朱子全书》《四书注释》，定其《四书章句集注》为科举考试的依据，由此，程朱理学便成为官方的统治思想和学术主流，呈一时之盛。[①]

明清统治者又规定科举考试一律以朱熹注为准，将程朱理学推上至尊正宗地位。在科举考试中，不仅规定答卷以程朱注为归，而且指令只许言前朝事，不能论及本朝，绝对禁止任何对当代问题的思考和议论。为了制造刻板、冷峻的思想统治秩序，明清两代还在科举考试答题中使用"八股"之法。所谓"八股"，即答卷作文的格式由破题、承题、起讲、入手、起股、中股、后股、束股八部分组成。其格式刻板，内容空虚无物。因此，科举制的八股作文法以及它从"四书五经"中出题、依指定注疏答卷的规范，对于控制士子思想，使人们思想程式化、刻板化起到极为恶劣的作用。

对于"异端邪说"，明统治者也毫不手软地予以镇压。开启心学左派之先河的李贽、何心隐都遭到杀害。李贽因"排击孔子，别立褒贬"[②]，以"敢倡乱道，惑世诬民"[③] 八字罪被捕下狱，遭迫害致死。李贽自刎与布鲁诺被焚前后只差两年，他们被害的罪名都是"思想罪"，相近的遭际，显示了中世纪意识形态专制统治的狰狞。

刀兵威胁、思想钳制、科举摧残，明清二代前赴后继开创的文化专制，全力以赴地剥夺文化人的思想自由，强力控制社会文化系统，明清文化因而从一起步就充满了帝王意志与正统意念。

（3）复古与保守

封建文化的沉暮气息，直接导致复古与保守浪潮的高涨，此种情势的形成，是因为衰落时期的文化机体已耗尽了创新能力。明代从前七

---

① 葛荃：《中国政治思想通史·明清卷》，中国人民大学出版社 2014 年版，第 461 页。

② 《四库全书总目》卷五〇，《李贽〈藏书〉提要》。

③ 《明神宗实录》卷三百六十九，"乙卯礼科都给事中张问达"条。

子、后七子，到复社、几社，都以复古标榜，活跃文坛100余年。以李梦阳、何景明为首的前七子，过分从格调方面强调刻意摹拟，否定了文学的创造性，以至于发展到后来摹拟成风；以李攀龙、王世贞为首的后七子，强调文必西汉，诗必盛唐，造成了摹拟剽窃之风，连篇累牍，如出一辙，引人生厌。以张溥、陈子龙为首的明末复社、几社又掀起了第三次复古运动。明代文坛的前后七子文学及复社、几社的复古运动，使得明代文学一度出现"复古"、"拟古"文风。盲目尊古的文学理论，一味拟古的创作路线，决定了明代古文和诗词只能在因循、摹拟的小天井里徘徊。明代正宗文学无论诗还是文，虽也有一些佳作推出，但在总体上却色彩暗淡，无法走向雄浑壮大。

　　到了清代，正统理学也不敢再创新，趋向于保守之态，来维护和阐释程、朱之说。对康熙帝尊崇程朱理学产生重要影响的熊赐履，认为治学"只将'五经'、'四书'、《性理大全》等书及宋、元、明诸儒语录从头细看，自一一了然，更不必去起炉作灶，驾屋叠床，生出无限枝节"①。理学名臣张伯行认为："内圣外王之道，灿然著于六经，折中于四子，而发挥阐释于周、程、张、朱五夫子之绪言，至矣，尽矣，不可复加矣。……有志圣贤之学者，惟取六经、四子与周、程、张、朱五夫子之绪言，虚心学问，俛焉日有孳孳，而著书立说，不惟不可，亦不必也。"②康熙帝虽然尊崇理学，但不欲在学理上创新，只是取其忠孝等维护统治的理念而已，清时的理学不再推陈出新，只在程、朱脚底下保守盘旋。此时的保守还体现在宗程朱理学者门户之见日渐深刻。清初熊赐履撰《学统》，即为"卫道"、"明统"，以孔、孟、程、朱为道统正宗，排斥陆王心学。及至晚清，宗程朱理学的唐鉴、罗泽南等承袭陆陇其等人的风习，仍力排陆王心学，"同室操戈"未已③，早已不复有朱陆对峙时期"鹅湖之会"的包容气概。

　　复古拟古思潮和正统理学自身的保守，真切地体现出明清正统儒生士大夫已不再有他们前辈锐意创新的风貌，只能力图挽救正宗文学道学

---

① （清）熊赐履：《经义斋集》卷九，《答黄藜先论学书》。
② （清）张伯行：《思辨录辑要序》。
③ 龚书铎：《求是室文集》（上），社会科学文献出版社2011年版，第177页。

的衰落，但他们无法拿出充满活力的救治方案，而只能祭起复古、"拟古"、保守之类的法宝。这正是封建正统文化衰老、停滞的重要表征。

二　明清思想文化的发展演变

明至清前期，中国思想文化发展流变大概如此：程朱理学居统治地位→王守仁心学思想盛行、主流思想发生变异→明中后期心学左派思潮发展壮大，多元化思想产生→明末清初启蒙思潮→清初理学复位→乾嘉朴学产生→经世实学兴起。

理学因其将伦理学主体性植入天道自然的本体论，将中国文化重伦理、重道德的传统精神推到极致，非常有利于维护社会的稳定和专制帝制的统治，因此北宋兴起，至南宋朱熹集大成后，受到历代统治者的青睐，被奉为统治思想。元代如此，明初建国也是如此。朱元璋开国之初，理学家刘基、宋濂等与之谈经论道，以孔孟之书为经典，以程朱注解为规矩。其后，解缙等人对明成祖朱棣的讲筵、入对，更是不离理学大义。朱棣还下令，以程朱为标准，汇辑经传、集注，编成《五经大全》《四书大全》《性理大全》，诏颁天下，作为治国齐家的统一法理和准则。程朱理学因此取得独尊地位。

取得独尊地位，既是朱学的荣宠，也是它的悲哀，因为被官学化、标准化，明代学者们只能囿于程朱，而不敢创新，明初宋濂和方孝孺等，名气虽大，贡献却不多。明中后期，朱学的弊端日渐显现，日趋僵化，以致流毒蔓延，竟至成为思想发展的桎梏。加之商业的发展，市民阶层的兴起，"西学东渐"的流播，都对朱学构成了冲击和挑战。陈献章、王守仁（号阳明）等批判朱熹的"格物致知"，主张继承陆九渊的"发明本心"。王守仁贡献最大，它发挥陆九渊唯心主义的理学本体说，提出建立心学体系。王守仁心学的主要论题有三：一为心即理；二为知行合一；三为致良知。王阳明以后，李贽（泰州学派代表人）猛烈抨击宋明理学的道德说教和神秘主义，主张回归早期儒家精神，倡导反对传统礼教的个性解放，正好迎合了当时僭越奢靡、思想多元化的社会风气，因而在明中晚期得到广泛传播，风行逾百年。直到天启五年（公元1625年），皇帝下诏拆毁东林、关中、江右、徽州一切书院，自由讲学之风受到挫折，以此为转折，心学被边缘化。

至明末清初，社会动荡，矛盾激化，国力疲弱，心学也因此衰弱。以顾炎武为代表的一些思想家开始对理学脱离社会实际的空虚迂阔学风展开批评，实学逐渐兴起，为挽救统治危机，并对千年来的封建专制君民关系进行思考，提出了具有启蒙意义的民本思想。

明清鼎革，清军骁勇的铁骑进入关内，建立政权，启蒙思潮因此被中断。清初各帝都提倡儒学，雍正上承康熙，以程朱理学为正宗，追封孔子五世先人，为尊儒推朱，他亲自向孔子行跪拜之礼，成为向孔子像跪拜的第一个中国皇帝。当时还出现了一批理学"名臣"、"名儒"，如熊赐履、李光地、陆陇其、张履祥、陆世仪等。但到了乾隆年间，汉学考据兴盛，理学逐渐衰退。昭梿《啸亭杂录·续录·理学盛衰》说："自乾隆中，傅、和二相擅权，正人与人梗者，多置九卿闲曹，终身不迁，所超擢者，皆急功近名之士。故习理学者日少，至书贾不售理学诸书。"局势稳定后，清统治者开始实行文化专制，严惩异端，形成"文字狱"，使学者们逃避现实，出现以义理、考据、辞章为研究对象的纯学术倾向，乾隆嘉庆时最突出，故称乾嘉之学。乾嘉之学兴起于惠栋，至戴震达到高峰。乾嘉系统内，有以苏州人惠栋为中心、以信古为标志的吴派，和以徽州人戴震为中心、求实为特征的皖派，还有以焦循、汪中为代表的扬州学派以及以全祖望、章学诚为代表的浙江学派。这些学派均以考订实证为基本特征，标榜"汉学"以别于官学、"宋学"。吴派创立标志着乾嘉汉学正式形成，皖派是主流。扬州学派从皖派和吴派发展而来，号称"通学"，使乾嘉汉学大为扩展。①

戴震之后，乾嘉汉学分化为以段玉裁等为代表的保守派和以龚自珍、魏源等为代表的激进派。嘉庆年间，章学诚等对乾嘉考据学派脱离之风现实进行了批判。继之，龚自珍以《公羊》义理探讨摆脱危机、建立新秩序的途径，政治上主张改革、富国强兵，学术上提倡超越汉宋、重建学术体系，中国思想文化走向经世实学。此时，西学夹杂着资本主义工业化浪潮，开始不断敲打着中国的大门，即使富国强兵的经世致用治国思想，也挽救不了中国日渐落后挨打的命运，中国近现代思想

---

① 　袁晓国主编：《中国历史文化》，高等教育出版社2006年版，第36页。

文化史即将拉开帷幕。

三　明前期朱学的一尊

在教育—考试—做官三位一体的政教模式下，明初统治者确立程朱理学的主导地位也是从教育领域开始的。一方面规定教科书、考试教材必须以程朱理学为圭臬，为此，永乐年间编纂和推行了三部"大全"。三部"大全"共260卷，由朱棣亲自作序，将之作为教育百姓和天下读书人读书明理的钦定内容。另一方面，为配合教育和做官，又规定"四书"、"五经"作为科举考试的内容，答题文卷仿古人语气为之，称为"代圣贤立言"，体裁用排偶两两对应，讲究用典，称作"制艺"，俗谓"八股"。自此以后直至清末，程朱著述便成为士人学子必读之书，八股考试成为大多数文人士子出人头地的必由之路。

与汉武帝"罢黜百家，独尊儒术"相比，与唐太宗颁布《五经正义》相较，明代三部"大全"尽管一样都是为了统一思想的需要，但它是一套更加完整系统的哲学和政治思想体系，并与科举制度相结合，对社会思想文化乃至全社会都产生的影响要远远超过前两者。①

由此程朱理学作为封建社会的正统思想在明初确立起来，并延至整个君主专制社会后期，其正统思想地位的确立，也标志着它一尊地位的形成，在明初思想界曾响极一时。其中以薛瑄为主的"河东学派"和以吴与弼为首的"崇任学派"，在为理学普及宣扬方面影响最大。

薛瑄，字德温，号敬轩，山西河津人，人们称他为"薛夫子"。他在北方开"河东之学"，门徒遍及晋、豫、关陇。他在"复性"的口号下强调人伦日用的"下学"功夫，兢兢检点于言行间，尊信朱学宗旨。但在明初朱学独尊的情况下，薛瑄以朱熹说为至极理论，因而尽管他在学术上对理学有所发挥，但在理论观点却无法再前进一步。可以说，薛瑄停滞的观念是朱学极盛之后生出的一种流弊，使朱学丧失了进步发展和更新的动力。相比薛瑄，与之齐名的吴与弼却敢于在批判中发展程学。吴与弼为江西崇仁人，与薛瑄并称南北两大儒。吴与弼虽然对朱熹

---

① 张岂之主编：《中国思想文化史》（修订版），高等教育出版社2013年版，第406页。

非常崇拜，却因朱熹等人著述太多，认为朱学流于"支离"，这是向心学发展的一个前兆。黄宗羲曾指出吴与弼虽然"一禀宋人成说"，但心学家陈献章"出其门"，其后又有王阳明，乃至心学大盛，因此，吴与弼实开明朝心学之滥觞。①

明初朱学的两大学派不仅旨趣不同，前途也不同。吴与弼的"崇仁之学"成为心学的"启明"与"发端"；而薛瑄的"河东之学"到后来则默然无闻。薛瑄墨守成规，缺乏创新精神，往往迂阔无能，不能适应明代社会矛盾日益加剧、思想领域发生巨大变化的需要。这种趋势的发展，使得朱学到了明中期的心学出现以前，已显得陈腐，处于思想枯竭状态。正是在这种情况下，明中后期，理学内部的变异思想——心学开始抬头并呈大发展趋势。

四　明中后期的心学兴起

如前所述，传统文化哲学支撑的程朱理学，与现实的政治、经济、社会风气相悖离，无法再承担其统治思想、维系人心的大任，在明初流行的以程颢、程颐和朱熹为代表的理学思想，到明中期时开始衰颓，心学崛起。心学最著名的代表人物是陈献章和王守仁。

陈献章，广东新会白沙里人。他强调心对万事万物的决定作用。与陆九渊心学理论的目标是"做人"，即践履儒家伦理纲常不同，陈献章的心学则"以自然为宗"，即超脱自然之生死、社会得失之束缚，超然物外，遗世独立。心成为万物之本源。

王守仁为浙江余姚人，号阳明，世称阳明先生，他继承了朱熹和陆九渊理学精华而又有新的发挥，是明代最大的理学家。王守仁的哲学凸显了心的作用，故叫心学，其核心观点是"心即理"、"致良知"和"知行合一"。他说圣人之学，心学也，心即理也，心是能够主宰肉体、化生万物的精神实体。王守仁认为天地万物、纲常伦理、六经学术等都在心中，"心外无物，心外无事，心外无理，心外无义，心外无善"②。

---

① （明）黄宗羲：《明儒学案》卷一，《崇仁学案一》。
② （明）王阳明：《王阳明全集》卷二，《文录》，"与王纯甫"条。

　　"致良知"又叫"致知格物"，它是王守仁认识论的核心。良知指人与生俱来的道德观念，致良知的"致"，就是恢复天性和将良知扩展到行动中去，也就是为善去恶，消除私欲。将心中固有的伦理道德观念、感情自觉地表现为道德行为。通过"致"的修炼，使心常如镜明水净，纯乎天理，而无一毫人欲之私。王学将"良知"为判断是非善恶的标准，把人从儒家经典和伦理化的规范束缚中解放出来，发挥人独立思考判断的能力，为僵化的思想界播进一股新风。

　　关于知行合一，王守仁认为"知"是"良知"的自我体认，"行"是"良知"的发用流行。王守仁说的"知"、"行"，不是主体对客体事物的认识和实践，而仅是心灵对天理的体认和道德的践履。

　　王守仁的学说不断发展，形成多个派别，影响较大的有浙中学派、江右（江西）学派、南中学派、楚中学派、北方学派、闽粤学派、泰州学派等，即所谓"王门七家"。王学兴起后，"门徒遍天下，流传逾百年"①，早在16世纪20年代里已经有相当规模，嘉靖一朝，尽管王阳明一脉处于半蛰伏状态，但有相当多的士人对王学产生好感，关注王学。至万历年间，以万历十二年（公元1584年）朝廷下令将王阳明、陈白沙、胡居仁一并从祀孔庙为标志，王学成为时尚，达到空前普及。

　　王学泰州学派一支向心学左端发展开来，成为反对封建伦理纲常、主张发扬人欲、提倡人性解放运动的推行者，在晚明影响颇大。泰州学派创立人王艮充分凸显心灵自觉和人性自发的意义，把人从儒家经典和伦理化的规范束缚中解放出来，张扬个体的欲望私情；罗钦顺又提出，"性"而非天理是人的本体，它具有先天的道德标准。性为心之理，心是思维器物，具有知觉和认识能力，这就把人的感知感觉提到了本原的性质上来，人的行为不是以伦理道德为准绳，而是以自我感觉为目的；此时泰州学派已转向对礼教发起冲击，发展至何心隐，思想已非名教所能羁绊，其言行已如同英雄、侠客，能手缚龙蛇，随心所欲，从自我抑制中解放出来；至心学左派激进者李贽时，发展为反叛传统、离经叛道的异端。

　　新兴的心学尤其是左派心学为处于传统信仰体系坍塌中迷茫的人们

---

　　①　（清）张廷玉：《明史·儒林传》。

提供了新的人生价值诠释思路，很快得到士人们的普遍欢迎，使士人们重新审视传统文化，对传统的一些不符合人性的东西进行质疑；以此发轫，在晚明掀起了人性解放运动，这是中国思想史上自晋以来又一次重要的人性解放运动。这次人性解放，高扬情感的大旗，充分肯定人的七情六欲的合理性，肯定人对自我利益的追求，将"个体的人"提上议程，强调个性独立与自由，因此受到了社会各个阶层的普遍欢迎。影响极大，成为当时社会思潮的主旋律，形成反礼教、追求人性真情和愉悦享乐的社会风气。

王学在中晚明风行100多年，极大地冲击了思想界，使宋以来统治几百年的儒学正统思想权威被打破。

五　明末的社会思潮

明代中后期思想界心学的盛行，借助社会经济的深刻变化，将强劲的活力输入社会肌体，一股不安分守己而别开生面的新鲜文化潮流涌动于传统文化结构之中。

明代中后期新的文化因素的萌动，首先映现在社会风尚的变迁上，一反明初的俭约风尚，明代中后期的社会生活靡然向奢，"以俭为鄙"。在日常生活中，服饰、住房、肩舆、日用品方面，奢侈之风亦日益强盛。从缙绅阶层开始，住所必有绣户雕栋，花石园林；宴饮一席之间，水陆珍馐数十品；服饰一掷千金，视若寻常；日用甚至不惜以金钱做溺器。士大夫的放纵声色，影响深广。与城市高消费生活水平相适应，旅游、娱乐业也在一些城市蓬勃发展起来，如在苏州，"山水园亭多于他郡，游具则载酒佳肴，画舫箫鼓"①，南京秦淮河的灯火天下有名，秦淮名妓之风姿广为流传。社会奢靡风尚的发展使人们敢于打破传统礼制对于衣食住行的森严井然的规范，在吃穿用度方面，越礼逾制，突破钦定的等级名分之大防，成为明代中后期社会生活的潮流。

明代中后期新的文化因素的萌动，其次还表现在观念领域内价值观的变化。与社会奢靡之风相适应，社会价值观念也发生了从重义、贵义

---

① 崇祯《吴县志》卷二十二。

转向崇尚金钱和功利思想的转换，出现了拜金主义之风，婚姻的匹配、人物身份地位的高低都以赚钱多少来衡量。与崇尚金钱观念密切相关，社会各阶层对商人的观念发生变异。人们羡慕在现实物质生活中"甘其食，美其服"的商人生活，感叹他们："嵯峨大舶夹双橹，大妇能歌小妇舞，旗亭美酒日日沽，不识人间离别苦。长江两岸娼楼多，千门万户恣经过，人生何如贾客乐，除却风波奈若何。"① 传统致思趋向的变迁，使明代中后期的社会涌现出崇商弃农、崇商弃儒、崇商弃官的趋势。

明后期新的社会思潮还表现在人们主体意识的觉醒方面。社会风尚与社会观念的变迁，有力地推动哲学意识对社会与人展开新的思考，一种自我意识或主体意识觉醒的思潮开始涌动于传统意识形态的缝隙之间。所谓主体意识的觉醒即人们意识到自我价值，理解到自我不是家族、社团机体上的一个简单刻板的组成部分，而是一个独立的、能动的主体。人的价值、人的欲望得到从未有过的重视。明人主体意识的觉醒，早在弘治、正德年间就初露端倪。这一时期，出现了一批"狂简"之士，这就是唐寅、祝枝山、桑悦、徐威、张灵等人。他们放荡不羁，追求怡情适性，学习魏晋人狂放自我享乐的做法。唐寅、祝枝山等"狂放"之士的出现，将一股新鲜空气输入封闭严密的意识形态系统。然而，其时理学势力尚十分强大，他们追求独立人格的风潮也仅限于江南一隅，故影响面有限。明中后期以后，在心学左派的影响下，人性解放的思潮高涨起来，以李贽、徐渭为主要代表，提倡人性自然，自然非天理，而是人性；人的道德观念、万物之理不是程朱的天理，而是人们对衣和饭的要求，即"人欲"，进而鼓吹和高扬人欲，对人性自我进行首肯。与徐渭、李贽肯定"人欲"的观念相推引，汤显祖立足戏剧界，鼓起了以"情"反"理"的浪潮。汤显祖认为"情"是人性的根本，人的一切都以"情"为主宰，情之所至，可以惊天动地，出生入死。人们执着追求的，也不是森严、冰冷的"天理"，而是动人心魄的"情"，诚所谓"世总为情"。那充满浪漫色彩的《牡丹亭》，便是"因

---

① （明）张羽：《静居集》卷二，《贾客乐》，见《四部丛刊三编集部》影印本，上海书店出版社1986年版。

情成梦，因梦成剧"的"至情"之作。

李贽、徐渭、汤显祖等对人自然之性的热烈赞颂，发生于明代中后期社会生活的变迁，又反过来深刻影响这一时期的文化格局。他们别开生面的呐喊，推动思想界中肯定"私欲"正当性的思潮日益强大。对个性自由的追求，以及对包括"好色"、"好货"在内的人的私欲的肯定，表明明代中后期确乎出现了一种反叛传统文化模式，冲破僵化文化结构的早期启蒙思潮，它孜孜追求人格独立，争取思想自由，憧憬于人伦世俗的生活情趣，不屑于以至贤为冠冕的教条，憎恶那种吞没个人真情性而安于欺世盗名的假道学。这一旷古巨变，透过社会思潮与民间风尚，在明代中后期文化的各个领域中都有面貌各异的体现。

六　明末清初的启蒙思想：批判封建君主专制

明清之际，随着封建制度的衰落、民族矛盾的加深和经济领域资本主义萌芽的出现，以黄宗羲、顾炎武、王夫之、唐甄为代表的启蒙思想家，开始探索国家政体的新思路。欲创新需先破旧，尽管这些人破而未立，但他们对于君主专制制度危害的启蒙思考，实为近两千年间君主专制的清新之论，宪政、民主思潮开始在此萌芽。这些人朴素的民本思想，相对于先秦孟、荀等人对于君轻民重的论述而言，可堪称新民本思想，因而这些人又被称为"新民本"思想者。

黄宗羲，字太冲，号南雷，又叫梨洲，浙江余姚人。其师刘宗周、其父黄尊素都是王守仁的弟子。宗羲年轻时曾为"复社"领袖，以反阉党名闻全国。著有《宋元学案》《明儒学案》及《明夷待访录》等。黄宗羲思想的亮点，在其社会政治思想上。他批判君主专制制度，揭露封建法制是"一家之法"。倡导限制君权，实现"天下为主，君为客"的政治局面。他甚至还提出了"工商皆本"、改革币制、整顿市场、发展工商业等的近代进步思想。

顾炎武，字宁人，号亭林，江苏昆山人。他和黄宗羲一样参加过"复社"，有过抗清的经历，失败后致力于学术研究，著有《日知录》《天下郡国利病书》《音学五书》《亭林诗文集》等。顾炎武也反对君主专制，要求"众治"，说"人君之于天下，不能以独治也，独治之而刑繁矣；众治之，而刑措矣"①。他将"亡国"与"亡天下"相区别，认为"亡国"不过是"易姓改号"，只有"亡天下"才是"仁义充塞，而至于率兽食人"的大事，因此"保国"是"肉食者"的事，普通人无须介入，只有"保天下者，匹夫之贱，与有责焉。"② 顾炎武发扬传统治学思想中知行合一、重视践履的优良学风，提倡治学应注意经世致用，这对清代学术思想的取向影响巨大。

王夫之，字而农，号姜斋，湖南衡阳人。曾领导过清初衡山一带的抗清斗争，后隐居衡阳船山著书立说，学界称船山先生。著有《张子正蒙注》《周易外传》《读通鉴论》《宋论》等，均由后人辑入《船山遗书》。王夫之与顾炎武的思想十分接近。他的名言是："一姓之兴亡，私也；而生民之生死，公也。"③ "以天下论者，必循天下之公，天下非一姓之私也。"④ 他认为，"秦之所以获罪于万世者，私已而矣"⑤。因此，王夫之强烈主张"公天下"，反对"以一人疑天下"，"以天下私一人"。他进而提出，若君主肆行私欲，危害民众利益，那么，君主"可禅、可继、可革"，对传统的君主神圣论提出了挑战。

黄宗羲、唐甄、顾炎武、王夫之等人尖锐的反君主专制的思想，虽然从本质而言，还是在反对"坏皇帝"，拥护"好皇帝"，未能冲出封建政治思想的圈圈，但是，作为与传统尊君理论相对立的反专制精神，它已达到民本传统的极限，具有一种冲破千年封建网罗之潜势，一旦新的阶级出现在历史地平线上，这种反专制的文化精神经过改造，便将成为人们劈向专制牢笼的锐利刀剑。实际上，清末民初的梁启超、谭嗣同、陈天华、孙中山等在列强入侵、民族存亡的关头，就将黄宗羲等人的思想借用过来，为"民权主义"服务，并将之阐释为近代民主共和制的先驱。此是另论，在此不再展开。

新民本思想家通过明亡之思，对君主专制制度和中央集权政治有了较深切的认识，感受到这种不受约束的君主权力的腐败和罪恶，从而对

① （清）顾炎武：《日知录》卷六，《爱百姓故刑罚中》。
② （清）顾炎武：《日知录》卷十三，《正始》。
③ （清）王夫之：《读通鉴论》卷十七，《敬帝三》。
④ （清）王夫之：《读通鉴论》卷末，《叙论一》。
⑤ （清）王夫之：《读通鉴论》卷一，《秦始皇》。

君主专制产生了整体否定的意向。黄宗羲等人对于君主专制的全面批判，还有深刻的民族心理蕴藏其中。如果明朝仅仅被李自成所建立的汉族政权所取代，那么黄宗羲和唐甄等人的反思或许就没有那么深刻、彻底。在国破族亡的刺激下，这些新民本思想家便超越了仅仅对于一姓一朝兴亡的悲叹，而将此一问题上升到亡国与亡天下之辩层面，对君主专制展开审视，建立了以分治和限君为特征的新民本体系，这是明亡之思的最大收获。

　　同时，启蒙思想家顾炎武一方面倡导"经学即理学"，另一方面又在文字音韵和典章制度的研究方面做出了示范：他以《音学五书》显示了从音韵方面研究古代典籍的成就，以《日知录》显示了在典章制度方面的研究成绩。在顾炎武的影响下，阎若璩的《古文尚书疏证》、胡渭的《禹贡锥指》相继问世。这两部书特别是《古文尚书疏证》的刊行，在学术界引起了极大轰动，学者们纷纷从事古文献的研究，使考据之风盛行一时。此即清前期考据学兴起之前兆。当乾嘉之时，理学呈衰退之势，考据学大兴时期开始到来。

七　清前期理学衰退与朴学兴起

　　清初理学沿承宋明理学而来，经顺治、康熙皇帝的大力倡导，程朱理学成为官方的统治思想和学术主流，呈一时之盛。曾出现了一批理学"名臣"、"名儒"，如熊赐履、李光地、陆陇其、张履祥、陆世仪等。但由于此时期理学不再重视学理的发展，功利心极强，一味地保守，排斥门户之见，理学没有得到很好的发展创新，生命力衰竭，衰退之势渐显。昭梿《啸亭杂录·续录·理学盛衰》说："自乾隆中，傅、和二相擅权，正人与人梗者，多置九卿闲曹，终身不迁，所超擢者，皆急功近名之士。故习理学者日少，至书贾不售理学诸书。"可以看出，无论是学习理学的人，还是刊刻售卖理学的书商都日渐稀少，理学走到了强弩之末。时至乾隆年间，汉学考据兴盛。

　　汉学考据又称朴学，是清前期最具有时代特色的思想文化。中国文化发展到乾嘉时期，古典文化已经高度成熟，居于文化成熟的制高点，乾嘉学者往往有一种从总体上把握古典文化的意向，其间显然也有强烈的总结古典文化的意味。在这样一种文化氛围中，"汉学"或谓"朴学"脱颖而出，并迅速壮大，成为清乾嘉时期的主导学术。

1. 兴起原因

对于清代朴学的兴起，在学术界，传统的文字狱造成朴学兴盛之说，已遭到越来越多人的反对。确实，文字狱固然对文化人的心理造成一种极大的压力，致使某些陷入文网的士子对于作文有所顾忌，但是文字狱说毕竟是一种外缘的解释。明代也有文字狱，但明代却没产生考据学主流，由此可见，文字狱既可以使纯学术性的考据学产生，也可以使言心性的王学或其他学问产生。另一种流行的意见便是将朴学的兴起解释为对宋明理学的反动，这一思维逻辑合理的成分更大，却也有若干缺陷，这一断论过于强调朴学与宋明理学之间的非延续性，而忽略了它们之间潜在的延续性。其实，探本索源，清代经学考证实际上发端于宋明理学内在的矛盾冲突。众所周知，宋明理学内始终存在客观唯心主义与主观唯心主义两大派的矛盾，此即著名的"朱、陆之争"。朱、陆之争旷日持久，无法在纯理论上得到解决。于是，一批理学家转而从经典中寻找依据。理学两派的争斗从义理的战场转移到考证的战场，从而合乎逻辑地推出了考据学。由此足见理学与朴学之间既是非延续的又是延续的。

清代朴学的勃兴，还与清代文化典籍的丰富关系密切。清代是一个图书事业大发展的时代，官方动用巨大的财力、物力编纂规模空前的丛书、类书以及其他钦定书籍，私人购书、钞书、校书、刻书、编书也蔚然成风，这种风气影响学术界，必然促使专注于校勘、辨伪、史料搜补、文字训诂的专门学问的产生。

2. 主要流派

清代朴学在中国文化史上的巨大功绩，便是对中国历史文化进行了空前规模的总结。朴学在乾嘉时期分为两大派：一派是惠栋为代表的吴派，另一派则是以戴震为代表的皖派。吴派治经从研究古文字入手，重视音训，以求经义，此即"有文字而后有诂训，有诂训而后有义理"①。皖派擅长"三礼"，尤精小学（即文字学）。其特点是从小学、音韵入

---

① （清）钱大昕：《潜研堂文集》卷二十四，《经籍纂诂序二》。

手，了解和判断经学的含义，此即"由声音、文字以求训诂，由训诂以寻义理，实事求是，不偏主一家"①。

皖派代表人物戴震，字东原，安徽休宁人。他是清代一位启蒙思想家和考据大师、经学大师。著作经后人编为《戴氏遗书》《戴东原先生全集》等30余种。戴震既不主张空谈义理，也不将训诂局限于解释名物度数，而是通过训诂解经明理，以与自心相印证。江永是皖派考据学的又一名家，字慎修，婺源（今属江西）人。著有《周礼疑义举要》等多种，现存主要有《近思录集注》。他极力推崇程朱理学，但治学则从训诂入手，在研究"三礼"时，对先秦名物考释尤多创见。

吴派中坚是惠栋，字定宇，号松崖，江苏吴县人。他和他的祖父惠周惕、父亲惠士奇都是清中期吴派考据学的代表人物。惠栋幼承家学，博通经史乃至稗官野乘，他博稽上古典章制度，并在此基础上推求经书义理，在汉经师训诂上用力尤勤，学者认为汉学绝者1500年，至此复得继续，一时与戴震同称经学大师，著作有《易汉学》《周易述》《九经古义》《古文尚书考》等30余种。另一位人物张惠言，字皋文，号茗柯山人，江苏武进人，嘉庆进士，在经学训诂上也是吴学的佼佼者。

清中期继承皖派之学的代表人物是焦循、王念孙、阮元等。焦循，字理堂，扬州甘泉人。自曾祖以来，他家历传《易》学。焦循曾中举人，会试不第，遂闭门著述40余年，于《五经》《论语》《孟子》均有考证，而尤深于《易经》。王念孙，字怀祖，号石臞，江苏高邮人。少从戴震学习，精于文字、音韵、训诂之学。乾隆时中进士，曾任吏科给事中及河道官，后家居著书，著有《尔雅郝注刊误》《说文解字校勘记》《广雅疏证》《王石臞先生遗文》《王石臞文集补编》等80余种，其中《读书杂志》对古史内容的订证精确尤多创见。他和他的父亲王安国、儿子王引之"一家之学，三世相承"，在训诂学上达到了清代经学的高峰。阮元，字伯元，号芸台，江苏仪征人，乾隆进士，曾任浙江、山东学政，浙江巡抚，两广、云贵总督，体仁殿大学士等官，热心经学，主纂《经籍纂诂》，校刻《十三经注疏》，辑清代各家经解刊为《皇清经解》，他不仅是淮扬汉学宗匠，也是一位全国性的大宗师。

---

① （清）钱大昕：《潜研堂文集》卷二十九，《戴先生震传》。

3. 意义影响

乾嘉朴学促进了目录学、校勘学与版本学、辨伪与辑佚、文献编纂学、考据学以及文字、音韵学（小学）的发展。朴学学者所展开的古典文献整理与考据工作，对于学术文化的承传不坠以及向前推进具有重要意义。梁启超在《清代学术概论》中曾概括清代学术的效果，"其直接之效果：一、吾辈向觉难解难读之古书，自此可以读可以解。二、许多伪书及书中窜乱芜秽者，吾辈可以知所别择，不复虚糜精力。三、久坠之哲学，或前人向不注意之学，自此皆卓然成一专门学科，使吾辈学问之内容，日益丰富"①。

八　戏曲与小说

明清的戏曲、小说成就最为辉煌，是这一时期文化艺术发展的最高代表。

1. 戏曲

中国戏曲是封建社会后期艺术花园中盛开的奇葩，从它形成之时起，其形式就处在不断演变和发展中。元杂剧的兴盛是第一个高潮，明清传奇则成为明清两代剧坛的新盟主，杂剧、传奇各领风骚数百年后，对各种地方戏又兼容并包，孕育出新的艺术品种。

元北杂剧在元末就开始衰微，在明清时期虽有发展，但一直不很景气，明清戏曲领域的艺术主角，主要是元代南戏基础上发展而来的传奇。早在元末明初就出现了四大传奇作品"荆刘拜杀"，稍后，陆续出现了《宝剑记》《鸣凤记》《浣纱记》等优秀剧本，传奇创作逐渐兴盛起来。

明初传奇无统一唱腔。南戏腔调中昆山一带民间流行的曲调，经顾坚等人整理加工，形成"昆山腔"。至嘉靖年间，魏良辅等人吸收海盐、戈阳等腔和江南民歌小调，对昆山腔进行整理加工，曲调柔丽细腻、舒徐宛转，称"水磨调"。魏良辅首次将之在传奇剧本《浣纱记》中运用。此后的传奇大都用昆山腔演唱，成为明代中叶到清代中叶戏曲声腔中影响最大的一个剧种。

---

① （清）梁启超：《清代学术概论》，上海古籍出版社1998年版，第48页。

明万历年间戏曲发展进入鼎盛时期，创作上出现了不同的流派，主要有以沈璟为代表的"吴江派"和以汤显祖为代表的"临川派"。沈璟精研曲律，写戏主张严格遵守音律，故"吴江派"又被称作"格律派"。他一人曾写过17个剧本，其《义侠记》中的武松《打虎》等出至今仍在舞台上演出。吴江派的作家还有王骥德、卜世臣、吕大成、叶宪祖、顾大典等人。"临川派"代表人物是汤显祖，为明代最杰出的戏曲作家。和沈璟的严守格律、拘泥音韵不同，颇受李贽影响的汤显祖认为"情"是人性的根本：情之所至，可以惊天动地，出生入死。其剧作最著名的是由《紫钗记》《还魂记》《南柯记》《邯郸记》组成的《玉茗堂四梦》。特别是《还魂记》（即《牡丹亭》），达到了明代传奇艺术的高峰，所塑造的女主角杜丽娘是继《西厢记》中崔莺莺之后又一光彩照人的女性形象。汤显祖的戏曲风格对明末以后的戏曲家影响很大。

明朝末年，传奇作家以阮大铖、吴炳较有名。他们提倡以"以临川之笔协吴江之律"[①]，既追求汤显祖的词采，又追求沈璟的音律。阮大铖的代表作是《燕子笺》《春灯谜》。吴炳的代表作是《绿牡丹》和《西园记》。

南明时期，伴随着反宦官斗争和王朝更替的社会大动荡，表现时代的社会政治风貌成为传奇创作中的一个集中主题。在剧坛上影响最大的是苏州地区的一批剧作家，如李玉、毕魏、朱素臣、朱佐朝、张大复、叶稚斐等，以李玉成就最高。他编写了40多种剧本，他的名作"一人永占"（即《一捧雪》《人鲁关》《永团圆》《占花魁》四个剧本的合称）在当时影响一时。

清初的戏曲家李渔，开始精研戏曲理论，著《闲情偶寄》一书，其中"词曲部"和"演习部"（单行本称《李笠翁曲话》），系统地论述了戏曲文学和表演艺术，有较高的价值。由于理论的提升与指导，这一时期，出现了两部传世之作——洪昇的《长生殿》和孔尚任的《桃花扇》，成为清代传奇的高峰，一时有"南洪北孔"之称。自《长生殿》《桃花扇》之后，影响较大的传奇剧本有《雷峰塔》。

---

① 吴梅：《中国戏曲概论》，上海古籍出版社2000年版，第162页。

　　昆曲在明清时代风行也近百年，清中叶以后，由于过于文人化，太讲究音律和辞藻，脱离市井大众的通俗逗乐基础，太过高雅严肃乃至曲高和寡，昆曲已趋于衰微，传奇剧本的创作也每况愈下。此时被称为"雅部"的传统昆曲地位逐渐被称为"花部"的各地地方戏取代。

　　嘉庆、道光年间，安徽三庆、四喜、和春、春台四大徽班，同来自湖北的汉调艺人合作，接受昆曲、秦腔的部分剧目、曲调和表演方法，兼吸收一些民间曲调，创立京剧，该剧种以西皮、二黄为主要腔调，以京胡、二胡、月琴、三弦、笛、唢呐等管弦乐器和鼓、锣、饶、钹等打击乐器伴奏，表演技巧上唱、念、做、打并重，加入虚拟性的程式动作。清乾隆五十五年（公元 1790 年）四大徽班陆续在北京演出，自此广泛流行，中国的戏曲又进入了另一个繁盛阶段。同光年间，京剧走向成熟，梅巧玲、余紫云、刘赶三、郝兰田、程长庚、谭鑫培、徐小香、时小福、杨鸣玉、卢胜奎、朱莲芬、杨月楼、张胜奎 13 位唱响京师，当时号称"同光十三绝"，这其中有 11 位是唱京剧者，成为京剧艺术的奠基者。

　　2. 小说

　　明清时代是中国小说的繁荣期，人们常将唐诗、宋词、元曲、明清小说连称并举，这恰当地反映了明清小说在中国文学史上的重要地位。唐代传奇、宋元话本都是短篇文字，明清小说创立了长篇体裁，开辟了中国小说史的新阶段。

　　中国古代小说，经六朝志怪、唐人传奇、宋元话本，到了明清两代开始进入了全面繁荣的时期。这一时期，在长篇小说、拟话本、短篇小说、文言小说等多种小说类型上都有创新发展。

　　早在明朝初年，就有成就很高的长篇小说《三国演义》和《水浒传》问世，这两部作品都达到了相当高的思想艺术成就，对后世的小说创作产生了巨大影响。到了明代中后期，出现了长篇小说创作的第一个繁荣时期，流传至现在，这一时期作品还有六七十种之多，其内容概有四类，即：神话小说，如《西游记》《封神演义》；世情小说，以《金瓶梅》为代表；历史小说，主要作品有《东周列国志》《西汉演义》等；侠义、公案小说等。清代的前期和中期，特别是康熙、乾隆年间，是长篇小说的又一个繁荣期。在这一时期问世的作品，至少有

100 种以上，并且出现了《儒林外史》和《红楼梦》两部伟大的作品，尤其是《红楼梦》的出现，达到了中国古典文学的顶峰，至今无人企及。以才子佳人为题材的小说大量涌现，是这一时期长篇小说创作的重要特点。

除了长篇小说外，在明代后期和清代初期，白话短篇小说也得到很大发展。在这一时期，出现了模仿宋元话本所创作的短篇小说，被称为拟话本，以著名的"三言"、"二拍"为代表，主要通过歌颂爱情故事、信义故事、复仇因果报应故事等，反映市民阶层的生活和思想，投射出明中后期商业经济的兴起对人民生活的影响，以及市民观念、价值追求的转变。此外，短篇小说集中，比较有名的有明代的《石点头》《西湖二集》《醉醒石》等十余种，清代的《豆棚闲话》《十二楼》《娱日醒心编》等多种。这些小说中的优秀篇章，也多半反映了广大市民阶层的生活习俗和思想要求，有比较鲜明的民主主义思想倾向，在艺术上也比较成熟。①

文言短篇小说在明、清两代也取得了很高的成就。明朝前期，有瞿佑的《剪灯新话》、李昌祺的《剪灯余话》和陶辅的《花影集》等文言小说集问世。这些作品意在追踪唐人，无论思想性、艺术性都比宋、元时代的作品高一筹。到了明代的中后期，许多诗文作家也常常参加文言小说的创作，这种风气到了清朝初期蔚为大观，这就使文言小说的思想、艺术质量有了非常显著的提高，产生了不少可与唐人传奇媲美的优秀作品。这些作品大部分收在明人编辑的《艳异编》《广艳异编》《情史类略》和清人编辑的《虞初新志》《虞初续志》等书中。伟大作家蒲松龄的《聊斋志异》，就是在这种文学环境中产生的。这部作品继承并发展了唐人传奇的优秀传统，是中国古代文言短篇小说的最高成就。在《聊斋志异》的影响之下，清代的中后期产生了大量的"聊斋型"的文言小说，其中比较著名的有《谐铎》《夜谭录》《萤窗异草》《夜雨秋灯录》等。但其成就都超越不了《聊斋志异》，可以看出，文言小说已开始呈衰微趋势②，直到清末，以《官场现形记》《孽海花》为代表的

---

① 薛洪绩、李伟实：《元明清短篇小说选》，吉林人民出版社 1981 年版，第 6 页。
② 同上书，第 7 页。

一批批判现实的小说出现，中国小说创作进入另一个繁荣期。

九　国门开合：中西文化冲突

　　明代后期至清朝前期，正是西方文艺复兴、宗教改革运动蓬勃发展时期，思想文化领域的人文解放运动，推动西方工业文明不断进步，资本主义生产力获得发展，欧洲自然科学如天文、数学、物理、地理等日臻完善，进入近代化。而中国，此时理学末流的空疏，激起了思想家的批判，经世实学应运而生：社会经济领域反对"重农抑商"的传统思想，政治领域提出限制君主权力，开启近代民主启蒙思潮。实学思想为西方科技文化的东渐提供了空间，以西方传教士为传播者，中西方文化进入到一次较大的交流冲突期。

　　1522年，耶稣会创办人之一——圣方济各自印度到达广东，开启西洋传教士进入中国之始。此后，耶稣会士相继来华，在明末主要有意大利的利玛窦、罗明坚、龙华民、高一志、熊三拔、艾儒略、毕方济、罗雅谷、利类思，西班牙的庞迪我、德国的汤若望、法国的金尼阁、瑞士的邓玉涵，以及葡萄牙的阳玛诺、傅汎际等[①]；在清初主要有南怀仁、白晋、安多、张诚、徐日升、巴多明、刘应、洪约翰、德里格、马国贤等。

　　这些传教士尽管以传教为目的，但为了更好地传教，也给中国带了一些近代化的物质技术和学术，他们将日晷、自鸣钟、三棱玻璃、坤舆全图、圣母像等方物和古典哲学、逻辑学、艺术，以及天文历法、数学、地理学、物理学、火炮制造术等自然科学大量传入中国，与中国传统的学术文化发生冲突碰撞，并和中国的社会上层——士人、官员交流来往，在清代前期也同皇帝交往。在交往的中国人中，有对耶稣会士传来的西学持广采博纳态度的，如明时的礼部尚书徐光启、光禄少卿李之藻、山东金事王徵，清时的顺治、康熙皇帝；也有对之深闭固拒，采取激烈的反对态度的，如明末礼部侍郎署南京礼部尚书沈潅、福建霞漳儒士黄贞、清代新安卫官生，以及雍正皇帝。吸纳者以广博开放的文化心

　　①　冯天瑜、何晓明、周积明：《中华文化史》，上海人民出版社1997年版，第792页。

态，盛赞西学的务实精神，将介绍传播进来的西方自然科学知识和技术，作为他们挽救时局、富国强兵的一项重要内容，希望将西方自然科学、宗教神学化作为改造时弊、实现三代理想社会的巨大动力，以欢迎的态度接纳和迎接来华的传教士；排斥者坚守"夷夏之防"的保守主义，以儒家君权独尊抨击传教士神权至上论，以"君君臣臣父父子子"的儒家伦理纲常反对"凡我人类，皆亲如兄弟"、上帝面前人人平等的基督教伦理，严辞固拒西学。他们还组成儒、佛统一战线，著书立说，共同围剿基督教神学，对外来文化进行粗野攻击，甚至还发动教案，驱逐在华传教士。尤其是在康熙皇帝后期，发生"礼仪之争"后，反对者更是占上风，不仅迫使基督教传教士的离华，更导致了国门100多年的关闭。

　　"礼仪之争"是发生在康熙皇帝后期中西文化的一次较深刻的冲突，由在华传教士的内部之争，变成中国皇帝和罗马教皇之间的冲突。当时在中国的一部分传教士沿袭利玛窦路线，力求使宣教方式、宣教内容与中国的习俗和传统相调和，而另一部分则反对这种调和，坚守天主教神学的正宗性，如在关于"天"或"上帝"的名称上，调和派认为为了让中国人易于接受，不妨"天"、"上帝"、"天主"三名并用，正宗派却坚持天主教教义，只许用"天主"；在教徒祭祖、敬孔方面，调和派认为，祭祖、敬孔是中国几千年的民众习俗，允许教徒在祖宗牌位前焚香行礼、到孔庙礼拜，另一派则大加反对，坚持教徒若崇拜偶像，即触犯十戒之一，大有背于天主教的教义。两派争论愈演愈烈，最终引起罗马教廷的介入。1704年11月，教皇克莱孟十一发布禁约七条，强烈支持正宗派坚持的天主教正统教义，禁止中国教徒祭祖、敬孔、供奉牌位。罗马教廷的粗暴干预，引起康熙的不满。当教皇特使多罗主教前来中国宣布教皇禁令，要求教士一体遵行时，康熙于1707年3月严正申明清廷主张："奉旨谕众西洋人，自今以后，若不遵利玛窦的规矩，断不准在中国住，必逐回去"[1]，对多罗，康熙则不客气地下逐客令。继之，康熙又派耶稣会士到教廷，要求教皇收回成命，但遭到拒绝。在罗马教廷三令五申禁约，并禁止耶稣会士对礼仪问题进行任何申诉的情

---

[1]　《康熙与罗马时节关系文书》影印本。

况下，康熙五十六年（公元 1717 年），康熙帝下令礼部禁止天主教在华传教。"礼仪之争"以中国皇帝禁止天主教在华传教而结束。

"礼仪之争"直接导致了以利玛窦为代表开创的西学东渐运动的结束，但其严重的后果还在于它激发和强化了中国文化中固有的封闭保守心理倾向，在"礼仪之争"之后，一些官员纷纷上疏，痛陈教堂、教会弊端，随着这一股思潮的日益强大，雍正、乾隆、嘉庆三朝厉行禁教，中国大门对外部世界日益关闭。特别是一些传教士卷入康熙末年皇子夺位之争，支持了雍正帝的政敌，使得雍正帝对耶稣会士极端敌视和反感，他不仅严厉推行康熙帝的禁教政策，还将对外贸易、对外交流窗口日益紧闭，"中外文化交流的涓涓细流也从此几乎全部中断。一道封闭的帘门，将中国与外部世界隔绝开来"①，中国就此失去了与世界工业化革命、近代化浪潮接触、交往的机会，100 年后，她在近代化的道路上，已经远远地被西方世界抛在后面。

十　文化总结期的到来

中国思想文化进入明清时期，已显示出垂暮品格，呈烂熟之态，虽然不再创新，但对于前人的文化开始回顾，出现富于总结性的特征，也预示着中国成熟的传统文化总结时期的到来。

明清文化在许多领域，将中华子民在此前几千年中创造的成果，做了详细的回顾和整理，编纂了许多大部头的总结性著作。主要有：迄今为止部头居类书首位的《永乐大典》，该书采用唐宋以来形成的按韵收字、以字系事的体例，以 37000 万字的浩繁卷帙，对历代文献进行了分类大汇编，"凡书契以来，经、史、子、集百家之书，至于天文、地志、阴阳、医卜、僧道、技艺之言，备辑为一书"②；与《册府元龟》《太平御览》《永乐大典》齐名的类书《古今图书集成》，成书于康熙四十五年（公元 1706 年），"六汇编，三十二典，六千一百九十部，都

---

① 冯天瑜、何晓明、周积明：《中华文化史》，上海人民出版社 1997 年版，第 909 页。
② 《明太祖实录》卷二十。

一万卷，计五百七十六函，五千册，目录二十册"①；耗时 17 年、用人多时达 3800 人编纂的大型丛书《四库全书》，"上沿虞夏，咸抱海以求珠，下采元明，各披沙而见宝"②，"自有典籍以来，无如斯之博且精矣"③；农学巨著《农政全书》，引用文献 225 种，引用历代和本朝重要的农书，全书 90% 的篇幅为对前人成果的引用、整理；药物学宏篇《本草纲目》，对作者在世时能看到的有关中文药物学资料，做了相当完备的总结，书中所收的 1892 种药物中，总结旧有本草著作而来者达1518 种。④

《永乐大典》《古今图书集成》《四库全书》等丛书、类书的编纂，显示了明清时代物质技术的强盛和文化事业的盛大发展，能够有充足的精力总结中国文化典籍，表明了中国文化已经长足发展，进入到熟落和总结回顾阶段。

但是，再盛大的总结也抵挡不住国门保守带来落后的命运，自雍正以后的 100 年内，中国夜郎自大的统治者一叶障目地关闭了与外界联系的大门，100 年间，经历过宗教改革、资产阶级文化运动的西方获得了前所未有的发展，已将中国远远地抛在了中世纪，大洋彼岸整装待发的坚船利炮，即将打开中国厚厚的紫禁城大门，清帝国已处于山雨欲来风满楼的危局之势，近代思想文化的帷幕即将拉开。

十一　明清历史典籍

1. 历史类：

纪传类：张廷玉《明史》；傅维鳞《明书》，详于万历之前，多忌讳明末后三朝；赵尔巽《清史稿》。

编年类：官编《明实录》；谈迁《国榷》，明全史；官修《清实录》；王先谦等《东华录》，清代前六帝的编年史。

---

① 《丛书举要》第二册，转引自陈登原《国史旧闻》（第三分册），中华书局 1980 年版，第 563 页。

② 《四库全书总目·凡例》。

③ 徐世昌：《清儒学案·献县学案》。

④ 南炳文、何孝荣、陈安丽：《明代文化研究》，人民出版社 2005 年版，第 2 页。

纪事本末体：谷应泰《明史纪事本末》；计六奇《明季北略》，探讨 1616—1644 年北都史实大事；《明季南略》南明四朝的兴亡史；黄鸿寿《清史纪事本末》。

2. **典章制度类**：官修《明会典》；龙文彬《明会要》；官修《清通典》《清通志》《清文献通考》《清续文献通考》。

3. **文集类**：陈子龙等《明经世文编》；魏源等《皇朝经世文编》《皇朝经世文编续编》《皇朝经世文编三编》。

4. **学术史类**：黄宗羲《明儒学》、徐世昌《清儒学案》、顾炎武《日知录》、王夫之《读通鉴论》。

5. **史评类**：钱大昕《廿二史考异》、王鸣盛《十七史商榷》、赵翼《廿二史札记》、章学诚《文史通义》。

6. **地理类**：顾炎武《天下郡国利病书》、顾祖禹《读史方舆纪要》、何秋涛《朔方备乘》。

下　篇

第七章　道咸时期的经世实学
（1840—1865）

一　传统学术的危机与挑战

清乾嘉学者将考据之学发挥到了极致，他们沉湎于故纸堆中，与现实政治保持距离。这种淡薄经世色彩的纯粹的研究，一度成为知识分子逃避现实的文化港湾。而从世界范围来看，中华文化与西方文化在各自的轨道上呈现出截然不同的姿态：“一方面资本主义文化咄咄逼人地向着世界各个角落拓展它的影响、势力和地盘；另一方面，在东方，中华文化仍在封建故道上缓慢移行，并以其悠久历史而铸成的惯性与自尊，力图维系封闭的政治—经济格局，抵御资本主义的冲击，坚持自身既成的运动轨道。冲突不可避免。”① 古老的中国和它的传统学术以封闭和固守示人，资本主义却同时以高昂的姿态在欧洲勃兴，英国成为头号资本主义强国和令人瞩目的“世界工厂”：“新的工业的建立已经成为一切文明民族的生命攸关的问题；这些工业所加工的，已经不是本地的原料，而是来自极其遥远的地区的原料；他们的产品不仅供本国消费，而且同时供世界各地消费。旧的、靠国产品来满足的需要，被新的、要靠极其遥远的国家和地带的产品来满足的需要所代替了。”② 资本主义的扩张势在必行，亚洲、非洲、拉丁美洲等落后的国家，成为资本主义国家所觊觎的产品输出和原料来源市场，成为其必争之地。鸦片战争的爆

---

① 冯天瑜、何晓明、周积明：《中华文化史》，上海人民出版社1997年版，第914页。
② 马克思、恩格斯：《共产党宣言》，见《马克思恩格斯选集》第一卷，人民出版社1972年版，第254—255页。

发，既是资本主义殖民扩张的必然要求，也是中西文化激烈碰撞的必然结果。

西方列强的坚船利炮断然打破了知识分子白首穷经的清梦，遭受侵略后，第一批不平等条约签订，天朝上国与其眼中的番邦蛮夷订立了屈辱的城下之盟，被侵略的事实与战败的结局深深刺激了国人：

> 盖时至今日，海外诸夷侵凌中国甚矣。沿海数省既遭蹂躏，大将数出，失地丧师，卒以千万取和。至今海疆大吏受其侮辱而不敢较，天主邪教明禁已久，一旦为所挟而复开。其他可骇可耻之事，书契以来所未有也。忠义之士莫不痛心疾首，日夕愤恨，思殄灭丑虏，捍我王疆，以正人心，以清污秽，岂可以身幸不在海隅，遂苟且目前，为一身之私计已乎！①

对传统学术的反思和服务现实的迫切要求，推动了传统学术走向一个新的阶段。汉学繁复、琐碎的弊端受到批判，汉学家被指斥为"毕世治经无一言几于道，无一念及于用"，而考据学"推之民人国家，了无益处"②。传统学术由此发生转向，人们的忧患意识被激发出来，经世致用的儒家传统重新激荡在一些开明的知识分子胸中，"'鸦片战役'之后，志士扼腕切齿，引为大辱奇戚，思所以自湔拔；经世致用观念之复活，炎炎不可以抑。又海禁既开，所谓'西学'者逐渐输入"③。追求广闻博览、学习西方技艺这些新的内容是经世致用的一个重要方面，从而也为中国思想界开一新风。

二 经世实学的兴起

所谓经世实学，即经世致用之学，简言之，即是知识分子对于现实政治、社会的一种关怀，以学术服务于现实。其核心精神就是面对现

---

① 姚莹：《东溟文后集》卷八，《复光律原书》，台北文海出版社影印本。
② 方东树：《汉学商兑·序例》，光绪八年（公元1882年）四明花语楼刻本。
③ 梁启超：《饮冰室合集：饮冰室专集之三十四》，中华书局1994年版，第52页。

实，讲求功利，注重实效。

鸦片战争后，在封建士大夫集团中，少数进步思想家率先觉醒，他们"纷纷从古籍考证和玄学思辨中抬起头来，把眼光转向活生生的、危机四伏的现实社会，转向陌生的、色彩斑驳的外部世界"①。他们敢于正视社会现实中的矛盾，"举国方沉酣太平，而彼辈若不胜忧危，恒相与指天画地，规天下大计"②，本着儒家入世之精神，以今文经学为本，畅言改革强国，抵御外侮之事，反对投降卖国；在文化上，反对脱离实际的汉学和宋学，提倡经世致用，要求人们走出书斋，面对现实。他们还积极向西方学习，介绍、引进西方的文化，力图将中国建设成为一个独立富强的国家。这是经世派在思想上对现实的积极反应，其主张也是为解决现实问题，经世实学应运而生。其代表人物有林则徐、龚自珍、包世臣、魏源、徐继畬、姚莹、梁廷枏等。

1. 经世实学的内容

经世实学的内容主要集中在以下方面：

（1）政治方面：指斥现实，倡言改革

经世派立足现实，关心政治，抨击时政，揭露黑暗，要求改革。

龚自珍，字璱人，号定庵，仁和（今浙江杭州）人，是中国改良主义运动的先驱人物。著有《定庵文集》，留存文章300余篇，诗词近800首，今人辑为《龚自珍全集》。他的思想集中在批判清王朝的腐朽统治，主张进行社会变革。他认为，清王朝是"日之将夕"，已经进入"衰世"，而清代封建官僚骄奢淫逸，腐败至极，"官益久，则气益媮；望益崇，则谄愈固；地益近，则媚亦益工"③。因此他批判封建统治的腐朽，揭露封建社会没落趋势、呼唤改革风雷的风气。其著名诗作《己亥杂诗》中第一百二十五首："九州生气恃风雷，万马齐喑究可哀。我劝天公重抖擞，不拘一格降人才"，揭露社会弊病，抨击官僚制度，给人以鼓舞和砥砺，促使人们警醒。他的诗文主张"更法"、"改图"，如他从《周易》等经典中吸取变易观念，提出"一祖之法无不敝，千

---

① 冯天瑜、何晓明、周积明：《中华文化史》，上海人民出版社1997年版，第929页。
② 梁启超：《饮冰室合集：饮冰室专集之三十四》，中华书局1994年版，第55页。
③ 龚自珍：《龚自珍全集》，王佩诤校，中华书局1959年版，第31页。

夫之议无不靡，与其赠来者以劲改革，孰若自改革?"① 另外，他还主张革除弊政，抵制外国侵略，曾全力支持林则徐禁除鸦片，并建议林则徐加强军事设施，做好抗击英国侵略者的准备。

较之同时期的地主阶级改良派思想家，对于社会现实问题，包世臣的认识更为深刻。包世臣，字慎伯，晚号倦翁、小倦游阁外史，安徽泾县人，是鸦片战争时期坚决反对英国资本主义侵略，积极抵制清朝封建统治者对外妥协、投降的爱国思想家。他对外国侵略者破坏中国主权活动的危害有深刻的认识，对英国资本主义对中国的军事侵略较早警惕，提出"须早为预防之计"。林则徐禁烟后，包世臣看到查禁鸦片对英人的打击，认为更应予以防范："今鸦片禁绝，则该夷岁入，什去五六。且邻国以畏其富强，为之役属者，亦有以窥测深浅，此英夷不得不以全力争此局者，固情势所必至，非仅前明倭患之比也。"在此基础上，包世臣对于抗英的布防、策略也提出诸多建议，主张"增防严守"，利用资本主义各国之间的矛盾，运用"以夷攻夷之策"，使各国"集众弱以为强，共翦英夷于海中"② 等，林则徐也多次与包世臣商讨禁烟及抗英事宜。在后来的抗英斗争中，包世臣还撰写了具体抵抗英军的建策《歼夷议》，但未被当权者采纳。在坚持抵抗外侮的同时，包世臣猛烈抨击那些惧外、媚外的投降派官僚，指出"夷人鼾卧榻之侧，卖盐卖硝，明犯大禁，而封圻率破例受如恐后!"由于他指陈时弊，畅言改革，触犯了腐朽的反动势力的利益，遭到顽固派和一些强权势力的打击，两江总督百龄把包世臣逐出幕府，并"遍致书中外三品以上"的官员，对他大加诋毁。包世臣一生不得志，长期充当清朝官府的幕僚，后仅做了一年的江西新余知县即被罢官，境遇坎坷，可见鸦片战争前后地主阶级中有识之士提出改革主张、坚持爱国立场所面临的窘况。

林则徐，福建省侯官（今福州市区）人，字元抚，晚号俟村老人、俟村退叟等，清代政治家、思想家和诗人。他坚持抗击英军，具有强烈的爱国主义思想和民本思想，重视依靠"民"的力量抵抗外来侵略。在广东禁烟期间，他还积极备战，修建炮台，招募渔民为水勇，屡次挫

① 龚自珍：《龚自珍全集》，王佩诤校，中华书局1959年版，第6页。
② 齐思和等编：《鸦片战争》（第4册），上海神州国光社1954年版，第464—467页。

败英军挑衅。另外，他进一步扩展了传统的"民"的认识，将平民、贫民、小民、各种无业游民甚至被鸦片所毒害的烟民都囊括在内，提出将他们视为"卫邦之本"，应该"收而用之"。这些都体现了他关注民生、以民为本的思想。

（2）经济方面：关心国计民生，积极建言献策

在经济领域，经世派关心国计民生的大政，研讨赋税、盐政、漕运、河工等民生问题。

林则徐提出"国计与民生，实相维系"，"下恤民情，正所以上筹国计"[①] 的见解，在其为官期间，非常重视并兴办水利事业，曾著《北直水利书》。他事必躬亲，深入实际，兴修浙江、上海的海塘、太湖流域各主要河流的水利工程，治理运河、黄河、长江等。他还重视赈灾济贫等。魏源，名远达，字默深，号良图，湖南邵阳隆回金潭人，清代启蒙思想家、政治家、文学家。他对于河道水利非常关注，为官任上亲自带领民工修堤补缺防灾，重视海防边防等问题的研究。姚莹关心民间疾苦，亲自解决震灾、风灾、水灾、失业、民间纠纷等问题。这些都是经世派以民为本思想在实践中的反映。

包世臣更是秉持经世致用之学，深入研究鸦片战争前后的社会和经济问题，力倡具有进步意义的社会改革，影响较大。如其提出综合治理漕运、盐法、河工"三大政"的建设，提出"海运南漕"的建议并在江苏取得实效，后协助两江总督陶澍办理两淮盐务等；他主张采取各种措施杜绝主事官吏中饱私囊，务求"上利国下利民，则中必不利于蠹蠹渔牟者"[②]，杜绝贪腐。在治河方面，他参与堵漳河决口和办理吴淞江水利的工程，还提出了御坝、潴淤并举的治河方法等。值得注意的是，他还意识到外国资本主义势力对中国的经济侵略，日益加深着中华民族的灾难。他认为鸦片走私是银荒问题的根源，"鸦片产于外夷，其害人不异鸩毒"，而"买食鸦片，则其银，皆归外夷"，"银币周流，矿产不息，何以近年银价日高，市银日少，究其漏厄，实由于此"。而大量白银外流，引起社会上银贵钱贱，直接受害者则是贫苦民众："小民

---

① 陈胜粦：《林则徐与鸦片战争论稿》，中山大学出版社1990年版，第86页。

② 包世臣：《安吴四种·卷首·总目序》，台北文海出版社1968年版。

计工受值皆以钱，而商贾转输百货则以银"，"银少则价高，银价高则物价昂，又民户完赋亦以钱折，银价高则钱多，小民重困"①。这一思想体现了对银贵钱贱问题的深刻关怀和对小民疾苦的同情。他还强调洋布的销行对上海附近松、太地区手工纺织业的破坏作用等。

　　另外，经世派还谴责清王朝对老百姓增加苛捐杂税就好像"割臀以肥脑，自啖自肉"②，对各级官吏贪污腐化和权贵大肆兼并土地的行径进行猛烈抨击。

　　（3）文化方面：放眼世界，学习西方

　　经世派主张学习西方文化，重视对西方地理、历史的探究，通过著述和翻译活动向国人介绍世界各国的情况。

　　鸦片战争中，西方的坚船利炮和中国落后武备之间的鲜明对比，令时人震撼："彼之大炮远及十里之外，若我炮不能及彼，彼炮先已及我，是器不良也。彼之放炮，若内地之放排枪，连声不断，我放一炮后，须转展移时，再放一炮，是技不熟也。"而"内地将弁兵丁，虽不乏久列戎行之人，而皆觌面接仗，似此相距十里八里，彼此不见面而接仗者，未之前闻，故所谋往往相左"。因此"剿夷不谋船炮水军，是自取败也"③。痛定思痛，经世派认识到"欲制外夷者，必先自悉夷情"，因此通过多种方式"寻求异域之书，究其情事"④，从而出现了晚清西学东渐的热潮，人们争相介绍西方文化，为中国抵抗侵略提供借鉴。

林则徐与《四洲志》

　　被称为近代"开眼看世界的第一人"的林则徐，在查禁鸦片、积极抵御外侮的同时，积极提倡学习西方的科学技术，表现出接纳新知的开明和勇气。他组织专人翻译外国书刊，把外国人讲述中国的言论翻译成《华事夷言》，作为中国官吏施政之参考；翻译英商主办的《广州周报》，编成《澳门新闻报》，以了解外国的军事、政治、经济情报。他还组织翻译了英国人慕瑞的《世界地理大全》，编写为《四洲志》，详

---

①　包世臣：《银荒小补说》，见《安吴四种》卷二十六，台北文海出版社1968年版。
②　龚自珍：《定庵文集》卷中，《西域置行省议》，辽宁人民出版社1998年版。
③　上海师范大学历史系中国近代史组：《林则徐诗文选注》，上海古籍出版社1978年版，第243页。
④　魏源：《海国图志》卷五十九，巴蜀善成堂1887年版，第1页。

细介绍世界各国的地理、历史、政治等情况，另外还编译了《国际法》等以适应对外交涉的需要。林则徐编译外人著作介绍西方的内容涉及新闻动态、对华评论、历史地理、经济律例、军事技术、科学文化等方面，成为传播西方文化、促进西学东渐的领军人物。他还提出了"师敌长技以制敌"的思想，后为魏源所发展。

魏源与《海国图志》

魏源主张论学应以"经世致用"为宗旨，倡导学习西方先进科学技术。鸦片战争后，他在《四洲志》的基础上，增补大量中外资料，完成了著名的《海国图志》一书，由初版时的 50 卷增至后来的 100 卷，90 万字，另绘地图 78 幅、船炮等器物插图 57 页。该书是一部记载各国政治、历史、地理和科技的百科全书，分为六部分：第一部分为《筹海篇》4 卷，总结鸦片战争失败的教训，提出"师夷长技以制夷"的主张；第二部分为世界和各国地图；第三部分介绍各国地理位置、历史沿革、政治制度、物产矿藏、风景民俗、宗教信仰、中西历法和纪年对照等，对英、法、美、俄的介绍较详；第四部分为林则徐等办理广东战事的奏牍和道光帝的谕旨，以及从港澳报刊上摘译的情报资料等；第五部分为西洋兵船、火炮、枪械、水雷等武器的制造和使用方法，并附有设计样式图和分解立体图；第六部分为地球天文合论，介绍地球形状、运行规律、四季变化原理以及太阳、太阳系行星、日食、月食、彗星、地震等方面的知识，宣传了近代自然科学。[1]

魏源编撰《海国图志》的政治目的非常鲜明，其在自序中就表达了编纂此书的来源与初衷："《海国图志》五十卷，何所据？一据前两广总督林尚书所译西夷之《四洲志》，再据历代史志及明以来岛志，及近日夷图夷语，钩稽贯串，创榛辟莽，前驱先路。……是书何以作？曰：为以夷攻夷而作，为以夷款夷而作，为师夷长技以制夷而作。……同一御敌，而知其形与不知其形，利害相百焉。同一款敌，而知其情与不知其情，利害相百焉。古之御外夷者，诹以敌形，形同几席；诹以敌

---

① 曾长秋、周含华编著：《中国思想通史纲要》，湖南人民出版社 2013 年版，第 193 页。

情，情同寝馈。"① "师夷长技以制夷"这一主张开近代寻求御侮之道之先河，"当默深先生时，与洋人交际未深，未能洞见其肺腑，然师长一说，实倡先声"②。

魏源在书中还明确了学习西方的内容："夷之长技有三：一战舰，二火器，三养兵练兵之法。"③ 他对造船制炮及进行水师改革提出了具体的建议，如在广东虎门设造船厂和火炮局，请法美两国技师教造船只、炮械及行船、演炮之法，选送闽粤两省的巧匠、精兵学习铸造、驾驶、作战等技术。他还提出造商船的重要性，认为只有商船多了，战舰就可以少造，两者的区别仅在于有无军械。他还建议在闽粤两省武试中增设水师一科，能造西洋战舰、火轮、枪炮者为甲科出身，能驾驶、演炮者为行伍出身。《海国图志》还介绍了西方的自由贸易和民主政治制度。如其中介绍了西方议会和总统制，认为总统制打破了世袭制和终身制，是西方国家富强的重要原因："数百年来，育奈士迭遂成富强之国，足见国家之勃起，全由部民之勤奋。故虽不立国王，仅设总领，而国政操之舆论，所言必施行，有害必上闻，事简政速，令行禁止，与贤辟所治无异。此又变封建郡县官家之局，而自成世界者。"④

魏源在民族危亡时刻，能打破常规放眼世界，发奋著书立说，传播西方文化实为可贵。《海国图志》是帮助中国人认识世界的第一部完整著作，开启了认识世界的时代新风，激起人们进一步追求新知识的热情。当然，囿于资料和魏源本身知识的局限，《海国图志》也存在许多缺陷，如该书大部分内容系魏源辑录了他人的著作，对原有的错误与遗漏未能纠正或补充，地图方位和地名也不够准确等。但瑕不掩瑜，这本书对中国近代思想界产生了深远影响，对之后的洋务运动和维新变法影响至深，后传入日本，对其文化和学术也产生了一定影响。

徐继畬与《瀛寰志略》

徐继畬，字松龛，又字健男，别号牧田，山西代州五台县人，美国

---

①　魏源：《海国图志叙》，中州古籍出版社 1999 年版。

②　王韬：《扶桑游记》，王晓秋、鹏费等点校，见钟叔河主编《走向世界丛书》，岳麓书社 1985 年版，第 413 页。

③　魏源：《海国图志·筹海篇》，中州古籍出版社 1999 年版。

④　魏源：《海国图志》卷六十，中州古籍出版社 1999 年版。

学者德雷克称其为"东方的伽利略"，认为他"由于履行公职之故开始面向大海，而正是从这大海上，吹来了信息与思想的新风。正像今年来首次从太空俯瞰地球改变了我们的观念一样，徐继畬用西方的地图，使他对世界的看法得到根本改变。对新世界的接受和如实的记载，使徐继畬成为19世纪第一批引进西方知识的中国人之一"①。他对域外新知保持着强烈渴求，不断搜集资料并得到了一些英美传教士和外交官的帮助："每晤泰西人，辄披册子考证之。于域外诸国地形时势，稍稍得其崖略，乃依图立说，采诸书之可信者，衍之为篇，久之积成卷帙。每得一书，或有新闻，辄窜改增补，稿凡数十易。自癸卯至今，五阅寒暑，公事之余，惟以此为消遣，未尝一日辍也。"②

他于1848年撰成的《瀛寰志略》是一部介绍西方文化的重要著作。该书分10卷，分装6册，总分图共44幅。书中先为总说，后为分叙，图文并茂，互为印证，该书概述了地球形状、经纬度划分、两半球、南北极等知识，按照五大洲分别介绍世界近80个国家和地区的地理位置、历史变迁、经济文化和风土人情，其中对亚洲、欧洲和北美的介绍尤为详细，尤其是英国和美国的情况，其中还介绍了西方资本主义政治制度、科技文化、经济发展情况以及殖民情况，书中高度评价了华盛顿及其建立的体制："华盛顿，异人也。起事勇于胜、广，割据雄于曹、刘，既已提三尺剑，开疆万里，乃不僭位号，不传子孙，而创为推举之法，几于天下为公，骎骎乎三代之遗意。其治国崇让善俗，不尚武功，亦迥与诸国异。余尝见其画像，气貌雄毅绝伦。呜呼！可不谓人杰哉。"③"米利坚合众国以为国，幅员万里，不设王侯之号，不循世及之规，公器付之公论，创古今未有之局，一何奇也，泰西古今人物能不以华盛顿为称首哉。"④《瀛寰志略》完整、系统地介绍了世界地理知识，是当时较为精准的探求域外新知的著作，该书"纲举目张，条分缕析，综古今之沿革，详形势之变迁，凡列国之强弱盛衰，治乱理忽，俾于尺

---

① 〔美〕德雷克：《徐继畬及其〈瀛寰志略〉》，任复兴译，文津出版社1990年版，第149页。

② 徐继畬：《瀛寰志略》，上海书店出版社2001年版，第6页。

③ 同上书，第277页。

④ 同上书，第291页。

幅之中，无不朗然如烛照而眉晰，则中丞之书尤为言核而意赅也"①。时人将之与《海国图志》相提并论。

姚莹与《康輶纪行》

姚莹，字石甫，号明叔，晚号展和，又自号幸翁，安徽桐城人，鸦片战争期间领导台湾军民英勇抵抗英军侵略的著名爱国官员。他在1845年出版了考察西藏后的著述《康輶纪行》，这是近代史上第一部介绍西藏历史文化民俗的专著。他著此书的目的在于："盖惜前人之误，欲吾中国稍习夷事，以求抚驭之方耳。"② 该书共15卷，附图1卷。书中他对所经地区山川、地形和风土人情做了系统考察，对西藏的宗教民俗、地理交通、历史、政治、民族文化、习惯做了全面记录，对于英俄、英印关系，印度、尼泊尔、锡金入藏交通要道以及喇嘛教、天主教、回教的源流问题均有阐述。他还提出要警惕英国对西藏的侵略，加强沿海及边疆的防务。他认为，英、法、美等国对中国多有研究，熟知中国的地理人事，我国却对之了解甚少，这是中国失败的原因。有感于此，姚莹在书中记载了不少有关英国、法国、俄罗斯、印度等国的历史地理知识，同时强调要学习西方的自然科学以抵抗西方侵略者。这部书与《海国图志》《瀛寰志略》一起，开启了中国早期近代思想启蒙的先河。

从林则徐1841年编译《四洲志》到1861年的20年间，中国人至少编写了22部介绍世界各地情况的著作。内容涉及政治、法律、军事、经济、技术、历史、地理、人口、文化、教育、宗教等各个方面，对于国人认识和学习西方，起到了积极推动作用。③

（4）史学思想：治经与治史相结合，注重当代史

经世派一改埋头考证古史之风，高度重视当代史。经世派将治经与治史相结合，研究历史与研究现实社会相结合。他们发展了常州今文经学派的"引经致用"的学风，批评繁琐的汉学与空疏的宋学。在此基

---

① 王韬：《〈瀛寰志略〉跋》，见《弢园文录外编》，上海书店出版社2002年版，第226页。

② 姚莹：《候林制军书》《与余小坡言西事书》，见《东溟文后集》卷八，第16、20页。

③ 张绍军、孙燕京主编：《中国近代文化史》，中华书局2012年版，第42页。

础上，龚自珍发出"尊史"的呼吁，并潜心于西北历史、地理的探讨。魏源1842年以纪事本末体著成《圣武记》，详细记载了清朝前期军事上的成就，以古讽今，激励国人树立信心和勇气，抗击西方侵略者。其另一著述《道光洋艘征抚记》更是记载了英国第一次侵华战争的史实，揭露英国从走私鸦片到发动战争的种种罪行，对于抵抗侵略的斗争，如林则徐、三元里等地人民的抗英斗争进行了歌颂和赞扬，对于清廷的腐败、琦善等官吏的卖国行径进行了抨击。类似如梁廷枏（1796—1861）的《夷氛闻记》也追述了鸦片战争的全过程，较详细地记载了广州人民几次大的反侵略斗争。另外如夏燮（1800—1875）的《中西纪事》《粤氛纪事》等对于鸦片战争和太平天国的有关历史也做了记述。

（5）哲学思想：行为知先，知行合一。

经世派认为行是知的源泉，提出了较为朴素的唯物论观点。如魏源说："及之而后知，履之而后艰，乌有不行而能知者乎！"只有通过亲身经历和尝试，才能真正体验到真知："披五岳之图，以为知山，不如樵夫之一足；谈沧溟之广，以为知海，不如估客之一瞥；疏八珍之谱，以为知味，不如庖丁之一啜。"① 这种重视在实践基础上获得真知的思想，决定了经世派在注重社会实际、讲求实效的风格。

2. 经世实学的评价

道、咸年间的经世实学既是对传统儒家入世观点的继承和诠释，也是传统文化走入近代的嬗变。它体现了古代和近代两个文化体质的交接，是新旧时代思想的桥梁，"以其极幼稚之'西学'智识，与清初启蒙期所谓'经世之学'者相合，别树一帜，向正统派公然举叛旗矣。"② 同时，它体现了西方列强入侵后中西文化的正面冲突和交锋，是先进的中国人在学术上从被动到主动、突破旧有思维、勇于学习和接受外来文化的重大转折，为新学的出现奠定了基础，"光绪间所谓新学家者，大率人人皆经过崇拜龚氏之一时期"③，是跨入新时期的伟大开篇。这一思潮波及的范围并不广泛，但"由此，以儒学修、齐、治、平的入世

---

① 魏源：《默觚·学篇二》，见《魏源集》上册，中华书局1976年版，第7页。
② 冯天瑜：《从明清之际的早期启蒙文化到近代新学》，《历史研究》1985年第5期。
③ 朱维铮校注：《梁启超论清学史二种》，复旦大学出版社1985年版，第61页。

精神为宗旨，并归宿于国计民生的经世致用之学，内容上发生了重大变化……鸦片战争后，夷务日渐渗入国计民生，成为经世之学的大题目。这种变化的痕迹……表现了传统经世之学在近代的延伸。而中国文化与西方文化的交汇最初就实现于这种延伸之中。"①

经世派学者是地主阶层中部分开明的知识分子，"他们大多生活在我国东南沿海地区，这一地区商品经济比较发达，某些经济领域还存在资本主义生产关系的萌芽。客观环境能够使他们在某种程度上摆脱源于自然经济所造成的保守，以比较开明的态度看待社会现实问题"②。他们大多具有入仕的经历，其经世致用的思想和建言献策往往来自亲身体会与宦海实践。但由于阶级局限，他们的出发点是挽救封建王朝之危亡，所持观点绝不可能冲破封建思想的束缚，亦不会改变封建制度；学习西方的内容，也局限于实用性较强的目标，对于西方社会的认识和学习，多限于器物层面，对于封建社会内在的问题缺乏深层次的认知。但这一时期思想界的风潮，开启了西学东渐的新风，无疑具有大于其内容本身的重要意义。

经世派学者闪光的思想和探索，并未引起当局足够的重视，在士大夫中也没有引起强烈共鸣，显得孤零而冷清。如林则徐勇于突破传统文化的藩篱，积极学习西方文化，最初也只是得到了西方人的称许："中国官府，全然不知外国之政事，又不询问考求，故至今中国仍不知西洋。""惟林总督行事全然相反，署中养有善译之人，又指洋商通事引水二三十位，官府四处探听，按日呈递。"③ 而徐继畬的《瀛寰志略》在刊行之初也未得到相应的关注，直到1865年总理衙门重印，才为世人所注意。鸦片战争带给中国的冲击，局限在这些少数的士大夫范围内，它同中国历史上多次的外族来袭一样，被视为一个偶然，并未引起多数人的震动与反省，中国对英国及西方的态度也没有发生重大变化，天朝上国的桀骜姿态依然故我，倒是一场席卷全国的农民起义，提出了给予外国人平等的尊重，形成了较为先进的资产阶级化的纲领。而对于

---

① 　陈旭麓：《近代中国社会的新陈代谢》，上海社会科学院出版社2006年版，第61页。
② 　曾长秋、周含华：《中国思想通史纲要》，湖南人民出版社2013年版，第199页。
③ 　魏源：《海国图志》卷八十一，中州古籍出版社1999年版。

西学的重视，却直到第二次鸦片战争战败，才真正触动了多数知识分子的觉醒，继而卷起一股规模更大的学习西方的浪潮。

三　相关阅读书目

1. 龚自珍：《定庵文集》，辽宁人民出版社 1998 年版。

2. 上海师范大学历史系中国近代史组：《林则徐诗文选注》，上海古籍出版社 1978 年版。

3. 魏源：《海国图志》，中州古籍出版社 1999 年版。

4. 徐继畬：《瀛寰志略》，上海书店出版社 2001 年版。

5. 陈胜粦：《林则徐与鸦片战争论稿》，中山大学出版社 1990 年版。

第八章 洋务运动时期的思想文化
（1865—1895）

一 太平天国时期的思想文化

清政府应对"外患"的同时，其"内忧"也日益严重，各种社会危机加剧：土地兼并导致土地高度集中，拥有大量土地的大地主还将田赋负担转嫁到自耕农和贫农身上，广大农民沦为佃户，所负担的地租越来越重，"田归富户，富者益富，贫者益贫"[①]，阶级矛盾越来越尖锐化。社会危机通过农民起义的形式迸发出来，洪秀全领导的太平天国起义持续了 14 年之久，势力发展到 18 个省，建立了一支上百万人的农民起义军和农民政权。太平天国运动猛烈扫荡了封建势力，英勇抗击外国侵略者，把旧式农民战争推上了最高峰。不仅如此，在建立农民政权的过程中，太平天国还提出了一系列较为系统、完备的纲领制度，形成了与清廷对抗的意识形态，在思想文化层面具有重要意义。

太平天国时期的思想文化，既是具有农民起义特色的文化形态，也是中西文化冲突与交锋下具有时代特色的思想产物。一方面，以宗教为旗帜是农民起义的常用手段，时代使然，洪秀全选择了基督教形式并加以改造利用，这是西方文化移植变异的体现，其现实功用更被放在突出地位；另一方面，传统文化的烙印在太平天国的思想文化领域更为明显，即便受时代新风的熏染，出现了《资政新篇》这样著名的具有资本主义性质的建策，但并未在农民起义中产生任何效用，倒是《天朝田亩制度》更契合农民起义的现实要求。

---

① （清）钱铼：《庐江县志》卷二，光绪十一年刻本，第 4 页。

1. 洪秀全的上帝学说

洪秀全偶然获得《劝世良言》这本基督教的布道书，该书是英国基督教传教士马礼逊的第一个中国信徒梁发编写的，内容是宣传拜上帝，反对崇拜偶像邪神，鼓吹天堂永乐、地狱永苦等教义。"这是一本毫无革命意义和思想价值的基督教的拙劣宣传品"①，但这些教义契合了洪秀全屡试不第的坎坷人生的需要，洪秀全读后，反应强烈，认为"全书均为真理，而彼自己确为上帝所特派以拯救天下"。据说他读了该书之后，大病40多天，病中梦见各种异象，自说与耶稣教义符合，按照书中的指示，祈祷上帝，自行施洗，从此信仰上帝，创立上帝会，并开始从事传教活动。他的同学、塾师冯云山（也是一位因考试失败而心怀不平者）、族弟洪仁玕首先信奉他的新教，成为他的得力助手。其上帝学说体现出如下特征。

（1）宗教与儒家思想的结合

1845—1848年，洪秀全先后写出《原道救世歌》《原道醒世训》《原道觉世训》《百正歌》《太平天日》等著作，宣传"平等"、"大同"思想。他在《太平天日》里，记述了自己在病中"异梦"和后来两次到广西活动的故事，说1837年生病时，曾被天父"皇上帝"派天使接上天，上帝命令他下凡诛妖救世，建立地上天国。他并被指为上帝的次子，耶稣之弟，被封为"太平天王大道君王全"，是"真命天子"。起义领袖神化是农民起义增强号召力的强劲手段。在"三原"中，他把儒家思想和基督教教义结合起来，宣传宗教救世和道德救世思想。他宣称天父上帝是古今中外共同的独一真神，人人都有同拜上帝的权利，不拜一切邪神："天下多男人，尽是兄弟之辈；天下多女子，尽是姊妹之群，何得存此疆彼界之私，何可起尔吞我并之念"②。应该遵循"公"的道德改造世界，建立一个"天下有无相恤，患难相救，夜不闭户，道不拾遗，男女别途，举选尚德"，而且"强不犯弱，众不暴寡，智不诈愚，勇不苦怯"的"大同"社会，实现天下统一、共享太平的理想。

①　李泽厚：《中国近代思想史论》，人民出版社1979年版，第9页。
②　牟安世：《太平天国》，见《太平诏书》，上海人民出版社1979年版，第92页。

（2）将宗教教义转化为军纪

洪秀全还将宗教教义综合概括，改为起义队伍的军纪，即"十款天条"：一崇拜皇上帝，二不拜邪神，三不妄提皇上帝之名，四七日礼拜颂赞皇上帝，五孝顺父母，六不杀人害人，七不奸淫，八不偷窃劫抢，九不讲谎话，十不起贪心。他本人更是以上帝次子自居，既是救世主又是领袖，赋予其政权浓郁的宗教色彩。后来不断扩充发展，出现更加完备的《行营规矩》《定营规条十要》《行军总要》等，将宗教信仰转化为严格的军事纪律，在行军打仗过程中起到了重要的约束作用。

（3）宣扬平等的精神

太平天国强化基督教"天下一家"的精神，指出大众皆是兄弟姊妹；社会上严禁蓄奴、娼妓等剥夺人身自由的行为。女性的社会地位因此提高，提倡男女平等，废除买卖婚姻制度，严格规定一夫一妻，反对守寡和缠足。甚至在科举中也设立男女两榜，设置女官，设立女兵营，女子可授田、受教育、参与公共事务等。拜上帝会还认基督教为"洋兄弟"，但对于西方列强的入侵还是比较警惕，如英国海军提督何伯与参赞巴夏礼曾向洪秀全提出以事成之后平分中国为条件，协助太平天国打败清朝，基于爱国立场被太平天国的君臣拒绝："我争中国，欲想全图，事成平分，天下失笑；不成之后，引鬼入邦。"①

（4）宗教工具化意义的凸显

洪秀全对基督教义的认识只是处于感官和一知半解的状态，"但这已经足够了。因为他的本意，并不在真心诚意地做上帝的子民，而只是用基督教、皇上帝作旗帜、作工具，来召唤、聚集贫苦农民的力量，在中国的大地上建立起现实的平等'天国'"②。为了适应农民起义的需要，他对基督教义毫不客气地进行取舍和改造，如对于基督教中要求忍耐和谦卑的内容，洪秀全就明确指出："过于忍耐和谦卑，的确不适用于我们当前的时代，因为要用忍耐和谦卑的办法来处理这个万恶的时

---

① 《李秀成自述》，见中国史学会编《太平天国》第 2 册，上海人民出版社 2000 年版，第 838 页。

② 冯天瑜、何晓明、周积明：《中华文化史》，上海人民出版社 1997 年版，第 939 页。

事，那是不可能的。"① 洪秀全的上帝会吸收了许多三合会的分子。这个三合会是排满的秘密团体，大概是明末清初时代起始的。洪秀全收了三合会的会员，他的运动就以推倒清朝为第一目的。他骂满人为妖人，清朝皇帝就是残害民众的阎罗妖，宣传满人改变中国衣冠、淫乱中国女子，号召人们"共击灭之"："阎罗妖乃是老蛇、妖怪也，最作怪多变，迷惑缠捉凡间人灵魂，天下凡间我们兄弟姐妹所当共灭之。"② 用接近农民生活的词汇和言语动员人民群众推翻清朝的统治。"……所有的起义预言者都用他的忏悔说教来开始活动。事实上，只有猛烈的振臂一呼，只有突然一下抛弃了全部习以为常的生活方式，才能把毫无联系、散居四方，并且从小就惯于盲目服从的农民发动起来。"③ 上帝学说的引导作用大概正在于此。

（5）反传统的形式与复古的内容并存

与此同时，洪秀全还通过反对传统文化来展示农民起义军的反叛精神。他和他的信徒将村塾中供奉的孔子等像尽行撤去，引起当地有势力者不满，结果失掉了塾师的职位；在改造的上帝学说中，孔子受到百般"折辱"：因为妖言惑众，上帝罚孔丘"种菜园"，"孔丘跪天兄基督前再三讨饶，鞭挞甚多，孔丘哀求不已"④。对于儒家文化的典籍，太平天国宣布："凡一切孔孟诸子百家妖书邪说者尽行焚除，皆不准买卖藏读也，否则问罪也。"⑤ 这些鞭笞传统文化的思想和行为，是洪秀全自身经历形成的对传统文化复仇态度的一种折射，也是太平天国在意识形态上对旧有王朝的宣战。而久浸传统文化的士大夫们对这些离经叛道的行为自然切齿仇恨，如曾国藩就认为：太平天国反传统的举措导致"士不能诵孔子之经，而别有所谓耶稣之说、《新约》之书，举中国数千年礼义人伦诗书典则，一旦扫地荡尽。此岂独我大清之变，乃开辟以来名教之奇变，我孔子孟子之所痛哭於九原，凡读书识字者，又乌可袖

---

① 韩山文：《洪秀全之异梦及广西起义之由来》，燕京大学影印1854年香港英文版，第43页。

② 中国史学会编：《太平天国》第1册，上海人民出版社2000年版，第93页。

③ 《马克思恩格斯全集》第七卷，人民出版社1959年版，第421页。

④ 中国史学会编：《太平天国》第2册，上海人民出版社2000年版，第636页。

⑤ 中国史学会编：《太平天国》第1册，上海人民出版社2000年版，第313页。

手安坐，不思一为之所也。"借此以推护传统文化为旗帜，号召读书人共同愤恨打击太平天国运动。

然而正如上文所述，洪秀全虽然以上帝学说为号召却并不真正信奉之，根据现实需要将基督教改编成太平天国式的拜上帝教，以至于西方人评价之说："天王之基督教不是什么好东西，只是一个狂人对神圣之最大的亵渎而已。而他的部下之宗教，简直是大笑话和滑稽剧。"① 传统文化对洪秀全的潜在影响，却在整个太平天国运动期间点滴表现出来，并主导了其施政的全过程。如称王封王，甚至还根据创立新朝的需要，"制礼作乐"，颁布了《天朝礼制》，规定了一套严格的等级制度和礼仪制度，洪秀全还曾赋《天王诗》一首："只有媳错无爷错，只有婶错无哥错，只有人错无天错，只有臣错无主错"，在后期，洪秀全的专制作风更为明显："生杀由天子，诸官莫得违"，"凡各王驾出，侯、丞相轿出，朝内军中大小官员士兵若不回避，冒冲仪仗者，斩首不留"；废除了旧历法，实行新历法《天历》，用太平天国的名号纪元取代清朝纪年等，这些明显是封建三纲五常在太平天国的复活。到了洪秀全的晚年，其浸染的糟粕性的封建文化更是涌现出来。自定都天京后，洪秀全终日在深宫享乐，不理政事，专注于宫廷的建筑、宫女的征选、金银的聚敛、官制宫制的规定等。由此我们也能看到，虽然处在一个大变局的时代，洪秀全的志向并不在于建设新国家或者新社会，而在建设新朝代。工具性的上帝学说也不可遏制地发展为封建迷信，最后洪秀全本人似乎也无法分清，终陷入宗教迷信的可悲迷潭。天京被包围后，他斥责建议"让城别走"的李秀成：

> 朕奉上帝圣旨、天兄耶稣圣旨，下凡做天下万国独一真主，何惧之有？不用尔奏，政事不用尔理。欲出外住，欲在京住，由于尔。朕铁桶江山，你不扶，有人扶。尔说无兵，朕之天兵多过于水，何惧曾妖者乎？②

① 中国史学会编：《太平天国》第6册，上海人民出版社2000年版，第950页。
② 《李秀成自述》，见中国史学会编《太平天国》第2册，上海人民出版社2000年版。

而领导集团内部其他人也被军事上的胜利冲昏了头脑，加上封建思想的腐蚀，滋生了骄傲自满情绪，贪图享受，追求特权，讲究排场，大修王府官衙，颁布繁琐的等级礼制，宗派主义和争权夺利的斗争越来越严重。这一系列的现象，无不源自传统文化，其中蕴含的等级制度等与上帝学说中的平等教义也是明显冲突的，可以说是以天王为代表的太平天国言行不一的体现，但是二者却如并行的两辆马车，在一个革命的王国内发挥着各自的作用。

2. 《天朝田亩制度》

1853 年下半年，太平天国颁布了《天朝田亩制度》，这是其纲领性的文献，是一个以解决土地问题为中心，内容涉及政治、经济、军事、文教等各个方面的社会改革方案，是几千年中国封建农民理想追求的集大成式体现。

《天朝田亩制度》的主要内容，一是土地分配方面，提出平均分配土地。《天朝田亩制度》根据"天下人人不受私，物物归上主"的公有原则，把土地按人口平均分配给农民使用。其原则是："凡天下田，天下人同耕。此处不足，则迁彼处；彼处不足，则迁此处……此处荒则移彼丰处，以赈此荒处；彼处荒则移此丰处，以赈彼荒处。"① 土地按亩产量划分为上中下三级九等，好坏田搭配以户为单位按人口平均分配。凡 16 岁以上不分男女每人分得一份土地，15 岁以下减半。在平分土地的基础上，天朝田亩制度还规划了社会组织方案，规定了"通天下皆一式"的生活方式，所有分得土地的农民，必须参加农副业生产劳动。"凡天下，树墙下以桑。凡妇，蚕绩缝衣裳。凡天下，每家五只鸡、二母猪，无失其时"。

二是设立兵农合一的社会组织方案，即守土乡官制。其内容是：以家庭为基本组织细胞，每 25 家为一个单位"两"，设乡官两司马；四两司马设一卒长；五卒长设一旅帅；五旅帅设一师帅；五师帅设一军帅；一军共 13156 家，每年每家出一人为伍卒，战时杀敌，平时务农。军帅以下称乡官，军帅以上设监军、总制，称守土官。这样，每 25 家自成一个独立的政治、经济基层单位，统辖于两司马之下。两司马从组

---

① 中国史学会编：《太平天国》第 1 册，上海人民出版社 2000 年版。

织生产到居民消费，以及军事、民政、财政、司法、教育、礼仪、宗教无所不管。在两司马所在地方，设立一个国库、一个礼拜堂。每年的收成，除了每个人食用的和作为种子的留下以外，全部交给国库，个人不得私有。25 家中婚丧嫁娶所用，由国库开支，老幼无依的人由国家扶养。

三是规定了官吏的举荐和升降制度。规定每年可以通过层层举荐的方式，将地方上有能力的人保举为官，如举荐得人，赏赐保举者，反之，保举者受罚。同时设立废黜制度，对官吏三年考核一次，自上而下对各级官吏进行评价，根据官吏政绩予以提拔或贬斥。

《天朝田亩制度》还规定了层层申诉的司法制度："或各家有争讼，两造赴两司马，两司马听其曲直。不息，则两司马挈两造赴卒长，卒长听其曲直。不息，则卒长尚其事于旅帅、师帅、典执法及军帅。军帅合同典执法判断之。既成狱辞，军帅又必尚其事于监军，监军次详总制、将军、侍卫、指挥、检点及丞相，丞相禀军师，军师奏天王。天王降旨，命军师、丞相、检点及典执法等详核其事。无出入，然后军师、丞相、检点及典执法等，直启天王主断。天王乃降旨主断，或生，或死，或予，或夺，军师遵旨处决。"[1] 这一规定使人们在普通司法领域获得多次申诉的机会，较之封建社会的司法制度有其进步意义。

另外，《天朝田亩制度》还规定了服役制度："凡天下每一夫有妻子女三、四口，或五、六、七、八、九口，则出一人为兵。其余鳏寡孤独废疾免役，皆颁国库以养。"在妇女政策上，提出妇女可以参与军政事务，设置女官并开科取士。在社会风俗方面，提出了废黜封建买卖婚姻，主张婚姻不论财，仪式上由两司马主持采用宗教形式举办婚礼，甚至给夫妇发放类似于结婚证书的"合挥"，上面登记结婚人的姓名、年岁、籍贯等项目，并盖上龙凤图章等。

《天朝田亩制度》坚决否定封建土地所有制，反映了农民强烈反对地主阶级残酷剥削的要求和获得土地以摆脱贫困、实现温饱的渴望，是千百年来农民运动要求的集中体现，从而成为一面鲜明的旗帜，极大地

---

① 中国史学会编：《太平天国》第 1 册，上海人民出版社 2000 年版。

调动和鼓舞了农民阶级的革命和生产积极性。太平军所到之处，没收地主官僚财产，焚毁田契债券，限制地主收租等，把一些庙宇祠堂占有的土地、公田以及逃亡地主的土地没收，分给没有土地的农民耕种，得到了农民阶层的拥护。太平天国希望通过这样的改革，实现"有田同耕，有饭同吃，有衣同穿，有钱同使，无处不均匀，无处不饱暖"的理想社会。

但是在太平天国运动中，革命是第一要义，在经济制度上，它虽然充分地反映出农民的土地要求，但它是要在小生产的基础上废除私有制，平均一切财富，其本身就是封建小农经济的天然产物。因此，它又具有违反社会发展规律的落后性。《天朝田亩制度》革命性和落后性的矛盾，是由农民小生产者的经济地位所决定的。他们不代表新的生产力，不可能制定出真正切实可行的改造社会、推动生产力发展的方案。其分配方法极其具体、极其平均，却更加难以实现，加之连年征战，最终只能成为一种幻想。在太平天国具体施政的过程中，为了解决粮食危机，太平天国在很多地区还是承认地主占有土地并允许地主收租，封建的生产关系并未真正改变。

3. 洪仁玕与《资政新篇》

在太平天国后期，1859 年洪仁玕到天京协助洪秀全总理朝政，上书洪秀全，提出了带有资本主义色彩的施政纲领《资政新篇》，得到了洪秀全的批准并于当年刊刻发布。

洪仁玕是洪秀全的族弟，曾在英国殖民统治下的香港教书，并跟随瑞典传教士韩山文研读基督教教义，并学习一些西方的科学技术和社会政治学说，具有较高的西学造诣。容闳评价洪仁玕即说："盖干王久居外，见闻稍广，故较各王略悉外情。即较洪秀全之见识，亦略高一筹。凡欧洲各大陆所以富强之故，亦能知其秘钥所在。"[1] 他"不仅在宗教方面，而且在科学与社会改革方面，完全赞同外国人讲的道理"[2]。他将自己的主张集中表达在《资政新篇》中，其主要内容是主张仿效西

---

① （清）容闳：《西学东渐记》，岳麓书社 1985 年版，第 94 页。
② 《传教士艾约瑟等五人赴苏州谒见干王和忠王的经过》，见《太平军在上海——〈北华捷报〉选译》第三部分，上海人民出版社 1983 年版，第 62 页。

方，发展资本主义；改革政治，移风易俗，实行新的社会和经济政策，兴办矿山、银行、铁路、报馆等。具体如下。

政治方面，针对天平天国内部存在的宗派主义、分散主义现象，强调"设法用人"，即制定法律、制度，禁朋党之弊，严禁结党营私、拥兵自重，加强中央统一领导，提出护国必须除奸保良。认为用人不当，足以坏法；设法不当，足以害人。只有二者兼顾，才能"权归于一"。还主张仿效西方资本主义国家，创办报纸，广开言路，沟通上下，设立意见箱，在各省设立新闻官，搜集新闻，供天王参考，在听取众人意见的基础上作出正确的决定。

经济方面，主张效法西方，允许雇工和私人投资，把向西方的学习，从生产力的领域扩展到生产关系的领域，即开始提倡资本主义的雇佣劳动制，这点与《天朝田亩制度》相异，主张保护私有制，认同剥削的合法性；发展近代工矿、交通运输业、邮政、银行等事业，奖励科技发明和机器制造。

外交方面，反对闭关态度，主张同西方国家平等交往、自由通商，进行文化交流，"凡于往来语言文书，可称照会、交好、通知、亲爱等意，其余万方来朝、四夷宾服及戎蛮、鬼子一切轻侮之字，皆不必说也"[①]。但外国人不得触犯太平天国的国法，"准其为国献策，不得诽谤国法"，不得干涉天国内政。

另外，在文化教育上，主张开办学馆，学习西方科学知识，破除陈规陋习和迷信思想，提倡兴办医院和社会福利事业。在社会改革上，严禁鸦片，取缔迷信，禁止溺婴和蓄奴等。

这是中国历史上第一个比较系统地阐述发展资本主义的纲领，它试图用模糊的资产阶级思想来代替农民中原有的平均主义思想，逐步建立资产阶级的生产关系，反映了顺应世界大势和当时中国社会发展的客观要求，具有鲜明的资本主义性质。它还强调了立法的重要性等，体现出一定的民主意识和法制意识，与之后出现的改良派相比，洪仁玕的建策出现较早且更为全面。但是，这个纲领没有把发展资本主义与消灭封建剥削制度相结合，没有解决农民最迫切的土地要求，脱离了当时农民革

---

① 洪仁玕：《资政新篇》，见《太平天国》（资料丛刊）第 2 册，第 528 页。

命的实际，因此，既不能为参与斗争的农民阶级所理解和拥护，也无法指导和运用于太平天国的实践，再加上当时太平天国所处的险恶环境，客观条件尚不具备，所以无法付诸实施。

二 "中体西用"的洋务思想

1. 内忧外患中的反思

两次鸦片战争的失败，深深刺激了世人，是为"有天地开辟以来未有之奇愤，凡有心知血气，莫不冲冠发上指者，则今日之以广运万里地球中第一大国而受制于小夷也"①。加之太平天国运动的猛烈冲击，内忧外患，使古老帝国处于一个巨大变局之中，如李鸿章说当时是"千年未有之奇局"②。所谓变局，就是说中国面临的形势发生了变化，西方侵略者不再是以前的夷狄，而是海上强国，他们在经济上、军事上远远超过我们，他们来中国，不仅是为了贸易，更是抱有野心，而中国门户洞开，不可能再回到闭关锁国的状态，若不自强，必然沦为列强的殖民地；另一方面，农民起义的威胁越来越大，太平军也已购置洋枪洋炮，威力加强，若不自强，清政府的统治也必然被推翻。

内忧外患下的封建士大夫们，开始深刻认识到世界形势的变化，痛苦地承认中西方之间的差距，军事方面技不如人，在内政上也有不如西方之处："人无弃才，不如夷；地无遗利，不如夷；君民不隔，不如夷；名实必符，不如夷。"③ 他们继承和发扬了经世实学的精神，抛却陈旧的妄自尊大的观念，主张向西方学习先进的技艺，兴办洋务，通过自强的方式挽救清朝的危亡。"道光、咸丰以来，中国再败于泰西。使节四出，交聘于外；士大夫之好时者，观其号令约束之明，百工杂役之巧，水陆武备之精，贸易转输之盛，反顾赧然，自以为贫且弱也。于是西学大兴，人人争言其书、习其法，欲用以变俗。"④ 曾国藩、李鸿

① 冯桂芬：《校邠庐抗议·制洋器议》，光绪二十三年聚丰坊刻本。
② 中国史学会编：《洋务运动》第 1 册，上海人民出版社 1961 年版，第 207 页。
③ 冯桂芬：《校邠庐抗议·制洋器议》，光绪二十三年聚丰坊刻本。
④ 邵作舟：《邵氏危言》，见中国史学会编《戊戌变法》第 1 册，上海人民出版社 1957 年版，第 181 页。

章、左宗棠等在镇压太平天国的过程中，与列强勾结形成"华洋会剿"，也亲眼见识了西方列强的坚船利炮，增强了其忧患意识："目前资夷力以助剿济运，得纾一时之忧，将来师夷智以造炮制船，犹可期永远之利。"①

在维护清政府的统治、镇压农民起义和遏制外国的侵略的目标驱使下，19 世纪 60 年代初期，在清朝统治集团内部一些当权人物和开明的封建士大夫，开始形成较为一致的兴办洋务的主张，力求在不改变旧有体制前提下开展自强运动，期望实现富国强兵。

2. 洋务派与洋务思想

洋务派

洋务派的代表人物可以分为三类：洋务官僚、洋务思想家、洋务企业家。洋务官僚，在中央以恭亲王奕䜣和军机大臣文祥、桂良为代表，他们都是满清皇室、高级官吏；地方上以曾国藩、左宗棠、李鸿章、张之洞为代表，他们都是地方督抚、封疆大吏。洋务思想家有冯桂芬、郭嵩焘、薛福成、马建忠等人，他们大多是中级官员。洋务企业家有徐润、唐廷枢、盛宣怀等，他们既是企业家，又具有官员身份。

洋务派并非一个严密的集团，他们在洋务思想、活动方面，各有侧重，有同有异，像奕䜣，他只对坚船利炮感兴趣，左宗棠的洋务运动以造船为中心。其共同点在于，向西方学习，谋求强国御侮之道，扶封建统治大厦之将倾。

洋务思想

洋务运动是一场重大的变革，涉及外交、军事和工业生产方式等各个领域，洋务派在实践中形成的洋务思想，主要有如下几点：

（1）借法自强论

"自强"是中国传统文化中的重要命题，《易经》中就有："易，穷则变，变则通，通则久。天行健，君子以自强不息。"② 面对困顿时事，洋务派主张借法自强，即学习西方资本主义国家富强的成功经验，改变

① 曾国藩：《曾文正公全集·奏稿》卷十二，上海鸿宝书局 1938 年版，第 58 页。
② 《周易·系辞》。

中国在军事上、经济上和科学技术上的落后状态，其主要方式即学习西方的军事工业及有关的科学技术。

冯桂芬在《校邠庐抗议》中表达了知耻自强的主张，认为中国两次战败，"如耻之，莫如自强。夫所谓不如，实不如也。忌嫉之无益，文饰之不能，勉强之无庸……道在实知其不如之所在，彼何以小而强，我何以大而弱，必求所以如之，仍亦存乎人而已矣。"[①] 王韬积极倡导"变法自强"，他承认西方国家的长处，认为兴办洋务是国家振兴的良机，于是他积极倡导向西方学习，采用西方的先进技术，制造先进武器，积极发展交通和矿务，重视发展近代工商业等。李鸿章也阐述了变法自强的重要性："处今日喜谈洋务乃圣之时，人人怕谈、厌谈，事至非张皇即卤莽，鲜不误国。公等可不喜谈，鄙人若亦不谈，天下赖何术以支持耶？中国日弱，外人日骄，此岂一人一事之咎！过此以往，能自强者尽可自立，若不强则事不可知。"[②] 在向西方学习的过程中，他们还意识到变法需要不断深入，"办洋务，制洋兵，若不变法而徒鹜空文，绝无实济"[③]。甚至个别人士还提出了效法西方议会制度，以备咨询、通下情的设想。但这种变革要求还处于模糊的状态，他们不明确也不敢进行上层建筑方面的变动。

（2）军事强国论

19 世纪 60 年代开始的洋务运动，最初其认识主要集中在学习西方的坚船利炮。洋务派认为，中国之所以战败，就在于军事装备比较落后，中外差距主要在军事装备上。因此，从国防意义上考虑，必须学习外国的船炮以达到军事强国的目标。如李鸿章就认为，"中国欲自强，莫如学习外国利器，欲学外国利器，则莫如觅制器之器"[④]；奕訢也说："治国之道，在乎自强；而审时度势，则自强以练兵为要，练兵以制器为先。"[⑤]

---

① 冯桂芬：《校邠庐抗议·制洋器议》，光绪二十三年聚丰坊刻本。
② 《李文忠公全书》，见中国史学会编《洋务运动》第 1 册，上海人民出版社 1961 年版，第 268 页。
③ 中国史学会编：《洋务运动》第 1 册，上海人民出版社 1961 年版，第 42 页。
④ （清）文庆等纂辑：《筹办夷务始末·同治朝》卷二十五，上海古籍出版社 2008 年版，第 10 页。
⑤ 同上书，第 1 页。

60 年代初，洋务派积极倡导引进西方造船制炮的机器和技术，创办军事工业，制造洋式的枪炮舰船。他们以"官办"的形式先后兴办了一批以"求强"为主题的军工企业，如安庆内军械所、江南制造总局（沪局）、金陵制造局（宁局）、福州船政局（闽局）、天津机器局（津局）、湖北枪炮厂等。洋务运动期间共建立了 20 多个军工企业，分布于江苏、直隶、福建、甘肃、山东、广东、湖南、四川、吉林、北京、浙江、云南、山西、湖北等省份。这些军工企业，带有资本主义和封建主义的双重性质。从它的生产状况来看，这些企业采取了机器生产，工人是出卖劳动力的雇佣劳动者，他们的工资是按照技术的高低来决定的，量才给值。但这些企业的经费是政府拨给的，管理方式是一个封建衙门式的管理，它不是一个独立的企业，它的总办、会办都是官派的，具有官的身份。并且，这些企业的产品不是商品，不需要交换，不需要遵循价值规律，其生产的军工产品是作为战略物资由清政府拨给湘军、淮军来装备军队的。后来，这些军工企业，经费困难，它的产品，也开始计算价格，收取报酬，这也说明它的资本主义性质在增强。

在军事活动上，洋务派着重建立新式海陆军，以增强国防力量。陆军方面，用洋枪、洋炮装备军队，用西式阵法操练军队，像湘军、淮军以及奕䜣的练军，都不同程度地使用了西方新式武器，操练西方阵式。洋务派最主要的活动是创办海军，任命直隶总督李鸿章和两江总督沈葆桢分别督办北洋、南洋海防事宜，每年调拨 400 万两白银作为专款。1884 年，清政府从英、德等国家购进各式舰艇多艘来装备水师，中法战争前，清政府建立有北洋（15 艘）、南洋（18 艘）、福建（11 艘）三支海军，其中以北洋海军为重点。中法战争中，福建水师全军覆没，南洋水师损失惨重。1888 年北洋水师正式建成，有大小舰艇 27 艘，以旅顺、威海卫军港为基地，展现了与传统水师截然不同的海军力量，大大增强了中国的海防能力。

（3）寓强于富论

洋务派在创办军工企业的过程中，遭遇了经费和原料运输上的困难，他们进一步认识到，军事工业需要配套的交通体系和雄厚的经济基础，他们开始突破传统的义利观，直言"中国言义，虚文而已，其实朝野上下之心无一不骛于利，至于越礼反常而不顾。西洋言利，却自有又在。《易》曰：'利物足以和义。'凡非义之所在，国不足为利也。是以骛其实则两全，骛其名则徒以粉饰作为，其终必两失之"①。他们开始学习西方富强的经验，主张"必先富而后能强"，并明确提出了"寓强于富"的口号，把目光由军事工业转向民用工业，倡导振兴工商业。

李鸿章多次谈道："今日当务之急，莫若借法以富强，强以练兵为先，富以裕商为本。"② 考察"古今国势，必先富而后能强，尤必富在民生，而国本乃益可固"③。王韬最早提出了"恃商为国本"、"商富即国富"的观点，郑观应则比较系统地阐发了"商战固本"论。

在这一思想的指导下，19世纪70年代，他们积极倡导兴办轮运、电讯、铁路、采矿、纺织、炼钢等工业，以官督商办或官商合办的形式，兴办了一批近代民用企业，如轮船招商局、开平矿务局、天津电报总局、湖北织布局等。甲午战争前，洋务派兴办的近代民用企业约27个，其实力大多超过在华外资企业。这些企业兴办形式多为官督商办，与军工企业不同，他们是为了利润而进行的商品生产，企业里面存在资本主义的劳资关系，工人是以出卖劳动力为主的，这些企业也吸收了大量的商股，资本主要来自于商（买办、地主），这些买办通过购买股票成为资本所有者。

（4）人才强国论

洋务派明确提出要造就大批实用型人才，他们认为中国贫穷落后的原因在于士大夫们"沉浸于章句小楷之积习"，"耽于章句括帖，弗求富强实济"，"外国则不然，能制一器为国家利用者，以为显官，世食其业，世袭其职"④。因此，他们极力主张改革科举制度，改变轻视技艺的态度，给掌握技艺的人才以进身之阶。李鸿章还建议专设一科取士，选拔科技人才。同时还主张设学堂，向欧美派遣留学生，设译书局翻西方的科技书籍等。

---

① 梁小进主编：《郭嵩焘全集》（11），岳麓书社2012年版，第495页。

② 《李文忠公全书·上海奏建专祠疏》卷首，见中国史学会编《洋务运动》第1册，上海人民出版社1961年版。

③ 《李文忠公全书·奏稿》卷四十三，同上。

④ （清）文庆等纂辑：《筹办夷务始末·同治朝》卷二十五，上海古籍出版社2008年版，第4页。

　　在洋务运动中，清政府开办了一批学习西方语言、西方技艺的新式学堂，包括翻译学堂、工艺学堂、军事学堂等。如1862年设立的北京同文馆，除外文外，还增设了外国史地、国际法、数学、物理、化学、机器制造、天文测算等课程。其他如上海的广方言馆、广州同文馆等，也培养了大量科技和外语翻译人才。这三馆在30年间翻译的西学书籍共约200多部。而李鸿章等人在天津、上海、福州、广州、旅顺等地创办的电报、水师、武备、医学、水雷等工程技术专门学堂也达到20多所。① 到1894年，洋务派创办新式学堂24所。从1872年到1875年，清政府还先后选派四批幼童赴美学习。

　　（5）外须和戎论

　　洋务派对西方侵略者的野心认识不足，以为其来中国主要目的是通商，而非觊觎中国领土："洋人所图我者，利也，势也，非真欲夺我土地也。自周秦以来，驭外之法，征战者后必不继。羁縻者事必长久。今之各国，又岂有异?"② 他们从传统儒家之"和戎"思想出发，主张守定和议，维持现状，通过外交谈判的方式解决对外争端，避免武装对抗，不轻言战事，希望通过妥协退让获得一个"相安无事"的局面。

　　李鸿章是外须和戎论的首倡者，他认为中西关系非常复杂，敌我力量对比差距巨大，虽然中国民众众多，但武器装备远远落后于西方国家，"唯军实以简器为先，有兵而无器，与无兵同"③。因此，他提倡"外交与自强之谋相为表里"，要求洋务官员在外交中援引"万国公法"来进行外交活动："上侵国家利权，下夺商民生计，皆可引万国公法，直斥言之。"他以此为准绳，与列强进行交涉时，总是援引玩过律例"据理力争"，而外国使节则公开声明国际交涉"论力而不论理"。李鸿章还将"以夷制夷"的思想融入和戎思想中，即利用列强在华利益的冲突及其矛盾，达到维护自己国家利益的目的，三国干涉还辽等事件就

----

　　① 刘诚等：《毛泽东邓小平现代化理论研究　20世纪中国现代化的历史考察》，青海人民出版社2001年版，第42页。

　　② 《李文忠公全书·朋僚函稿》卷十，见中国史学会编《洋务运动》第1册，上海人民出版社1961年版。

　　③ 《李文忠公文集》卷二十二，见中国史学会编《洋务运动》第1册，上海人民出版社1961年版，第15页。

使洋务派认为以夷制夷之法是有效的。实际上，列强在侵华牟利过程中往往会协调相互之间的利益冲突，以牺牲中国为条件，达到利益分配上的某种平衡，如中日甲午战争前李鸿章幻想俄国干涉迫使日本开战，最终不能实现。

在洋务派的实践中，"外须和戎"的思想逐渐成为洋务派官僚处理对外关系的指导方针。如曾国藩即指出："皇上登极（1862 年）以来，外国强盛如故，惟赖求守和议，绝无更改，因能中外相安，十年无事，此已事之成效。"① 而直到 1875 年，李鸿章还说："目前固宜力保和局，即将来器精防固，亦不宜自我开衅。"② 虽然在一定时期这一思想对于维护安定局面起到了一定作用，但他们一味担心兵祸连结，主张议和，无异于纵容资本主义列强得寸进尺，不断发动侵略战争，在西方步步紧逼的要求下，中国最后被迫与之签订大批不平等条约。洋务派步步退让妥协，没有能够阻止中国半殖民地化不断加深的进程，历时 30 余年的洋务运动最终以破产宣告结束。

与和戎思想不同，也有部分思想家不忘攘夷之目标，冯桂芬就强调学习西方才能真正抵御外来侵略："夫所谓攘者，必实有以攘之，非虚骄之气也。居今而言攘夷，试问何具以攘之？所谓不用者，亦实见其不足用，非迂阔之论也。夫世变代嬗，质趋文，拙趋巧，其势然也。时宪之历，钟表枪炮之器，皆西法也。居今而据六历以颁朔，修刻漏以稽时，挟弩矢以临戎，曰：吾不用夷礼也，可乎？且用其器，非用其礼也，用之乃所以攘之也。"③ 这一思想是对经世派思想的直接继承，但在洋务思想中不占主要地位。

（6）"中体西用"的指导思想

洋务运动的指导思想即为"中体西用"，也就是在不改变中国名物制度的前提下，学习西方的科学技艺，试图将西方近代资本主义文化嫁接到封建文化之体。这是来自封建统治阶层的有识之士希望以西方先进文化挽救并维护清王朝统治的一种美好愿望。

① 《曾文正公全集·奏稿》卷二十五，上海鸿宝书局 1938 年版。
② 《李文忠公全书·国史本传》卷首，见中国史学会编《洋务运动》第 1 册，上海人民出版社 1961 年版。
③ 冯桂芬：《校邠庐抗议》卷下，光绪二十三年聚丰坊刻本。

　　冯桂芬早在其《校邠庐抗议》中就提出："如以中国之伦常名教为原本，辅以诸国富强之术，不更善之善者哉？"① 之后，中体西用的思想逐渐成为洋务派的共识并被广泛引征。1865 年，李鸿章说："中国文物制度迥异外洋蓁狂之俗，所以郅治国邦，固巫基于勿坏者，固自有在。必谓转危为安，转弱为强之道，全由于仿习机器，臣亦不存此方隅之见，顾经国之略有全体偏端，有本有末，如病之巫，不得不治标，非谓培补修养之方，即在是也。"② 郑观应的《盛世危言·西学篇》也说："中学其本也，西学其末也。主以中学，辅以西学。"1895 年 4 月，上海中西书院掌教沈毓贵在《万国公报》第 75 期用沈寿康的笔名著文《匡时策》，首次将之进行概括："中西学问本自互有得失，……宜以中学为体，西学为用。"1896 年 8 月，孙家鼐在《遵议开办京师大学堂折》中，将"中体西用"说阐发得更加明白："今中国创立京师大学堂，自应以中学为主，西学为辅，中学为体，西学为用；中学有未备者，以西学补之；中学有失传者，以西学还之；以中学包罗西学，不能以西学凌驾中学。"另外如王韬、薛福成等也提出了类似的认识："器则取诸西国，道则备自当躬"③，"形而上者中国也，以道胜；形而下者西人也，以器胜，如徒颂西人，则贬己所守，未窥为治之本原者也"④。"取西人气数之学，以卫吾尧、舜、禹、汤、文、武、周公之道。"⑤

　　使中体西用学说正式广为人知的当为张之洞，他在其《劝学篇》中对"中学为体，西学为用"的洋务思想给予了全面概括和系统阐述。《劝学篇·变法第七》中说："夫不可变者，伦纪也，非法制也；圣道也，非器械也；心术也，非工艺也。"⑥ 他还指出，"新旧兼学，四书五经、中国史事、政书、地图为旧学，西政、西艺、西史为新学，旧学为体，新学为用"⑦。"今日学者，必先通经，以明我中国先圣先师立教之旨；考史以识我中国历代之治乱，九州之风土；涉猎子集，以通我中国

① 冯桂芬：《校邠庐抗议·采西学议》，光绪二十三年聚丰坊刻本，第 69 页。
② 中国史学会编：《洋务运动》第 4 册，上海人民出版社 1961 年版，第 10 页。
③ 夏东元编：《郑观应集》上册，上海人民出版社 1982 年版，第 167 页。
④ 王韬：《弢园尺牍》，中华书局 1959 年版，第 30 页。
⑤ 丁凤麟、王欣之编：《薛福成选集》，上海人民出版社 1987 年版，第 556 页。
⑥ 张之洞：《劝学篇·变法第七》，北京师范大学出版社 2014 年版。
⑦ 张之洞：《劝学篇·设学》，北京师范大学出版社 2014 年版。

之学术文章。然后择西方之可以补吾阙者用之。"① 而抛却中学者必然为国家所抛弃："如中士而不通中学，此犹不知其姓之人，无辔之骑，无舵之舟；其西学愈深，其疾视中国亦愈甚，虽有博物多能之士，国家安得而用之哉？"② 光绪帝将张之洞的言论颁行天下，"中体西用"成为流行语，"甲午丧师，举国震动；年少气盛之士疾首扼腕言'惟维变法'，而疆吏李鸿章、张之洞辈，亦稍和之。而其流行语，则有所谓'中学为体，西学为用'者，张之洞最乐道之，而举国以为至言"③。

"中学为体，西学为用"的基本要点：一是中学和西学的含义。中学指的是中国传统的"道"或"器"，即中国的纲常名教，包括三纲五常、经学、史学、典章制度、名物考古等传统文化方面的内容；西学则主要指西方资本主义国家的近代科学技术，最初仅指工艺和器制，后来则涉及教育、赋税、武备、律例甚至政治层面的内容等。二是两者的地位问题。中学为国家和社会之根本，是体、是本、是主，是第一位的，西学是用、是末、是次。三是中体西用学说承认西方资本主义文化有所长，需要学习并补封建文化之短，实质上就是在确保封建王朝的政治秩序和伦理信念不变的前提下，主张打破陈规陋习，采用西方近代先进文化实现富强，维护清王朝的统治。

洋务派"中体西用"的思想，是在与顽固派的激烈论战中形成的，包含着与顽固势力妥协的含义，但其本身自相矛盾的一面，也在洋务实践中暴露出来，洋务派逐渐认识到"西洋之国，有本有末，其本在朝廷政教，其末在商务、造船、制器，相辅以益其强"（郭嵩焘）。而在洋务运动展开的过程中，随着科技、军事、经济的不断进步与发展，也呼唤着上层建筑随之变革，洋务运动维护封建统治的目标未能实现，实际上促使了政治变革的早日到来。

3. 洋务派与顽固派的论争

洋务派提倡兴办新学、引进近代的科学技术、采用机器生产、训练新式海陆军等措施，遭到了顽固派的重重阻挠。一些沉醉于封建传统文

① 中国史学会编：《戊戌变法》第 3 册，上海人民出版社 1961 年版，第 224 页。
② 同上。
③ 梁启超：《饮冰室合集：饮冰室专集之三十四》，中华书局 1994 年版，第 71 页。

化的士大夫，墨守成规、故步自封，不肯正视现实，沉迷于"天朝上国"的美梦，坚持认为"立国之道，尚礼义不尚权谋，根本之图，在人心不在技艺"①，他们认为中国的封建制度尽善尽美无须变革，抨击洋务派的思想和活动有悖祖宗成法和圣人古训，因此，针对洋务运动的思想与实践，他们在政治上反对社会变革，在经济上坚持封建生产方式，文化上坚持因循守旧等，在朝堂上占有较大势力："以西法为可行者不过二三人，以西法为不可行、不必行者几乎盈廷皆是。"两派的交锋体现为几次主要的思想论争。

（1）论争焦点：是否需要变革、学习西方

洋务派面对现实，承认中国与西方的差距，认为中国的科学技术、武器装备远远落后于西方，主张学习西方的先进技术以自强，"今中国战不如人，器不如人矣，不思改图，后将奚立？"②"彼之所长，循而习之，我之所短，改而修之。"③且西方国家富国强兵，已经不是传统思想中的番邦夷狄。顽固派视西方科技为"奇技淫巧"，"古今来未闻有恃术数而能起衰振弱者也"，"且夷人吾仇也"④，认为学习西方就是破坏中国的封建体制和旧有传统，"以夷变夏"。且"敌所畏者，中国之民心，我所恃者，亦在此民心。纵洋人机器愈出愈奇，我不可效日本覆辙，为所愚弄盘剥，搜山竭泽，事事效法西人，以逐彼奇技淫巧之小慧，而失我尊君亲上之民心也"⑤。他们反对向西方学习，指责洋务派的改良运动是"宗小道之绪余，耗中国之元气，失天朝之体制"⑥。

（2）同文馆之争

京师同文馆最初只设立一些外文馆，如英文馆、俄文馆、法文馆等，以学习外国语言为主。1866年末，为适应洋务事业的需要，奕䜣等建议增加天文、算学馆，招收翰林、进士、举人、贡生及科举正途出身五品以下京外各官入馆学习，还希望延聘洋人教师。他们希望步逐步

---

①　（清）文庆等纂辑：《筹办夷务始末·同治朝》卷四十七，上海古籍出版社2008年版。
②　中国史学会编：《洋务运动》第1册，上海人民出版社1961年版，第225页。
③　同上书，第141—143页。
④　中国史学会编：《洋务运动》第2册，上海人民出版社1961年版，第30页。
⑤　中国史学会编：《洋务运动》第1册，上海人民出版社1961年版，第134页。
⑥　同上书，第171页。

扩大学习西学的范围，提高西学地位。如李鸿章就主张变通"考试功令"，特设洋务进取一格，并设立"洋学局"等。[1] 顽固派对之坚决反对。倭仁攻击洋务派这一举措"举聪明隽秀、国家所培养而储以有用者，变而从夷，正气为之不伸，邪氛因而弥炽，数年以后，不尽驱中国之众咸归于夷不止"[2]。候补知州杨廷熙则污蔑同文馆为不祥之物，将久旱不雨、阴霾蔽天、疫病流行等自然灾害都归结于设立同文馆，说同文馆之设使"忠义之气自此消矣，廉耻之道自此丧矣，机械变诈之行自此起矣"[3]。洋务派针对顽固派的攻击予以有力驳斥，申明设立算学馆的目的在于"徐图自强"，并回击倭仁等崇尚空谈，于国无益，"无事则嗤外国之利器为奇技淫巧，以为不必学；有事则惊外国之利器为变怪神奇，以为不能学"[4]。经过激烈论争，顽固派因不通洋务而败下阵来，但由于守旧官僚的反对，天文算学馆的报名应试者大为减少，最终只招到 5 个人，天文、算学馆名存实亡。

另外，关于人才培养方面，洋务运动中派遣留学生赴美学习，由于派出的留美学生在美国开始发生一些变化，如剪去辫子、穿上洋装、参与当地组织的一些活动等，也遭到顽固派的攻击，被指斥为"数典忘祖"、"丧失德行"。最终，清政府决定撤回留学生，幼童们被迫中断学业，中国第一批留学生的派遣就这样夭折了。出去 120 人，回来 94 人，只有两人接受了高等教育，其中一人就是詹天佑。

这些争论实际上是要不要办洋务、学习西方近代科学技术的政治斗争。

（3）铁路之争

洋务派积极推行洋务事业、学习西方技术，他们引进机器、兴办铁路、电报，积极发展工商业等。1880 年，刘铭传建议修建铁路，一条从汉口经河南进入北京，另一条从江苏经山东进北京，说修建铁路对政务、军务、矿务、商务有利，这一建议引起了顽固派与洋务派的一场大论争。

---

① 中国史学会编：《洋务运动》第 1 册，上海人民出版社 1961 年版，第 53 页。

② 中国史学会编：《洋务运动》第 2 册，上海人民出版社 1961 年版，第 31 页。

③ 同上书，第 43、47 页。

④ （清）文庆等纂辑：《筹办夷务始末·同治朝》卷四十七，上海古籍出版社 2008 年版，第 25 页。

洋务派积极支持修建铁路，铺设电报线缆，"自强之道，练兵造器固宜次第举行，然其机括则在于急造铁路"①。李鸿章更列举了兴修铁路的九大好处，肯定电报的开通将使"南北洋消息往来瞬息互答，实于军务、洋务大有裨助"②。顽固派则认为，修铁路为洋人侵略制造便利，洋务派请修铁路"似为外国谋而非为我朝廷谋也"③。而且修铁路破坏房屋、田地、坟墓，影响皇脉，"直欲破坏列祖列宗之成法以乱天下也"④。

除此之外，在生产方式上，洋务派与顽固派亦是各执一端：洋务派引进机器生产，认为"以时局观之，中外通商之举，将与地球相终始矣。……不待百年，轮车铁路将遍中国，枪炮舟车互相制造，轮机器物视为常技"⑤。李鸿章也认为"洋机器于耕织、刷印、陶值诸器皆能制造，有裨民生日用"⑥。顽固派则维护旧有的生产方式，认为机器生产会破坏小农经济，如"机器渐行，则失业者渐众，胥天下为游民，其害不胜言矣"。主张"机器局除制造军用所需外，其余宜一概禁止，不得仿制各项日用器具"⑦。

顽固派对各种改革"痛心疾首，群起阻难"⑧，却不能阻挡已成为大势所趋的洋务运动，通过论战，洋务思想得以迅速成长和广泛传播，并逐渐影响更多世人。当然，这场论争只是统治集团内部的不同派别间的争斗，两者所维护的政权是一致的。而洋务派的活动，反映了当时中国发展的新方向，这场争论的实质就是革新与守旧的论争。

4. 洋务思想的评价

（1）洋务思想及活动推动了中国人睁眼看世界的进程，开现代化改革之先河

在其带动下，中国掀起了学习西方的热潮，最终形成全局的改良运动，兴办洋务的成熟思路亦逐步清晰："泰西诸邦，用举国之才智，以兴农商工

① 中国史学会编：《洋务运动》第6册，上海人民出版社1961年版，第138页。
② 同上书，第338页。
③ 同上书，第149页。
④ 同上书，第154页。
⑤ 《答包荇洲明经》，见朱维铮编《弢园文录新编》，上海三联书店1998年版，第253页。
⑥ 中国史学会编：《洋务运动》第4册，上海人民出版社1961年版，第14页。
⑦ 中国史学会编：《洋务运动》第1册，上海人民出版社1961年版，第94页。
⑧ 同上书，第303、304页。

艺之利，即藉举国之商力，以养水陆之兵，保农工之业。盖国非兵不强，必有精兵然后可以应征调，则益练兵；兵非饷曷练，必兴商务然后可以扩利源，则宜理财；兵与财不得其人，虽曰言练，曰言理，而终无可用之兵、可恃之财，则宜育才。"①把练兵、理财、育才等之间的联系厘清并举，可谓洋务实践的总结之谈。洋务运动以技术现代化为先导，带动了经济、军事和教育领域局部的现代化改革，首开中国现代化改革之先河。在开辟中国现代化道路问题上，洋务思想及其运动功不可没。

（2）在洋务思想指导下，近代军事工业和民用工业蓬勃兴起，形成了中国近代工业的产业构架，为创造新社会提供了物质条件

在30余年的时间里，清政府逐步建立了自己的军事工业、民用工业，是中国近代第一批大机器工业，涉及军工、纺织、冶金、矿产、机械等领域，企业总数约48个，资本总额2263万元，拥有工人40000人左右，其中500名工人以上的企业工人总数约30000。②洋务派创办的军事工业以及新式陆海军，虽然不能有效地遏制外国侵略，但毕竟推进了中国国防的近代化；洋务派创办的民用企业，在一定程度上也对外国资本主义的侵略起了抵制作用，同时还刺激了中国民族资本主义的产生和发展。另外，洋务运动还筑成铁路数百公里，电线环绕十八行省，为古老中国的交通、通讯初步现代化掀开新的一页。

（3）洋务派引进并传播了先进的近代科技知识，培养了一批近代科技人才

洋务运动兴办了一些近代化的文化教育事业，新式学堂遍及各地，输送留学生出国学习、官员出国考察等，培养了一批掌握一定科学技术和技能的各类人才，也出现了翻译介绍西方自然科学知识书籍和某些社会政治学说的浪潮，推动了近代科技知识的传播。

（4）引发了社会风气的转变，在思想领域掀起巨大波澜，为新思潮的崛起奠定了基础

洋务运动轰轰烈烈地推崇西学，对传统闭塞的社会风气是一个巨大

---

① 盛宣怀：《条陈自强大计折》，见夏东元编著《盛宣怀年谱长编》（下），上海交通大学出版社2004年版，第537页。

② 姜铎：《试论洋务运动的经济活动和外国侵略资本的矛盾》，《文汇报》1962年1月12日。

冲击，"咸丰初元，国家方讳言洋务，若于官场言及之，必以其人非丧心病狂必不至是，以是虽有其说，而不敢质之于人，不谓不及十年而其局大变也。今则几于人人皆知洋务矣。"① 学习西方、兴办洋务成为具有强国御侮志士的共识。洋务运动还催生了资本主义生产方式的出现，传统的"重本抑末"、"重义轻利"等观念受到冲击，社会观念和价值观念开始变化，工商业者地位上升。

19世纪六七十年代洋务思想家们关于学习西方的主张，是促使封建中国走向近代化的必要步骤，具有重要的思想启蒙意义。但是，洋务思想还停留在初级的理论层次上，洋务思想家们只是把西方各国的强盛归结于技术的进步，将学习西方基本限定于器物的狭窄范围内，他们没有认识到封建中国体制本身的问题，几乎没有触动中国传统的社会制度，坚持"中体西用"的指导思想，试图在中国这样一个封建母体上嫁接一些资本主义的生产方式，这其实包含着一个矛盾。他们没有认识到"体"和"用"的一致性，用西方国家先进的生产力来维护清王朝封建制的生产关系，必然是无法匹配的。在兴办企业的方式上，主要采取官办、官商合办、官督商办等形式，其封建性无法根本剔除，而洋务派对企业的垄断，也阻止和扼杀了民族资本主义的发展，其先天不足、后天畸形的弱点由此发端。因此，在旧王朝建立起强大的新式工业体系绝无可能。洋务运动既没有改变中国半殖民地半封建社会的历史命运，也没有实现其"富强"的目标。随着历史车轮的滚动、变革要求的深入，人们开始反思"中体"是否要变革、探寻究竟要向西方学习什么的问题时，洋务思想家依然固守"中学为体"的陈旧主张，反对在上层建筑和意识形态上进行资产阶级性质的变革，成为中国近代化运动继续向前推进的阻碍。

总之，洋务思想在道咸经世派的基础上，朝资本主义方向迈进了第一步，也是一小步。他们囿于封建主义的藩篱，且受顽固势力的阻挠破坏和封建积习的干扰腐蚀，导致洋务活动成效不大。中日甲午战争标志着洋务运动的彻底失败，随着民族危机的进一步加深，要求进行全面改革的维新运动迅速兴起，洋务派的成员或转化为维新派变身成新的健

---

①　中国史学会编：《洋务运动》第1册，上海人民出版社1961年版，第484页。

将，或与顽固派站到同一阵营抵制维新运动。

三　早期维新思想的出现

1. 早期维新派与洋务派的分化

随着洋务运动的开展和资本主义生产方式的发展，新技术与旧制度、现代经济与传统政治之间的矛盾日渐明显和激化，19 世纪七八十年代，从洋务思想中直接分化出早期维新思想。

早期维新派亲身经历洋务运动，对于其弊端体会深刻并进行反思和批判，他们认为洋务运动"尚袭皮毛，有其名，而鲜其实也"[1]。指责其指导思想是本末倒置，学习西方也是"遗其体而求其用，无论竭蹶步趋，常不相及"[2]。他们通过出国考察等途径，对西方资本主义国家有了更真实而全面的认知，如马建忠说："窃念忠此次来欧一载有余，初到之时，以为欧洲各国富强，专在制造之精，兵纪之严；及披其律例，考其文事，而知其讲富者以护商会为本，求强者以得民心为要。护商会而赋税可加，则盖藏自足；得民心则忠爱倍切，而敌忾可期。他如学校建而智士日多，议院立而下情可达。其制造、军旅、水师诸大端，皆其末焉者也。"[3] 他们顺应时代进步的要求，不再满足于洋务运动的范畴，以现实主义的态度提出了更为契合实际的主张，希望在不根本改变社会制度的前提下进行改革，发展资本主义，扩大现代化改革，设立议院，实行君民共主，表达了新兴经济力量的要求。它发轫于洋务思想，依托于洋务运动，但较之洋务思想又有新的内容和要求。这些人包括王韬、马建忠、薛福成、郑观应、陈炽等。

2. 早期维新思想的主要内容

首先且最突出的是在政治方面，早期维新派主张学习西方资产阶级民主政体，提出初步的实施议院政治并让资产阶级参与政权的建议。

王韬是近代史上第一位主张在中国实行西方"君民共主"政体的

---

① 中国史学会编：《戊戌变法》第 1 册，上海人民出版社 1961 年版，第 136 页。

② 同上书，第 41 页。

③ 马建忠：《适可斋记言》，中华书局 1960 年版，第 31 页。

思想家。他认为西方资产阶级议会民主政治远比封建君主专制制度优越：封建君主专制制度，"堂帘高远，舆情隔阂，民之视君如仰天然，九阊之远，谁得而叩之？虽疾痛惨怛不得而知也；虽哀号呼吁，不得而闻也"①。而"国会之设，惟其有公而无私，故民无不服也。欧洲诸国无不如是。即有雄才大略之主崛起于其间，亦不能少有所更易新制，变乱旧章也。偶或强行于一时，亦必反正于后日。……盖上下两议院悉由公举，其进身之始，非出乎公正则不能得；若一旦举事不当，大拂乎舆情，不洽于群论，则众人得而推择之，亦得而黜陟之。彼即欲不恤人言，亦必有所顾忌而不敢也"②。

郑观应多次论述了西方民主政体，其《论议政》是中国近代最早公开讨论西方民主政体的专文，该文详细介绍了资本主义议院制度："泰西列国则不然，其都城设有上、下议政院。上院以国之宗室勋戚及各大员当之，以其近于君也；下院以绅耆士商，才优望重者充之，以其迩于民也。凡有国事，先令下院议定，详达之上院，上院议定，奏闻国主。若两院意议符合，则国王决其从违。倘彼此参差，则或令停止不议，或复议而后定。故泰西政事举国咸知，所以通上下之情，期措施之善也。"③

早期维新派在考察基础上得出，政体的优越是西方国家强盛的根本：

乃知其治乱之源，富强之本，不尽在船坚炮利，而在议院上下同心，教养得法；兴学校，广书院，重技艺，别考课，使人尽其才；讲农学，利水道，化瘠土为良田，使地尽其利；造铁路，设电线，薄税敛，保商务，使物畅其流。……育才于学校，论证于议院，军民一体，上下同心……此其体也；轮船、火炮、洋枪、水雷、铁路、电线，此其用也。④

---

① 王韬：《重民下》，见《弢园文录外编》卷一，辽宁人民出版社 1994 年版。
② 王韬：《重订法国志略》卷 16，光绪十六年松隐庐铅印本，第 214 页。
③ 夏东元编：《郑观应集》（上册），上海人民出版社 1982 年版，第 103 页。
④ 同上书，第 233—234 页。

因此，早期维新派争相盛赞资本主义议院制度："盖有议院揽庶政之纲领，而后君相臣民之气通，上下堂廉之隔去，举国之心志如一，百端皆有条不紊。""故自有议院，而昏暴之君无所施其虐，跋息之臣无所擅其权，大小官司无所卸其责，草野小民无所积其怨。""苟欲安内攘外，君国子民，持公法以保太平之局，其必自设立议院始矣。"①主张实行初步的政治体制现代化改革是早期维新派与洋务派思想的根本区别，也是日后君宪论的思想源流。

其次，在经济方面，强调振兴民族工商业，施行重商政策。从抵御外侮的角度出发，早期维新派认识到军事抵抗并不能阻止殖民者对中国的经济掠夺，认为"习兵战不如习商战，……商战为本，兵战为末"②。提出国家保护商人以与外商抗争等经济政策，如增加关税、收回海关权、裁撤厘金、发展近代工业、矿物业和交通运输业等，涉及国民经济和国家财政各方面具体经济问题。

薛福成（1838—1894）指出工商富国的道理："西洋各国之所以致富强者，以工商诸务之振兴也；工商诸务之无阻，以各项公司之易集也。""欲振兴商务，必先讲求工艺；讲求之法不外二端，以格致为基，以机器为辅而已。"③他认识到大工业是西方社会发展的基础，而机器的发展又离不开科学技术。在此基础上，早期维新派提出保护商人发展工商业是国家富强的要义：

> 以知近今百年西人之富，不专在机器之创兴，而其要领专在保护商会，……忠此次来欧，一载有余，初到之时，以为欧洲各国富强，专在制造之精，兵纪之严，及披其律例，考其文事，而知其讲富者以护商会为本，求强者以得民心为要……④

① 中国史学会编：《戊戌变法》第 1 册，上海人民出版社 1961 年版，第 56—58 页。

② 郑观应：《盛世危言·商战》，见夏东元编《郑观应集》（上册），上海人民出版社 1982 年版。

③ 薛福成：《出使日记续刻》，光绪十八年六月十四日、光绪十八年闰六月二十七日。

④ 薛福成：《上李伯相言出洋工课书》，见杨家骆编《戊戌变法文献汇编》（第一册），鼎文书局 1973 年版，第 164—165 页。

早期维新派重视商政矿务的重要性，认为："商政矿务宜筹也，不变则彼富而我贫；考工制器宜精也，不变则彼巧而我拙；火轮、舟车、电报宜兴也，不变则彼捷而我迟；约章之利病，使才之优绌，兵制陈法之变化宜讲也，不变则彼协而我孤、彼坚而我脆。"① 马建忠（1845—1900）也直言开采矿藏的重要作用："矿产不一，而为用则首推煤铁。然煤铁所以致富，而非所以为富；所以为富者，莫金银矿若。"②

他们还力图提高商人地位，甚至颠覆传统四民观，认为商贾可谓四民之首："商以懋迁有无，平物价，济急需，有益于民，有利于国，与士农工互相表里。士无商则格致之学不宏；农无商则种植之类不广；工无商则制造之物不能销。是商贾具生财之大道，而握四民之纲领也。商之义大矣哉！"③ "今之国若有十万之豪商，则胜于百万之劲卒。"④ 他们提出以立法的形式保障商人的权益，"不立商部，何以保商？不定商律，何以护商？"⑤ 要求政府允许商人自己推举商董参加商务局、商部，有权处理自己的事务，在各业商务公所中不掺杂官府和士绅的成分，工商业"不由官办，专由商办"，"全以商贾之道行之，绝不拘以官场体统"⑥。

最后，在文化教育方面，早期维新派要求改变封建愚昧的文教政策，取消八股取士制度，"废八股之科，兴格致之学，多设学校，广植人才"⑦，主张设立学堂学习西学，培养大量的精通科学技术的人才。"学者，人才所由出；人才者，国势所由强。故泰西之强，强于学，然则欲与之争强，非徒在枪炮战舰而已，强在学中国之学，而又学其所学也。"⑧

3. 早期维新思想的意义

早期维新派提出了新的进步政治要求和政治思想，要求变更数千年

① 薛福成：《筹洋刍议·变法》，见郑振铎编《中华传世文选 晚清文选》，吉林人民出版社 1998 年版，第 220 页。

② 马建忠：《富民说》，见王梦珂点校《马建忠集》，中华书局 2013 年版，第 11 页。

③ 夏东元编：《郑观应集》（上册）《商务二》，上海人民出版社 1988 年版，第 607 页。

④ 何启、胡礼垣：《新政论议》，见《新政真诠》，辽宁人民出版社 1994 年版，第 168 页。

⑤ 陈炽：《续富国策·创立商部说》，见赵树贵、曾丽雅编《陈炽集》，中华书局 1997 年版，第 233 页。

⑥ 夏东元编：《郑观应集》（上册），上海人民出版社 1982 年版，第 612 页。

⑦ 郑观应：《盛世危言》，华夏出版社 2002 年版。

⑧ 郑观应：《盛世危言》卷一《西学》，华夏出版社 2002 年版。

的君主专制制度，建立议会政治实行"君民共主"的政治体制，这与龚自珍、魏源迥然不同，对中体西用指导下的洋务思想也是一种巨大的挑战，是一个明显的进步。但这一进步是有限的，虽然他们已经对西方资产阶级国家政体形式多有了解，"泰西之立国有三：一曰君主之国；一曰民主之国；一曰君民共主之国。……一人主治于上，而百执事万姓奔走于下，令出而必行，言出而莫违。此君主也。国家有事，下之议院，众以为可行则行，不可则止，统领但总其大成而已。此民主也。朝廷有兵、刑、礼、乐、赏、罚诸大政，必集众于上下议院，君可而民否，不能行；民可而君否，亦不能行也；必君民意见相同，而后颁之于远近。此君民共主也。"经过比较，王韬认为："君为主，则必尧舜之君在上，而后可久安长治；民为主，则法制多纷更，心志难专一，究其极，不无流弊；惟君民共治，上下交通，民隐得以上达，君惠亦得以下逮，都俞吁咈，犹有中国三代以上遗意焉。"① 于是他们在政治体制的选择上更赞赏英国的"君民共主"制度，体现了与专制制度的妥协："君主者，权偏于上；民主者，权偏于下；君民共主者，权得其平。凡事虽有上下议院议定，仍奏其君裁夺。"② 另外，早期维新派还注意严格限定选举人和被选举人的社会地位和财产，"必列荐绅，方能入选"，"其年必足三十岁，其产必足一千金"③，体现了其鲜明的阶级立场。

早期维新派萌生于洋务运动中期，具有鲜明的重商主义倾向，表现了抵抗外国经济侵略、实现国家富强的初衷，也代表了当时民间工商业的实际利益，反映了当时中国民族资本主义的发展要求，对社会产生了深刻影响。但他们并未形成系统的经济思想，只是针对当时亟须解决的

---

① 王韬：《纪英国政治》，《弢园文录外编》卷四。另外如薛福成等也对世界各国的政体进行了研究，认为："地球万国内治之法，不外三端：有君主之国；有民主之国；有君民共主之国。凡称皇帝者，皆有君主之全权于其国者也。中国而外，有俄、德、奥、土、日本五国；巴西前亦称皇帝，而今改为民主矣。美洲各国及欧洲之瑞士与法国，皆民主之国也。其政权全在议院，而伯理玺天德无权焉。欧洲之英、荷、义、比、西、葡、丹、瑞典诸国，君民共主之国也。其政权亦在议院，大约民权十之七八，君权十之二三。君主之胜于伯理玺天德者无几，不过世袭君位而已。"（薛福成：《出使英法义比四国日记》，光绪十六年七月二十二日）其间虽然混淆了国体与政体，但与王韬一样，都是按政体将西方各国分为君主、民主、君民共主三类。
② 郑观应：《盛世危言》卷一，华夏出版社2002年版。
③ 陈炽：《庸书·乡官》。

经济问题提出了一些具体意见和办法。这一阶段的维新思想还处在比较凌乱的阶段，理论性较为薄弱，但其鲜明的主张已然冲破了封建体制的藩篱，成为维新变法思潮的先驱。

四　相关阅读书目

1. 《李秀成自述》，见中国史学会编《太平天国》第 2 册，上海人民出版社 2000 年版。

2. 冯桂芬：《校邠庐抗议》，光绪二十三年聚丰坊刻本。

3. 容闳：《西学东渐记》，岳麓书社 1985 年版。

4. 薛福成：《筹洋刍议》，清光绪刻本。

5. 郑观应：《盛世危言》，光绪十九年刊本。

6. 王韬：《弢园文录外编》，上海书店出版社 2002 年版。

7. 王韬：《扶桑游记》，湖南人民出版社 1982 年版。

8. 张之洞：《劝学篇》，北京师范大学出版社 2014 年版。

9. 马建忠：《适可斋记言》，中华书局 1960 年版。

10. 夏东元编：《郑观应集》，上海人民出版社 1982 年版。

11. 文庆等纂辑：《筹办夷务始末》，上海古籍出版社 2008 年版。

12. ［美］汪荣祖：《走向世界的挫折：郭嵩焘与道咸同光时代》，中华书局 2006 年版。

13. ［美］柯文：《在传统与现代性之间：王韬与晚清改革》，雷颐、罗检秋译，江苏人民出版社 2006 年版。

第九章 帝国末世的思想文化
(1895—1915)

一 戊戌变法时期的思想启蒙

甲午战争的惨败标志着 19 世纪 60 年代以来洋务运动的破产。空前严重的民族危机，使知识分子意识到从物质层面学习西方争取"自强"、"求富"这条道路不能挽救民族危机，求变已成为当时思想界的共识，一场旨在变革政治制度的思想启蒙蓄势待发。

1. 社会进化论、"三世说"

严复的社会进化思想、康有为的"三世说"是戊戌变法时期思想启蒙、政治体制变革的理论基础。严复《天演论》最大的特点是中西结合，康有为的公羊"三世说"则是今文经学复兴的表现。

1898 年，严复译的《天演论》正式出版，将"优胜劣汰"、"适者生存"的进化论原理归纳为适合于万事万物的"道"，认为国家的存亡实依赖于民众能否顺应"天演"之道，"顾此数十年间，将瓜分鱼烂而破碎乎？抑苟延旦夕瓦全乎？存亡之机，间不容发，视乎天心之所向，亦深系乎四万万人心民智之何如也。……顺天者存，逆天者亡。天者何？自然之机，必至之势也"①。只是严复仍然将"力"这一概念纳入到"天行"也就是"宇宙过程"当中，而把"德"纳入到"人治"的范畴中，"以尚力为天行，尚德为人治，争且乱则天胜，安且治则人

————————

① 严复：《〈原富〉按语》，见王栻主编《严复集》第 4 册，中华书局 1986 年版，第 896 页。

胜"①。严复的进化论借鉴了达尔文"自然选择"及斯宾塞"社会达尔文主义"的观点，对当时的思想界产生了巨大影响。

康有为结合儒家经典《公羊春秋》中的"三世说"及《易》中的"阴阳之变"思想，形成了自己的理论体系。认为世界上"变"是永恒的，世界万物无时无刻不在发生变化，自然界如此，人类社会亦如此，"世有三：曰乱世，曰升平世，曰太平世"，"据乱者，文教未明也。升平者，渐有文教，小康也。太平者，大同之世，远近大小如一，文教全备也。……此为《春秋》第一大义"②。在康有为看来，人类社会进化的三个不同阶段具体表现为三种政治制度，"据乱世"为君主专制时代，"升平世"为资本主义君主立宪制时代，"始立公政府，有议员，有行政官，以统各国"，"太平世"为资本主义民主共和制时代，"无国，无君主，亦无兵，无兵权"③。这三个不同时代体现了人类社会由低级向高级进化的过程，"人道进化皆有定位，自族制而为部落，而成国家，由国家而成大统。由独人而渐立酋长，由酋长而渐正君臣，由君主而渐为立宪，由立宪而渐为共和"，"盖自据乱进为升平，升平进为太平，进化有渐，因革有由；验之万国，莫不同风"④。

2. 君主立宪、大同社会

（1）批判封建专制主义

封建专制主义中央集权制度是中国两千多年封建社会的基本政治制度，其基本特征是皇权至高无上和不可分割，皇权不可转让，皇位世袭罔替，君尊臣卑等。变革君主专制制度，首先要从理论上否定封建专制主义存在的合法性。

戊戌变法时期，谭嗣同（1865—1898）、康有为、梁启超（1873—1929）均对封建专制主义进行了猛烈批判：谭嗣同抨击历代统治者都是"独夫民贼"，"两千年来之政，秦政也，皆大盗也；二千年来之学，

---

① 严复：《天演论》，见王栻主编《严复集》第5册，中华书局1986年版，第1396页。

② 康有为：《春秋董氏学》，见《康有为全集》第2集，中国人民大学出版社2007年版，第324页。

③ 康有为：《大同书》，见《康有为全集》第7集，中国人民大学出版社2007年版，第150页。

④ 康有为：《论语注》，见《康有为全集》第6集，中国人民大学出版社2007年版，第393页。

荀学也，皆乡愿也。惟大盗利用乡愿；惟乡愿工媚大盗"，"后世之君，皆以兵强马大力征经营而夺取之，本非自然共戴"，在谭嗣同看来，君民关系应该是"因有民而后有君，君末也，民本也"[①]；康有为认为封建君主专制制度违背了宇宙中万物变化运动的规律。最重要的是它与"人类平等"的"几何公理"大相径庭，使人民失所、"生民失托"[②]；梁启超认为专制政体"使我数千年历史以脓血充塞，使我数万里土地为虎狼窟穴，使我数百兆人民向地狱过活"，"专制政体者，我辈之公敌也，大仇也！有专制则无我辈，有我辈则无专制。我不愿与之共立，我宁愿与之偕亡"[③]。

（2）提倡三权分立、君主立宪

维新派认为中国传统政治机构设置的弊端在于权力过于集中在君主一人，"军机为政府，跪对不过须臾，是仅为出纳喉舌之人，而无论思经邦之实。六部总署为行政守例之官，而一切条陈亦得与议，是以手足代谋思之任，五官乖宜，举动失措"。而西方三权分立、彼此协调的制度，"可谓完善"，"议院议事者也；官府办事者也。各不相侵，亦无偏重。明示大公，阴互牵制。治法之最善而无弊者也"[④]。缘此考量，维新派呼吁中国效仿西方实行三权分立，"今日欲兴新治，非划清立法之权而注重之不能为功也"，"以国会立法，以法官司法，以政府行政，而人主总之，立定宪法……行三权鼎立之制，则中国之治强，可计日待也"[⑤]。

三权分立，要保证立法权的独立，维新派认为必须设立议院，并详细阐释了设议院的好处："人皆来自四方，故疾苦无不上闻"、"政皆出

① 谭嗣同：《仁学》，见蔡尚思、方行编《谭嗣同全集》，中华书局1981年版，第399页。

② 康有为：《广艺舟双楫》，见《康有为全集》第1集，中国人民大学出版社2007年版，第279页。

③ 梁启超：《拟讨专制政体檄》，见李华兴编《梁启超选集》，上海人民出版社1984年版，第380页。

④ 谭嗣同：《治事篇》，见蔡尚思、方行编《谭嗣同全集》，中华书局1981年版，第439页。

⑤ 康有为：《请定立宪开国会折》，见汤志钧编《康有为政论集》上册，中华书局1981年版，第338—339页。

于一堂，故德意无不下达"、"事皆本于众议，故权奸无所容其私"、"动皆溢于众听，故中饱无所容其弊"，最终"百度并举，以致富强"①。

立宪是戊戌变法时期维新派的重要诉求，"采定政体，决行立宪，实维新开宗明义第一事"②。维新派认为，立宪就是"限制君权"，"专制国之君权，无限制者也；立宪国之君权，有限制者也；立宪之与专制，所争抵此一点"③。为制定宪法，维新派呼吁开设制度局，将宪法作为"立万世不易之宪典"，"无论为君主、为官吏、为人民，皆共守之者也，为国家一切法度之根源。此后无论出何令，更何法，百变而不许离其宗者也"④。

（3）宣扬平等、自由、民权

最早在专制中国引入自由观念的思想启蒙者是严复。1903年出版的《群己权界论》，严复界定了个人权利和国家权利，认为自由、平等是实现国家富强的必要条件，"以自由为体，民主为用"。康有为、梁启超、谭嗣同等维新派亦大力鼓吹自由、平等：康有为认为："盖天之生物，人为最贵，有物有则，天赋定理，人人得之，人人皆可平等自立，故可以全世界皆善"⑤；谭嗣同主张彰显人与人之间的平等关系，反对"存天理，灭人欲"，认为"世俗小儒，以天理为善，以人欲为恶。不知无人欲，尚安得有天理，吾故悲夫世之妄生分别也。天理，善也，人欲，亦善也"⑥；梁启超认为自由与生命一样，是"人所以为人者"的基本要件，在此基础上呼吁"伸民权"，"欲君权之有限也，不

---

① 康有为：《上清帝第四书》，见汤志钧编《康有为政论集》上册，中华书局1981年版，第150页。

② 梁启超：《立宪法议》，见沈鹏等编《梁启超全集》第2卷，北京出版社1999年版，第407页。

③ 梁启超：《敬告国人之误解宪政者》，见沈鹏等编《梁启超全集》第8卷，北京出版社1999年版，第2413页。

④ 梁启超：《立宪法议》，见沈鹏等编《梁启超全集》第2卷，北京出版社1999年版，第405页。

⑤ 康有为：《孟子微》，见《康有为全集》第5集，中国人民大学出版社2007年版，第413页。

⑥ 谭嗣同：《仁学》，见蔡尚思、方行编《谭嗣同全集》，中华书局1981年版，第300页。

可不用民权；欲官权之有限也，更不可不用民权。宪法与民权，二者不可相离，此实不易之理，而万国所经验而得之也"，"苟无民权，则虽有至良极美之宪法，亦不过一纸空文，毫无补济，其事至易明也"①。

（4）大同社会

大同社会是中国古代儒家所宣传的最高理想社会或人类社会的最高阶段，人人友爱互助、家家安居乐业，没有差异、没有战争，货尽其用、人尽其力是其基本特征。根植于农业文明的中国大同社会，与西方乌托邦、空想社会主义具有一定的相似性。

构想天下大同的理想，是维新派思想家的共同特点。康有为的大同世界思想深受佛教思想影响，充满了对佛家极乐世界的憧憬。"故经大同后，行化千年，全地人种，颜色同一，状貌同一，长短同一，灵明同一，是为人种大同。合同而化……当是时也，全世界人皆美好，由今观之，望若神仙矣。"将破除九界、男女平等视为实现大同的基础，"吾采得大同、太平、极乐、长生、不生、不灭、行游诸天、无量、无极之术，欲以度我劝世界之同胞而永救其疾苦焉"，"全世界人预至大同之世、太平之境乎，在明男女平等各有独立之权始矣，此天予人之权也"②。谭嗣同心中的理想社会是"有天下而无国"，"地球之治也，以有天下而无国也。人人能自由，是必为无国之民，无国则畛域化，战争息，猜忌绝，权谋弃，彼我亡，平等出；且虽有天下，若无天下矣。君主废，则贵贱平；公理明，则贫富均。千里万里，一家一人。视其家，逆旅也；视其人，同胞也。父无所用其慈，子无所用其孝，兄弟忘其友恭，夫妇忘其倡随。若西书中百年一觉者，殆仿佛《礼运》大同之象焉"③。

3. 维新派与顽固派的论争

戊戌变法期间，维新派在北京、上海、广东、天津等地积极开展创办报纸、组织学会、设立学堂的活动，推动维新活动迅速高涨。1895年康有为在北京编印《中外纪闻》，鼓吹变法，同年8月、11月又分别

---

① 梁启超：《立宪法议》，见沈鹏等编《梁启超全集》第2卷，北京出版社1999年版，第406页。

② 康有为：《大同书》，见《康有为全集》第7集，中国人民大学出版社2007年版，第163—164页。

③ 谭嗣同：《仁学》，见蔡尚思、方行编《谭嗣同全集》，中华书局1981年版，第367页。

在北京、上海组织"强学会",制造舆论,宣传西方社会政治学说。1896 年 8 月梁启超在上海办《时务报》(旬刊);谭嗣同在湖南创办南学会、时务学堂;严复在天津创办《国闻报》等,影响都很大。到 1898 年,全国的学会、学堂、报馆、书局有 300 多所。

维新派冲击了顽固派和洋务派的生存条件,遭到了他们的激烈反对。以徐桐、刚毅为首的顽固派和以李鸿章、张之洞为首的洋务派联合起来,向维新派进攻,就下列问题展开了激烈的论战:

要不要变"祖宗之法"。顽固派坚持祖宗之法不可变。维新派以进化论的观点指出,变者古今之公理,能变则全,不变则亡,全变则强,小变仍亡。"天下理之最明而势所必至者,如今日中国不变法则必亡是已。"①

要不要兴民权,实行君主立宪。顽固派维护君主专制制度,仇恨民权。认为兴民权是要"人人造反,时时作乱","民权说无一益而百害"。"三纲"实为传统社会儒教的精髓,"相传数千年更无异义,圣人所以为圣人,中国所以为中国,实在于此","故知君臣之纲,则民权之说不可行也;知父子之纲,则父子同罪免丧废祀之说不可行也;知夫妇之纲,则男女平权之说不可行也"②。维新派以天赋人权论批驳君权神授说,指出"国家是民之公产",王侯将相不过是"通国之公仆隶"。君是由民共举出来的,民既可以"共举君",也可以"共废君"。维新派还认为兴民权、开议院是国家富强的根本,是治国之大经,实行君主立宪,则中国之治理,可计日得也。

要不要废八股,倡西学,改革教育制度。顽固派坚持尊孔读经,八股取士制度不能变。洋务派则提出中学为体、西学为用,反对设立议院,拒绝变革中国政治体制,"中华虽沦,富贵自在,方且乘此阽危,恣为贪黩,以待合西伙,为西商,徙西地,入西籍,而莠民邪说,甚至诋中国为不足有为,讥圣教为无用,分同室为畛域,引彼法为同调,日

---

① 严复:《救亡决论》,见王栻主编《严复集》第 1 册,中华书局 1986 年版,第 44 页。
② 张之洞:《劝学篇·内篇·明纲》,见苑书义等主编《张之洞全集》第 12 册,河北人民出版社 1998 年版,第 9715 页。

夜冀幸天下有变，以求庇于他人。若此者，仁者谓之悖乱，智者谓之大愚"①。维新派认为，要在中国实行君主立宪，挽救民族危亡，就必须废除八股，提倡西学，兴办学校，培养维新人才。"变法之本，在育人才，人才之兴，在开学校，学校之立，在变科举。"体用是结合的、一致的，中学有中学的体用，西学有西学的体用，把中学之体和西学之用凑在一起，如同让牛的体产生马用一样荒谬。

　　针对康有为宣传变法的两部理论著作——《新学伪经考》《孔子改制考》，张之洞反应强烈，认为"春秋公羊学"、今文经学对社会危害极大，"汉兴之初，曲学阿世，以冀立学，哀平之际，造谶益纬，以媚巨奸，于是非常可怪之论益多。如文王受命孔子称王之类，此非七十子之说，乃秦汉经生之说也，而说公羊春秋者为尤甚。乾嘉诸儒，嗜古好难，力为阐扬，其风日肆，演其馀波，实有不宜于今之世道者，如禁方奇药，往往有大毒可以杀人。假如近儒公羊之说，是孔子作春秋而乱臣贼子喜也"②。呼吁"保存孔教"，"我圣教行于中土数千年而无改者，五帝、三王明道垂法，以君兼师；汉、唐及明，宗尚儒术，以教为政；我朝列圣，尤尊孔、孟、程、朱，屏黜异端，纂述经义，以躬行实践者教天下"③。

　　在这场维新派与守旧派的论战中，维新派虽然暴露出本身的许多弱点，但它毕竟是新兴资产阶级与没落的封建阶级在思想上的交锋，也是新兴资产阶级第一次向封建阶级的挑战，通过这场论争，进一步开阔了知识分子的眼界，解放了思想，预示着一场维新变法运动的序幕已经拉开。

二　义和团——对西方文化的抗争

　　世界有三大宗教：基督教、佛教、伊斯兰教，公元1世纪起先后传

---

　　① 张之洞：《劝学篇·内篇·知类》，见苑书义等主编《张之洞全集》第12册，河北人民出版社1998年版，第9717—9718页。

　　② 张之洞：《劝学篇·内篇·宗经》，见苑书义等主编《张之洞全集》第12册，河北人民出版社1998年版，第9720—9721页。

　　③ 张之洞：《劝学篇·内篇·同心》，见苑书义等主编《张之洞全集》第12册，河北人民出版社1998年版，第9708页。

入中国。近代中国人民的反洋教斗争，洋教指的是基督教，包括天主教、基督新教和东正教。

明末清初，天主教耶稣会教士利玛窦等来华传教，顺应中国礼俗，以"天"比附上帝，以"祭祖"为报本，"祭礼"为纪念先贤，由于他们具有天文、历算、地理、生物等科学知识，所以受到朝廷的重用和士大夫的敬服，基督教也因而得以大发展。崇祯末年，天主教已遍布中国的各重要地域，教徒一度达到15万人之多。清朝的顺治和康熙年间，天主教获得迅速发展，第一个出任钦天监监正的传教士汤若望，与顺治关系密切，康熙曾亲临北京天主教堂，为教堂题词"钦天"二字。

冲突肇始于罗马教廷干涉中国礼俗，把"祭天祀礼拜祖"视为偶像崇拜而下令禁止。1705年，康熙实行禁教措施，下令遵从教廷禁令的教士退出中国，不许再来传教。雍正继位后，严格执行康熙的禁教命令，并将禁教上升到国家安全的角度，"你们都愿意使中国人成为教徒，……但是，如果这样，我们将变成什么样的人了呢？我们不很快就变成了你们国王的臣仆了吗？你们所招收的中国基督徒，已经只承认你们的权威，不承认任何别的权威了；在事故发生的时候，他们将只听你们的话，不听任何别人的话。我知道，在目前，我们是无须惧怕这些的；但是当未来年间，外国船只来航中国海岸者以千百计的时候，事情是可能会发生的"①。乾隆、嘉庆、道光遵循旧规，直至鸦片战争。

鸦片战争后，清政府被迫解除教禁。传教士以不平等条约为护身符，深入内地建堂传教，其传教心态也发生了很大的改变，"时候已经到了，我们已沉默到今天，现在是可以到中国城市的大街上，提高我们的嗓门大喊大叫的日子了"。"（中国）这个国家事实上已经落入我们的手中，一切早已在中国的传教士和各自国内的差会，如果他们不去占领这块土地，不在18省的每一个中心取得永久立足的地方，那将是有罪的。"② 到1860年，基督教传教士从1844年的31人增加到100余人，教徒从6人增加到约2000人。到19世纪末，在华天主教各修会的传教

---

① 李时岳：《近代中国反洋教斗争》，人民出版社1958年版，第2页。

② 卡里·埃尔维斯：《中国与十字架》，见张力等《中国教案史》，四川省社会科学院出版社1987年版，第263页。

士共约 800 人，教徒从 1860 年的 40 万人发展到大约 70 万人。

当然，不排除存在为传播上帝福音来华的传教士，这些宗教信徒在中国办报纸、杂志，翻译出版了一些书刊，为中国人接触西方资本主义文化提供了条件。但大部分传教士参与了侵华活动，他们中的一些人霸占土地，包揽讼词，出租房产，甚至干涉中国内政，引起了中国人民的义愤。"地方官凡遇教民交涉之案，恐启衅端……迁就定谳。是以平民受屈，伸理无从，积怨日深，群思报复，以致拆教堂，辱教士，及民教互斗之案，层见迭出。"[①] "曲直未能胥得其平，平民饮恨吞声，教民愈志得意满。久之，民气遏抑太甚，积不能忍，以为官府不足恃，惟私斗尚可泄其忿。"[②] 此外，传教士密室忏悔、临终涂油、为垂死婴儿施洗以及剖验死尸等行为往往被附会和谬传为诱奸妇女、采生折割、挖眼剖心、榨油取髓、取胎炼丹、丸药惑人的"淫心兽行"，加上基督教不祭天地、不敬鬼神、不祀祖宗、不拜孔子、不分男女、不别尊卑的"灭伦伤化"行为，都激发了中国民众的义愤。于是，中西文化的冲突，帝国主义和中华民族的矛盾交织在一起，迅速激化。

19 世纪 60—90 年代，发生了数不清的民教纠纷，上百起重大"教案"。许多教堂、教会办的育婴堂、学校、医院以及教士、教民住宅被焚毁，许多传教士、修女、教民被殴打诛杀。1870 年"天津教案"，民众激愤之下杀死丰大业（法国驻天津领事）及其秘书西门，继而杀死 10 名修女、2 名神父、2 名法国领事馆人员、2 名法国侨民、3 名俄国侨民和 30 多名中国信徒，焚毁了望海楼天主堂、仁慈堂和位于教堂旁边的法国领事馆，以及当地英美传教士开办的其他 4 座基督教堂。1891 年"长江暴动"，从无锡、扬州、镇江、南京到芜湖、安庆、九江、宜昌，十几个城市"哄闹如狂"，焚毁教堂、教会育婴堂数十处。1898 年四川余栋臣号召反洋教起义，参加起义的群众达 1 万多人。参加斗争的，包括文武官员、士农工商、城市贫民及秘密会社各色人等。

义和团运动是多年来中国人民反洋教斗争的总汇合，义和团运动爆发的导火索——山东冠县"梨园屯教案"就很能说明问题。义和团运

---

①　夏东元编：《郑观应集》（上），上海人民出版社 1988 年版，第 122 页。

②　故宫博物院明清档案部编：《义和团档案史料》（上），中华书局 1959 年版，第 7 页。

动既是以往重大教案的发展延续，更是"排洋仇教"运动所达到的顶峰。星星之火一旦燃起，必成燎原之势。

义和团运动大张旗鼓的反洋教主张，迎合了当时大部分国人的心理，"今外夷怨毒人民已深，切骨刺心，一旦思逞，歼其公使，败其战兵，势得而气锐。自道、咸数十年来，未有如今朝之痛快者也"①。但是义和团运动具有盲目性，不仅针对洋人，还涉及教民，甚至与外来有关的一切都被纳入灭绝的行列之中。且带有强烈的封建迷信色彩，创造"法术"借用"神力"来反抗侵略者，"受术于神，传之人，刀枪不入，枪子不中，掣云御风，进退自在"②。"降神附体"、"刀枪不入"的神术犹如久旱的甘霖，给绝望中的社会带来了希望。

然而，义和团民对新生产方式和新生活方式的反抗，并不能成为历史前进的积极推动力量。义和团进入京津后，京津随即成为恐怖世界，北京最繁华的大栅栏一带，数千店铺被烧成一片瓦砾，"团中云，最恶洋货，如洋灯、洋瓷杯，见即怒不可遏，必毁而后快。于是闲游市中，见有售洋货者，或紧衣窄袖者，或物仿洋式，或上有洋字者，皆毁物杀人，见洋字洋式而不怒者，惟洋钱而已"③。"若纸烟，若小眼镜，甚至洋伞，洋袜，用者辄置极刑"，曾有学生六人，身带铅笔、洋纸被团搜出，"乱刀并下，皆死非命"。某"有洋书两箱"，亦被团众用刀斫。④"甚至一家有一枚火柴，而八口同戮者"⑤。"京师盛时，居人殆四百万。自拳匪暴军之乱，劫盗乘之，掳掠一空，无得免者。坊市萧条，狐狸昼出，向之摩肩击毂者，如行墟墓间矣"。"义和团之杀教民毛子也，备诸酷虐，锉舂，烧磨，活埋，炮烹，支解，腰杀，殆难尽述。京西天主堂坟地，悉遭发掘，若利玛窦、汤若望诸名公遗骨，无一免者。历代及

---

① 中国第一历史档案馆编辑部编：《义和团档案史料续编》（上），中华书局1990年版，第630页。

② 陈振江、程啸：《义和团文献辑注与研究》，天津人民出版社1985年版，第58页。

③ 佚名：《天津一月记》，见中国史学会编《义和团》第2册，上海人民出版社2000年版，第146页。

④ ［日］佐原笃介：《拳事杂记》，见中国史学会编《义和团》第1册，上海人民出版社2000年版，第289页。

⑤ 柴萼：《庚辛纪事》，见中国史学会编《义和团》第1册，上海人民出版社2000年版，第305页。

本朝御碑，皆为椎碎。保定多教民，团匪得其妇女，则挖坑倒置，填土露其下体，以为笑乐"①。失去理性的群众，"在另一方面反而产生了野性的、盲目的、放纵的破坏力量"②。

当然，团民爱国行动下的残暴行为也引起了国人长久的检讨和反思，实属"野蛮"，"为国民添祸乱"，"满洲政府，自慈禧太后下，因仇视新法之故，而仇视外人，遂有义和团之役，可谓顽固矣"③。"吾人所当努力者，惟在如何吸取西洋文明之长，以济吾东洋文明之穷。断不许以义和团的思想，欲以吾陈死寂灭之气象腐化世界"④。陈独秀亦认为"我国民要想除去现在及将来国耻的纪念碑"，必须要叫义和拳不再发生，消灭"制造义和拳的种种原因"——专制、迷信、神权、黑暗，使国家走向共和的科学的无神的光明道路⑤。

三　辛亥革命时期的思想变革

1. 政治思想
（1）民主共和思想

革命派提倡民权思想，强烈反对封建专制，认为"中国的人最可耻的，是不晓得国家与身家有密切的关系，以为国是国，我是我，国家有难，与我何干？"⑥希望中国人能够迅速觉醒，争取政治权利，"把政治思想切实发达起来，拼死拼命，争这政治参与权，不要再任做皇帝、官长的胡做乱为，把中国弄得稀糟"⑦。

邹容（1885—1905）的《革命军》，展现了革命党人的共和蓝图：

①　中国史学会编：《义和团》第 1 册，上海人民出版社 2000 年版，第 290 页。
②　马克思：《不列颠在印度的统治》，《马克思恩格斯选集》第二卷，人民出版社 1972 年版，第 67 页。
③　蔡元培：《华工学校讲义》，1916 年 5 月。
④　李大钊：《东西文明根本之异点》，《言治》第 3 册，1918 年 7 月 1 日。
⑤　陈独秀：《克林德碑》，《新青年》1918 年 10 月 15 日。
⑥　陈天华：《警世钟》，见刘晴波、彭国兴编《陈天华集》，湖南人民出版社 2011 年版，第 82 页。
⑦　陈天华：《国民必读》，见刘晴、彭国兴编《陈天华集》，湖南人民出版社 2011 年版，第 186 页。

在新国家里，全国男女一律平等，人人享有生命、言论、思想、出版等
天赋之自由权利，国民有纳税、服兵役和忠于国家的义务；政府的权利
是人民授予的，人民有推翻政府的权利，实行议会制度以及相应的选举
制度；制定符合中国国情的法律体系；等等。

（2）民族主义

民族主义是革命党人广泛讨论、传播的话题，"今日者，民族主义
发达之时代也，而中国当其冲，故今日再不以民族主义提倡于吾中国，
则吾中国乃真亡矣"[1]。不过，革命派最初的"脱满洲人之羁缚，不可
不革命"，"驱除鞑虏，恢复中华"等言论带有明显的狭隘民族主义的
缺陷。

随着革命活动的开展，革命党人逐渐摆脱了狭隘民族主义的见解，
"民族主义，并非是遇着不同族的人便要排斥他，是不许那不同族的人
来夺我民族的政权"，"兄弟曾听人说，民族革命是要尽灭满洲民族，
这话大错。民族革命的原故，是不甘心满洲人灭我们的国，主我们的
政，定要扑灭他的政府，光复我们民族的国家。这样看来，我们并不是
恨满洲人，是恨害汉人的满洲人。假如我们实行革命的时候，那满洲人
不来阻害我们，决无寻仇之理"[2]。1912年1月1日，孙中山（1866—
1925）在就任中华民国第一任临时大总统时的宣言书中写道："国家之
本，在于人民。合汉、满、蒙、回、藏诸地为一国，即合汉、满、蒙、
回、藏诸族为一人。是曰民族之统一。"至此，以孙中山为首的革命派
对民族主义有了正确的认识，开始举起民族主义的旗帜组建民主共和制
的国家。

（3）自由、平等思想

与维新派相比，革命派提倡的自由是国家与民族的自由，平等是国
内政治、经济的平等以及国家间的平等。孙中山坚持国民应该追求自
由，但是鉴于目前国家的形势，应该更加关注党派的自由、国家的自
由，"国家不自由，而个人之自由亦不能保"，应"牺牲一己之自由，

---

[1]　余一：《民族主义论》，《浙江潮》第1期"论说"，1903年2月，第1—2页。

[2]　孙中山：《在东京〈民报〉创刊周年庆祝大会的演说》，见中国社科院近代史所等编
《孙中山全集》第1卷，中华书局2011年版，第324页。

以谋公众之自由"①。这是"因为中国受列强的压迫，失去了国家的地位……所以现在的国家是很不自由的。要把我们国家的自由恢复起来，就要集合自由，成一个很坚固的团体"②。

至于平等，孙中山认为三民主义可以消除一切不平等，"民族主义，即扫除各族之不平；民权主义，即是扫除政治之不平；民生主义，即是扫除社会之不平"③，"三民主义的精神，就是要建设一个极和平、极自由、极平等的国家。不但在政治上要谋民权的平等，而且在社会上要谋求经济上的平等。这样做去，方才可以免除种种阶级冲突、阶级竞争的苦恼。"④

2. 革命派与立宪派的争论

同盟会成立后，以孙中山为首的革命派，通过报刊广泛宣传三民主义，从而使民主革命活动迅速高涨，成为不可阻挡的时代潮流。这引起了以康有为、梁启超为代表的资产阶级改良派的仇视和恐慌。他们制造种种谬论攻击革命派，企图驳倒同盟会的革命纲领，阻止革命思想的传播。革命派为了扫除前进道路上的障碍，从 1905 年《民报》创刊起到1907 年，同改良派进行了一场论战。同盟会机关报《民报》和改良派喉舌《新民丛报》成为两派的主要阵地。

论战涉及的范围很广，主要有三个方面。

要不要革命，要不要推翻清政府。改良派竭力为清政府的民族和阶级压迫政策辩护，宣扬清圣祖康熙皇帝的薄税政策不仅为"中国数千年所无，亦为地球万国古今所未有"，声称在清朝统治下，"举国人民其在法律上本已平等，无别享特权者"，因此民族革命是完全不必要的。革命派以大量事实揭露清朝统治者施行的种族压迫、奴役及歧视政策，认为要爱国就必须推翻清政府，认为只有通过暴力革命，才能获得民族的解放和社会的进步，革命是"救人救世之圣药也"。针对改良派曲解革命派"排满"口号是"种族复仇"的谬论，革命派申明"排

① 孙中山：《致公堂重订新章要义》，见中国社科院近代史所等编《孙中山全集》第 8 卷，中华书局 2011 年版，第 269 页。

② 孙中心：《三民主义》，东方出版社 2014 年版，第 106 页。

③ 孙中山：《手批〈中国同盟会分会总章〉》，见中国社科院近代史所等编《孙中山全集》第 5 卷，中华书局 2011 年版，第 393 页。

④ 戴季陶：《访孙先生的谈话》，《星期评论》第 3 号，1919 年 6 月 22 日。

满"只是"仇一姓","不仇一族",种族革命并非尽杀满族数百万之众,而是"倾覆其政府,不使少数人扼我主权,为制于上之谓也",明确地把满族平民与满洲贵族区分开来,将打击矛头指向封建统治者。

要不要兴民权,建立资产阶级共和国。改良派反对共和革命,鼓吹"渐进论",认为中国客观条件还未能达到民主共和的需求,"其时未至,其俗未成,其民不足以自治也"①,"以当时中国人的心理现状推论,一旦无君,维系民族道德凝聚力的精神中介便不复存在,国家便会成为一盘散沙,何谈革命?"② 因而将希望寄托在君主身上,希望君主能够订立宪法,实行开明专制,"乃今幡然而议立宪,思有以挽国运于衰颓,此岂非黄人之幸福!顾欲为立宪之国,必先有立宪之君,又必先有立宪之民而后可"③。对此,革命派进行了有力的驳斥,"目前中国的制度以及现今的政府绝不可能有什么改善,也决不会搞什么改革,只能加以推翻,无法改良","观于昏昧之清朝,断难实行君主立宪政体,故非实行革命、建立共和国家不可也"④。认为人民群众的智慧会在斗争中发展、提高,改良派强调中国民智未开,不能行共和,实际是继续贩卖"君权神授"的传统观念,目的在于"巩固万世不替之皇基"。

要不要实行"平均地权"。改良派反对"平均地权",认为中国的封建经济制度与欧洲不同,既无贵族压制,土地又极为平均,而且"赋税极轻",即使将来工业发展了,也不会造成欧美那样的"贫富相悬"的社会现象,因此进行"社会革命"是完全没有必要的。并且,地主占有的土地都是由"劳动"或"节约"而来的,私有财产制度的存在,在历史上有其必然性,不能"蔑弃"。实行"平均地权"、"土地国有",就是"掠夺人民勤劳之结果",打击人们从事生产的积极性,"推翻现社会之根柢"。革命派争辩说,土地属于自然资源,理应由全民所共享;少数地主阶级垄断土地,不仅陷亿万贫民于苦难深渊,而且是

① 严复:《辟韩》,见王栻主编《严复集》第 1 册,中华书局 1986 年版,第 34—35 页。
② 章太炎:《东京留学生欢迎会演说词》,见汤志钧编《章太炎政论选集》上册,中华书局 1977 年版,第 276 页。
③ 严复:《宪法大义》,见王栻主编《严复集》第 2 册,中华书局 1986 年版,第 245 页。
④ 孙中山:《在檀香山正埠利利霞街戏院的演说》,见中国社科院近代史所等编《孙中山全集》第 1 卷,中华书局 1981 年版,第 227 页。

工商业发展的一大障碍。为了国家的繁荣昌盛，必须废除封建土地制度，实行"平均地权"或"土地国有"，从而推动社会生产力的发展，促进整个社会的进步。不过，封建土地制度是否应当改革的问题，争论并没有充分展开。孙中山的"平均地权"和《民报》标举的"土地国有"，本不是一回事，革命派内部在这个问题上的见解并不一致，且语焉不详。

论战以革命派的胜利而告终，通过论战，革命派进一步划清了革命与改良的界限，夺得了思想战线的领导权，使许多知识分子从改良的思想束缚中解放出来，扩大了革命的力量，对当时革命形势的发展起了巨大的促进作用。但论战中也暴露出革命派的许多弱点，在如何对待帝国主义、封建主义和群众运动这些根本性的问题上，革命派没有突破同盟会纲领的局限性。他们仍然不敢正面提出反帝斗争的口号，对帝国主义仍然抱有不切实际的幻想，不能把地主阶级作为一个阶级来反对，只是强调反对"异族统治"，宣传"有秩序"的革命。所有这些，都表现了革命派的阶级局限性。

四　学术思想的变革

1. 儒学

（1）儒学转向中西会通

近代儒学对于西学东渐基本上是一种形下层面的反应性的吸纳，保持着极其强烈的中国文化主体意识。不是接受"灌输"式的西学东渐，而是一种在解释学意义上的中西会通：谭赋予"以太"本源地位，"法界由是生，虚空由是立，众生由是出"，但谭嗣同的"以太"既非物理学意义上的"能媒"，亦非毕达哥拉斯学派的"质媒"，而是儒家所说的"仁"——"以太亦曰仁而已"。这表明，谭嗣同关注的是形下层级的制度"维新"，并呈现出明显的中国文化主体性。

与谭嗣同类似，康有为将"神气"与物理学中的"电"相联系，"元气"与传统思想中的"仁"相联系，"不忍人之心，仁也，电也，以太也，人人皆有之"[1]，他的大同思想融合了儒家"大同社会"及西

---

[1]　康有为：《孟子微》，《康有为全集》第5集，中国人民大学出版社2007年版，第414页。

方空想社会主义的思想。严复借用中国传统的体用关系解释西方社会进化论，认为赫胥黎的观点与中国古人自强保种的观点有相通之处，"赫胥黎氏此书之旨，本以就斯宾塞任天为治之末流，其中所论，与吾古人有甚合者，且于自强保重之事，反复三致意焉"①。章太炎用诸子之说附会西方的平等、自由观点，"近人所谓平等，是指人和人的平等，那人和禽兽草木之间，还是不平等的。佛法中所谓平等，已把人和禽兽平等。庄子却更进一步，与物都平等了"，"近人所谓'自由'，是在人和人当中发生的，我不应侵犯人的自由，人亦不应侵犯我的自由。《逍遥游》所谓'自由'，归根结底到'无待'两字"②。孙中山将中国传统思想中的"太极"与物理学中的"电子"、"元素"相联系，"太极动而生电子，电子凝而成元素，元素合而成物质，物质聚而成地球，此世界进化之第一时期也"③。刘师培则用西方民约论的观点解读中国文化典籍。应当说，西学、中学只是近代儒家解释情境的媒介，在中西交融的表象下，"中学"依然是近代儒家心中的根柢。

（2）儒学趋于经世致用

经世致用是儒学悠久的传统思想，每当社会面临危机之时，进步的中国知识分子往往以此为号召。戊戌变法时期，今文经学被康有为按照"仁—博爱"的主题改造为适应近代社会的"新学"，视孔教为进步主义、兼爱主义、世界主义、平等主义、强立主义、重魂主义。古文经学同样被改造成经世致用的作品，孙诒让所著《周礼正义》便是一例，"辛丑夏，天子眷念时艰，重议变法，友人以余尝制《周礼》，嘱之摭其与西政合者，甄缉之以备采择，此外，非欲标揭古经以自强其虚骄而视其痫败也"④。章太炎亦将"革命"与儒学的"义"联系，"今之革

①　严复：《论世变之亟》，见王栻主编《严复集》第 1 册，中华书局 1986 年版，第 16 页。

②　章太炎：《四惑论》，见《章太炎全集》（四），上海人民出版社 1985 年版，第 444 页。

③　孙中山：《三民主义》，见中国社科院近代史所等编《孙中山全集》第 9 卷，中华书局 2011 年版，第 195 页。

④　孙诒让：《〈周礼政要〉序》，见孙嘉璐编《籀顾述林　孙诒让全集》上册，中华书局 2010 年版，第 166 页。

命非为一己而为中国，中国为人人所共有，则战死则为人人所当有"①。

关于儒学典籍的研读，同样带有"服务现实"的内在诉求。刘师培通过研究先秦典籍，认为其中并没有三纲之说，是后世为了维护统治者的利益刻意比附而产生的，希望以此破除三纲之说，提倡平等的思想。"夫三纲之说，本于纬书。附会支离，莫可究诘。故秦汉以前，未闻此语。试观《春秋》一书，于弑君称君者，则曰人君无道，于杀世子母弟者，则书君以甚之。于宣夫人之来归，则曰夫人与君一体。麟经笔削，深切著明，北斗可移，南山可堕，此义不可易也。故观于黄氏《待访录》，则君为臣纲之说破矣，观于班氏《白虎通》，则父为子纲之说破矣。观于唐予《潜书》则夫为妻纲之说破矣。"②

近代经世思想及其学术学风的导向，为有识之士探索救国救民的真理提供了积极的思想底蕴，对西学的引进和传入有着积极的促进作用。但由于经世致用思想本身所固有的功利性和短视性的局限，决定了它最终不可能作为一种行之有效的思想体系引导中国先进的知识分子找到一条御侮自强、救国救民之路。

2. 史学

（1）新史学兴起

20世纪初中国的新史学思潮由梁启超首创，《新史学》和《中国史叙论》是其代表作。在《新史学》中，梁启超认为中国的旧史学有四种弊端："知有朝廷而不知有国家、知有个人而不知有群体、知有陈迹而不知有今务、知有事实而不知有理想。"③ 刘师培也认为"中国之所谓历史者，大约记一家一姓之事耳，若彼族所存之史，则并其所谓一家一姓之事也，亦且文过饰非，隐恶扬善"④。

在破旧的同时，梁启超提出新史学的任务，"历史者，叙述人群进

---

　　①　章太炎：《革命道德说》，见《章太炎全集》（四），上海人民出版社1985年版，第279页。

　　②　刘师培著，钱钟书主编：《刘师培辛亥前文选》，生活·读书·新知三联书店1998年版，第41页。

　　③　梁启超：《新史学》，见沈鹏等编《梁启超全集》第3卷，北京出版社1999年版，第737页。

　　④　刘师培著，钱钟书编：《刘师培辛亥前文选》，生活·读书·新知三联书店1998年版，第199页。

化之现象，而求得其公理公例也"。强调整体史观，"夫欲求人群进化之真相，必当合人类全体而比较之，通古今文野之界而观察之，内自乡邑之法团，外至五洲之全局，上自穹古之石史，下至昨今之新闻"①。刘师培则尝试建立中西交融的历史，"今日治史不专赖中国典籍，西人作中国史者，详述太古事迹，颇足补中史之遗。今所编各课于征引中国典籍之外，复参考西籍兼及宗教社会之书"②。

扩展研究范围是新史学的重要命题。在《中国史叙论》中，梁启超讨论了地理学、人种学、年代学、考古学与撰述中国史的关系；《新史学》中，列有"历史与人种之关系"、"论纪年"的专题。刘师培编写《中国历史教科书》，首创"课"的体例，内容包含政治、经济、文化风俗、学术思想、地理科技等方面。

历史学的特点是认识过去，认识过去的立足点是史料，新史学的一个主流取向就是史料的尽量扩充、史料的多元化。梁启超所著《中国历史研究法》，将史料分为文字记录以外者与文字记录者：文字记录以外者包括现存之实迹及口碑、实迹之部分存留者、已湮之史迹，其全部意外发现者、原物之保存或再现者、实物之模型及图影；文字记录者包括旧史、关系史迹之文件、史部以外之群籍、类书及古逸书辑本、古逸书及古文件之再现、金石及其他镂文、外国人著述。刘师培提出著史可以参照野史，"参以野史之见闻，则信史之成，必有几日可待者圆"③。

新史学理论的提出极大地震动了当时的学界，史观的创新使人们开始对历史学的考察对象有了进一步的认识，跨学科的研究方法以及史料的丰富使历史学与其他社会科学相联系，拓展了史学研究的方法与内容。

（2）史学的经世致用

经世致用是中国史学的悠久传统，"引古筹今，亦吾儒经世之用"。

---

① 梁启超：《新史学》，见沈鹏等编《梁启超全集》第3卷，北京出版社1999年版，第740—741页。

② 刘师培：《中国历史教科书》，见《刘申叔遗书》下册，江苏古籍出版社1997年版，第2177页。

③ 刘师培著，钱钟书主编：《刘师培辛亥前文选》，生活·读书·新知三联书店1998年版，第198、199页。

史学的经世致用主要包含两方面内容：一是坚持以史为鉴、以史教化所构成的史学资治信念，二是做出"以史明道"的学理建树。"以史为鉴"，即从历史的叙述与分析中得出政治见解，引用历史事例来论证自己的政治方针。随后，在"以史翼经"和经史互动的机制上进行"明道"，所明之道涵括广泛，"天道"、"王道"、"治道"以及基本的做人之"道"，尽在其中。

辛亥革命时期，史学的经世致用主要是"以史为鉴"，倾向于寻求自己政治见解的历史例证。刘师培提出的采用皇帝纪年，目的即为"启迪后世、破除君主专制之弊"，他的史学著作《攘书》，以"攘夷"为主旨，意在鼓吹革命排满。他还通过引用代日本史学界家桑原骘藏的思想，认为"汉族人种亦支那人种之一矣。巴枯盘古之转音也，故世界人种之开化皆始于帕米尔高原，汉族初兴亦大抵由西方迁入"①，试图以之说服国人向西方学习。刘师培对洪秀全反清运动的大力称赞，目的亦是以此表达自己的反清思想，"中国之亡也久矣，一亡于癸亥台湾之沦，再亡于甲子金陵之覆。及虏焰既衰，洪王崛起，以匹夫之力，为天下倡。张挞伐于殷武，振大汉之威声，义旗所指，力扫胡尘，江淮以南，复为净土"②。

3. 文学

（1）文界革命

1899 年，梁启超提出文界革命的口号，要求打破桐城派古文藩篱，推广平易畅达的新文体。"新文体"力求借鉴日本和西方的思想内容和语言形式，特点是思想新颖，文白夹杂，平易畅达，笔锋饱含感情，具有很强的鼓动力。梁启超这一时期在《时务报》《清议报》等报刊发表的《变法通议》《瓜分危言》《新民说》《开明专制论》等文章，可谓"新文体"的代表作，在当时有较大影响。严复称其"言破坏则人人以破坏为天经，倡暗杀则人人以暗杀为地义"③，"一纸风行，海内观听为之一耸"。

---

① 刘师培：《中国民族志》，见《刘申叔遗书》上册，江苏古籍出版社 1997 年版，第 603 页。
② 刘师培著，钱钟书主编：《刘师培辛亥前文选》，生活·读书·新知三联书店 1998 年版，第38、39 页。
③ 严复：《严几道书札》，见王栻主编《严复集》第 3 册，中华书局 1986 年版，第 648 页。

　　近代新式传媒的兴起，尤其是报刊的大量创办，极大地促进了文学的革新。1902 年，梁启超创办《新民丛报》，栏目设置分图画、论说、学说、口闻短评、中国近事、海外汇报、史论、地理、教育、学术、近事、名家说丛、舆论一斑、杂俎、小说、文苑、介绍新著等，后"改定内容"，着重论说、学说、时局、政治、历史、地理、教育。丰富的文学形式，使文学能够在大众中得到普及，文学的受众面大幅拓展，文学经历了深刻的变化。

　　（2）诗界革命

　　黄遵宪开创了诗界革命的先河。他深感古典诗歌"自古至今，而其变极尽矣"，再继为难，"苟能即身之所遇，目之所见，耳之所闻，而笔之于诗，何必古人？我自有我之诗者在矣"。从而"独辟境界"，实践、创作"新派诗"。

　　黄遵宪还敏锐地意识到语言对文学的作用，认为文学与语言相结合更能促进文学的传播，"耶稣教之盛，亦在于举《旧约》《新约》就各国文辞普译其书，故行之弥广。盖语言与文字离，则通文者少。语言与文字合，则通文者多，其势然也"。在此基础上提出用"流俗语"写作，向天籁般的山歌民谣学习、直用方言以笔之于书者，"欲令天下之农工商贾妇女幼稚皆能通文字之用，其不得不于此求一简易之法哉！""我手写我口，古邑岂能拘牵。"[1]

　　诗界革命冲击了长期统治诗坛的拟古主义、形式主义，解放了诗歌的表现力。但"保持旧风格"的要求，限制了诗界革命的改革力度，只是旧瓶装新酒，前进不大。

　　（3）小说

　　1902 年，梁启超创办《新小说》杂志，主张以小说治世，"欲改良群治，必自小说界革命始；欲新民，必自新小说始"[2]。《月月小说》《绣像小说》《新小说》《小说林》等亦先后创办，掀起了以关注平民生活、反映社会现实、竭力输入欧洲精神思想为主要内容的小说革命。

　　从现实生活出发进行创作是近代小说革命的重要内容。这一时期，

---

① 钱仲联：《人境庐诗草笺注》，上海古籍出版社 1981 年版，第 42 页。

② 梁启超：《小说与群治之关系》，《新小说》创刊号，1902 年。

官场讽刺小说非常流行，出现了四大谴责小说，专门揭露晚清世风堕落、吏治腐败，如刘鹗的《老残游记》、李宝嘉的《官场现形记》、吴趼人的《二十年目睹之怪现状》、曾朴的《孽海花》。

政治小说的兴起，是近代小说革命的重要内容。梁启超极力推崇政治小说的作用，"往往每一书出，而全国之议论为之一变，彼美英德法奥意日本各国政界之日进，则政治小说为功最高焉。英名士某君曰：小说为国民之魂"①。梁启超、陈天华（1875—1905）等人还创作了一批政治小说：梁启超的《新中国未来记》，以黄毅伯、李去病的行踪为线索，以他们途中的所见所闻、所言所感为主要内容，展示了宪政立国的政治理想；陈天华的《狮子吼》，描述了一个乌托邦式的社会——民权村。事实上，政治小说是当时知识分子政治愿望的文学反映。

近代文艺理论也发生了深刻变化，特别是近代西方文学艺术形式理论传入中国，极大地丰富了中国文学理论。这一时期的文艺理论主要有王国维（1877—1927）的《红楼梦评论》《人间词话》《宋元戏曲考》，陈受颐的《文学批评发端》、廖平的《论〈诗序〉》、刘师培的《文说五则》等一批论文，以及《诗话》《词话》《曲话》等近百种专著。

4. 社会科学新学科的兴起

（1）哲学

中国传统哲学起自先秦，绵延数千年，蕴含着丰富的思想内涵。但这些哲学思想都被囊括在儒家等传统学术体系中，始终未能形成独立的学科。甲午战争后，东西文化交流日趋密切，系统而完备的西方哲学体系逐渐出现在人们的视野之中。

进化论被介绍到中国后，在中国思想界产生较大震动。康有为将进化论与儒家今文经学结合起来，形成"三世说"的历史进化观，但康有为的进化论只承认事物的渐进、量变，否认事物的突变、质变，属于形而上学的庸俗进化论。以孙中山为首的资产阶级革命派把进化论与革命论相结合，认为渐变和突变都是事物进化的形式，因此体现进化精神的变革应当取法于上，"从最上之改革入手"，革命以进化为目的，进化以革命为手段，两者密不可分。达尔文的进化思想向中国人民展现了

---

①　梁启超：《佳人奇遇序》，见《清议报全编》卷十三，1898 年第 58 期。

激励奋进的精神力量，这对正处于存亡之际的中国人来说无异于醍醐灌顶。因此，进化哲学是中国哲学形成发展的重要里程碑。

（2）伦理学

中国是世界上文明发达最早的国家之一，有着极为丰富的伦理思想遗产。中国伦理思想的一个传统特色，是它一开始就和政治、哲学思想紧密结合在一起，宋明以后，理学家们更是力图把哲学和伦理学融为一体，使哲学成为道德哲学。

辛亥革命时期，资产阶级思想家在西方资产阶级伦理思想的影响下，提出了既不成熟也不彻底的自由、平等、博爱和世界大同、天下为公等伦理思想，以取代封建道德学说和伦理纲常，在中国近代伦理思想史上产生了一定的影响：梁启超呼吁"斟酌中外，发明出一完全之伦理学以为国民倡也"[1]，大力引进日本翻译的西方伦理学著作，如元良勇次郎所著《〈中等教育〉伦理讲话》、井上圆了所著《伦理通论》。《乐利主义泰斗边沁之学说》一书集中体现了梁启超的伦理学观点，反对西方极端个人主义的观点、主张公利与私利相结合，"人人独善其身者谓之私德，人人相善其群者谓之公德，二者皆人生所不可缺之具也。无私德则不能立，……无公德则不能团"[2]；蔡元培翻译包尔生的《伦理学原理》，介绍了伦理学的概念、对象、职能、方法等基本问题，以及善恶目的论与形式论、义务与良心、利己主义与利他主义等伦理学原理问题，并非常注重中西伦理学的比较，主张用西方伦理学方法概括中国伦理学，"本书悉本我国古圣贤道德之原理，旁及东西伦理学大家之说，斟酌取舍，以求适合于今日之社会"[3]。其撰写的《中国伦理学史》，亦采用西方自由、平等的价值观对中国古代思想家及其学说进行评价。

（3）美学

中国现代美学产生于19世纪末20世纪初，是受西方文化影响的产

---

① 梁启超：《东籍月旦》，见沈鹏等编《梁启超全集》第2卷，北京出版社1999年版，第327页。

② 梁启超：《新民说·论公德》，见沈鹏等编《梁启超全集》第2卷，北京出版社1999年版，第660页。

③ 蔡元培：《中学修身教科书》，见《中国现代学术经典——蔡元培卷》，河北教育出版社1996年版，第119页。

物。美学思想确立的标志是承认、尊重人类审美活动的独立价值，审美人生观念的确立及主体性原则的倡导。

1902 年，王国维翻译的《哲学概论》出版，介绍了西方柏拉图、亚里士多德、普洛丁、休谟、康德等人的美学主张，对美学的内涵、美学的研究内容、学科归属等方面进行了详细的介绍。王国维认为中国古代的美学虽然具备某些形而上的哲思，但是从最初形态而论，更加注重经验的总结，而现代美学的真谛在于人本主义。王国维还提出"审美功利主义"，认为审美是为了带来一种精神上的陶冶。"决不计及可利用之点"。"其性质如是，故其价值亦存于美之自身，而不存乎其外。"再进一步，由于美的形式不关涉人的利害，"遂使吾人忘利害之念，而以精神之全力沉浸于此对象之形式中"①。

蔡元培在《对于教育方针之意见》中，提出了"美感教育"的思想，认为美育能将人从自然状态引向理性状态，以及艺术与美育本质上是相通的。他认为"人"应该放在主体的地位进行美育教育，注重人身心的和谐发展，以达到适应人本性的生存方式。"我们的心理上，可以分三方面看：一面是意志，一面是知识，一面是感情。意志的表现是行为，属于伦理学，知识属于各科学，感情属于美术的"，"教育学中，智育者教智力之应用，德育者教道德之应用，美育者教情感之应用是也"②。

（4）经济学

中国近代经济学兴起于 19 世纪末 20 世纪初，严复和梁启超是其主要代表人物。

严复受亚当·斯密影响较深，主张经济自由主义，给予私人经济活动以充分的自由，"盖财者民力之所出，欲其力所出之至多，必使廓然自由，悉绝束缚拘滞而后可"。但不是一味放任自流，国家应对经济有适当的控制。他将亚当·斯密的利己主义与中国传统的义利观相结合，提出"义利合"的观点，"天演之道，不以浅夫昏子之利为利矣，亦不以溪刻自效滥施妄与者之义为义，以其无所利也。庶几义利合，民乐从

---

① 王国维：《古雅之在美学上之位置》，见《王国维文集》第 3 卷，中国文史出版社 1997 年版，第 31—32 页。

② 高平叔：《蔡元培全集》第 1 卷，中华书局 1953 年版，第 357 页。

善，而治化之进不远欤。呜呼！此计学家最伟之功也"①。

梁启超受西方庸俗经济学影响较大，认可西方"增殖国富"的经济学思想，主张以资本能否增殖作为划分标准，凡是能"有所复"、"资母孳子"，即增殖资本者，就是"生利"；如果"无所复"、"蚀母亡子"，使资本销蚀者，就是"分利"。社会成员也依此分成生产人员和非生产人员两类。中国"大约四万万人中分利者二万万一千万有奇，自余则为生利者"，以少数"生利者"供养多数"分利者"的经济状况，造成了中国极端的贫困落后。除此之外，他对比研究了西方垄断资本和中国资本主义的发展，认为垄断资本主义是资本主义发展的必然趋势，"生计界之必趋于托辣斯，皆物竞天择自然之运，不得不尔，而浅见者从而骇之，从而尼之，抑亦陋矣"②。梁启超的经济思想反映了民族资产阶级上层的利益诉求。

5. 教育思想

在洋务运动时期，洋务派对教育体制进行了一系列的改革，如兴办新式学堂、翻译西方书籍、引进西方先进的科学技术等。

戊戌变法时期，维新派不仅宣传教育救国思想，还推动清政府废除了科举制度、颁布了《奏定学堂章程》，从体制上废弃了传统的教育制度。教育实践中，维新派创办培养变法人才的学堂，较具代表性的有：康有为在广州创办的万木草堂，湖南巡抚陈宝箴创办的湖南时务学堂，经元善在上海创办的经正女学等。

康有为、梁启超、严复等维新派代表人物，在教育改革方面亦进行了深入探讨，部分观点颇具学理价值且具备一定的可操作性。

康有为主张全民教育，"必使全国四万万之民，皆出于学"。并对全面教育的实施路径进行了初步设想，"令乡皆立小学，限举国之民，自七岁以上必入之，教以文史、算术、舆地、物理、歌乐，八年而卒业，其不入者，罚其父母。县立中学，十四岁而入，增教诸科尤深者兼备各国文，务为应用之学。其初等两年，高等科两年。初等科两年者，

---

① 严复：《〈原富〉按语》，见王栻主编《严复集》第4册，中华书局1986年版，第858—859页。

② 梁启超：《二十世纪之巨灵托辣斯》，见沈鹏等编《梁启超全集》第4卷，北京出版社1999年版，第1101页。

中学必应卒业者也。自是而入专门学者听之，专门者，凡农商矿林机器工程驾驶，凡人间一事一艺者，皆为专门也。凡中学专门学卒业者，皆可入大学，其教凡经学、哲学、律学、医学四科。自是各国，以普之国民学为师，皆效法焉"①。教学内容方面，提倡德育、智育、体育三位一体：德育方面，结合中国传统的儒家大学之道，提出格物、励节、慎独、养心、习礼、检摄威仪、敦行孝悌、崇尚仁恤、同体饥溺等；智育方面，中西结合，具体分为义理、经世、考据、辞章以及礼、乐、书、数、图、枪的知识灌溉；体育方面，进行音乐、舞蹈、体操教育。

梁启超提出"政学"的观点，认为教育应该与政治相结合，国民教育最重要的是普及政治知识，使国民具备一定的国家观念，并且要普及法律知识，向民众宣传新道德。关于教育内容，梁启超主张模仿日本学校教育制度，包括幼稚园教育、小学教育、中学教育、师范教育、专门教育、大学教育。尤其强调师范教育，"欲革旧习，兴智学，必以立师范学堂为第一义"，"师范学校立，而群学之基悉定"②。梁启超还提倡女学教育，认为女学教育应该融合中西，既要继承中国传统思想中相夫教子、持家养亲，又提倡男女平等，鼓励女性自我解放、学习知识、经济独立。其拟定的《女学堂试办略章》，对女学堂办学宗旨、课程设置、管理章程等方面进行了规范。

严复教育思想的特点是"西化"，"要救亡，要富强，则不容不通知外国事，欲通知外国事，自不容不以西学为要图"，明确反对洋务派"中体西用"的教育理念，"中学有中学之体用，西学有西学之体用，分之则并立，合之则两亡"。按照"西化"的标准，严复认为中国最要紧的事是"一曰鼓民力，二曰开民智，三曰新民德"③，鼓民力主要是要求国民强身健体，锻炼出健康的体魄；开民智则是主张要广泛学习科学文化知识，包括自然科学知识与社会科学知识；而新民德则是要求提高国民的道德素养，学习西方自由平等的价值体系。

① 康有为：《请开学校折》，见汤志钧编《康有为政论集》上册，中华书局1981年版，第305—307页。
② 梁启超：《变法通议》，见沈鹏等编《梁启超全集》第1卷，北京出版社1999年版，第34—37页。
③ 严复：《原强》，见王栻主编《严复集》第1册，中华书局1986年版，第27页。

与维新派相比，革命党人多持"教育救国"理念，"今日欲回复人格，第一件事须从教育开始了"①，"中国此时，尚不广兴学堂，真是无从救了"，"开办学堂，比海军、陆军还要在先咧"②。缘此考量，革命党人积极筹办学校，如孙中山在日本创建的青山军事学校。辛亥革命时期，革命党人主张发展全民教育，"凡当社会之人，无论贵贱皆可入公共学校"③受教育，并强调教育的三民主义性质。

五 宗教与社会风俗的变迁

1. 宗教的嬗变

戊戌变法时期，庙产兴学，佛教道教遭重创。辛亥革命后，《寺院管理条例》明确依法保护庙产，传统宗教有所复兴，并根据社会形势的变化有了新的内容。

1913 年 2 月，太虚法师倡导佛教革命，即教制革命、教产革命、教理革命。这一时期，知识分子对佛教也有了新的认识和诠释：梁启超认为佛教能增进国民道德、挽救世风，并借用西方进化论的观点与佛教因果的理论相联系，"佛之说因果，实天地间最高尚完满博深切明之学说也。近世达尔文斯宾塞诸贤言进化学者，其公理大例莫能出此二字范围"④；章太炎认为佛教的平等观与西方伦理非常相似，有助于民主革命的展开，提出以佛教为基础在国民中发展新宗教，"夫礼教不如戒律之安稳，王学不如大乘之精严，固可知矣。人果学佛，蹈汤赴火，必有王学之长，而放诞诪张之病，庶其获免。作民德者，舍此无他术也"⑤。

---

① 孙中山：《在广东女子师范第二校的演说》，见《孙中山全集》第 2 卷，中华书局 2011 年版，358 页。

② 陈天华：《国民必读》，见刘晴波、彭国兴编《陈天华集》，湖南人民出版社 2011 年版，第 198 页。

③ 孙中山：《在上海中国社会党的演说》，见《孙中山全集》第 2 卷，中华书局 2011 年版，第 523 页。

④ 梁启超：《论佛教与群治关系》，见沈鹏等编《梁启超全集》第 4 卷，北京出版社 1999 年版，第 909 页。

⑤ 章太炎：《答梦庵》，见汤志钧编《章太炎政论选集》上册，中华书局 1977 年版，第 396—397 页。

　　1912 年 9 月，道教张元旭天师联络各地 18 所宫观的代表在北京成立道教会，草拟《道教会宣言书》《道教会大纲》。道教会成立后，致力于兴办教育文化事业，整治各地宫观。

　　基督教发起本色运动，要求以中国传统思想文化阐述教规教义，建立中国特色的中国神学和本色教会。1912 年，加拿大长老会按立程万钟等 13 名中国人为牧师，开本色化先河，各国差会随之响应。基督教在救灾、教育方面，成绩显著。

　　辛亥革命以后，南京临时政府颁布了废除尊孔读经的条例，代之以民主、自由的构想。这种做法在孔子主义者看来简直是大逆不道，"若废孔教，则一切文明，随之而尽也，即一切种族，随之而灭也"①。在此背景下，以"昌明孔教、救济社会"为宗旨的孔教会及国教运动应时而生。1912 年 10 月 7 日，康有为授意其学生陈焕章等在上海成立孔教会，并经袁世凯政府批准，在全国各地设立分会。次年 2 月，发行《孔教会杂志》作为机关刊物。9 月 27 日在山东曲阜召开第一次全国孔教大会，举行大规模祭孔活动。并趁 1913 年、1916 年国会制宪之机，上书参众两院请求定孔教为国教，希望以国家根本大法的形式使儒学走出因君主政体瓦解、"信教自由"约法条款下的困境。

　　康有为、陈焕章发起的孔教会及国教运动，引起了民初思想界的广泛讨论，国教提案亦成为参众两院讨论的焦点之一。围绕着是否定孔教为国教、孔教是否是宗教的讨论，社会各界纷纷从不同的角度、立场发表看法，展现了民初社会各阶层人士对传统文化、宗教的认知。

　　国教运动引发了思想界之于宗教形式、效能的探索，蔡元培提出以美育代宗教、梁漱溟提出以道德代宗教、冯友兰提出以哲学代宗教。宗教自身则呈现出积极入世的姿态，中国佛教总会在上海成立后，各地设立支部 22 个、分部 400 个，以"统一佛教，阐扬法化，促进人群道德，完全国民幸福"为宗旨，致力于"明昌佛学、普及教育、组织报馆、整顿教规、提倡公益、增兴实业"。第一大乘讲习会在北京成立后，邀请僧人演讲《楞严经》，社会名流参与甚广。太虚法师应邀南下广东为国会议员讲经，北上北京广济寺主讲《法华经》两个月，皈依者数百

---

　　①　康有为：《孔教会序二》，《不忍》第 1 期，《孔教会杂志》第 1 卷第 2 号。

人。这一时期，学者陈垣精心收集碑文，完成了无人涉及的道教文献整理，编成《道家金石略》；教育部部长傅增湘主持重印新版《道藏》350套，每套1120册；陈撄宁认真研读《道藏》，广访道观，推敲丹法，成立仙学院，期望以仙学团结中华民族，抵御列强文化侵略。经典的整理重印无疑奠定了道教振兴的基础。

2. 社会风俗的变迁

在中西文化的冲突与融合、新旧事物的摒弃与吸收中，中国社会习俗发生了前所未有的深刻变化。维新派提出了一系列的改革社会风俗的主张，如反对缠足、反对鬼神迷信、反对吸食鸦片、主张断发易服、提倡近代的生活方式和行为习惯等。辛亥革命后南京临时政府以国家的名义颁布了改易社会风俗的政令，确立了近代新生活礼俗的合法地位，把自维新运动以来的社会风俗改革推向高潮。

（1）倡女权

戊戌维新时期，维新派大力提倡妇女解放，反对女子缠足，在全国各地组织推广禁缠足运动，成立了不缠足会、天足会等组织，号召妇女进行放足。维新派鼓励女子接受教育，大力倡导女学，"天下积弱之本，则必自妇人不学始"①。

辛亥革命时期，妇女解放的呼声更加高涨。除了反对缠足之外，革命派还呼吁实现女性的婚姻自由，批判封建婚姻依照父母之命、媒妁之言导致妇女完全丧失了主动权，严重破坏了家庭的和睦，婚姻自由才能真正实现男女平等。辛亥革命时期，很多知识女性投身革命事业，建立革命团体，如陈婉衍发起的"女子北伐光复军"、吴木兰发起的"同盟女子经武练习队"、薛素贞发起的"女国民军"等。孙中山对此给予高度的评价，"女界多才，其入同盟会奔走国事百折不回者，已与各省志士媲美。至若勇往从戎，同仇北伐，或投身赤十字会，不辞艰辛；或慷慨助饷，鼓吹舆论，振起国民精神，更彰彰在人耳目"。同一时间里，因女子争取参政而产生过女子参政同盟会、女子同盟会、女子参政同志会、中华女子共和协进会、神州女界共和协济社等团体。如果说参军表

---

① 梁启超：《变法通议·论女学》，见沈鹏等编《梁启超全集》第1卷，北京出版社1999年版，第32页。

达了近代妇女的义务意识，参政则表达了近代妇女的权利意识，正所谓
"天下兴亡，匹妇有责"①。

（2）易服饰

服饰是人类文明的标志。中国自夏、商起，开始出现冠服制度，正
朔服色被视为国家根本之所系，是传统礼仪制度的重要内容。因此，变
易服饰不仅是个人兴趣爱好问题，也是政治斗争和文化冲突的外在表
现。与之相应，中国社会的政治变革往往与革新服饰联系在一起，"欲
更官制、设议院、改试令，必自易西服始"②。

戊戌维新时期，康有为在奏议中多次提到"易服"，"王者改制，
必易服色"，中国"守旧者固结甚深，非易其衣服不能易人心，成风
俗，新政亦不能行"③。希望通过"易服"，去除服饰上映衬出来的特
权、等级和道德信念。当时，不少开明的中国人已经承认长袍马褂不如
西服便利。当时社会上流传一首打油诗："大半旗装改汉装，宫袍裁做
短衣裳。脚跟形势先融化，说道莲钩六寸长。"表明社会风俗改革之风
已悄然兴起。只是当时满街都是长袍，西服更多地被社会视为二毛子或
假洋鬼子的表征，提倡"易西服"无异于"以夷变夏"，"以为背谬已
极，名教罪人"。

帝制取消之后，服饰发生了根本性的变革。前清官爵命服及袍褂、
补服、礼服、翎顶朝珠在辛亥革命移风易俗的浪潮冲击下一概被束之高
阁。人们在选择衣饰时，不再重视体现身份的贵贱，而是以美观、新奇
作为取舍标准，更加注重仪容风度及个人情趣。着装古板单调、等级森
严的局面，被千变万化、生动活泼的景象所取代，表现出多样性和多变
性的特点。正所谓"西装东装，汉装满装，应有尽有，庞杂至不可名
状"④。甚至出现"中国人外国装，外国人中国装"，"男子装饰像女，
女子装饰像男"，平民模仿官僚，官僚穿起民服，"妓女效女学生，女
学生似妓女"的怪现象。人们试图通过服饰的多样性和时髦性，表达

---

① 《中华女子共和协进会征求女子意见书广告》，见上海社会科学院历史研究所编《辛
亥革命在上海资料选辑》，上海人民出版社1981年版，第917页。
② 宋恕：《上合肥傅相书》，见《万国公报》第101册。
③ 康有为：《请断发易服改元折》，见《波兰分灭记》卷六。
④ 《闲评二》，《大公报》1912年9月8日。

自己人格的独立。一些"适于卫生，便于动作，宜于经济，壮于观瞻"的时代服饰也开始被研求和推广。孙中山即综合了日式学生服装与中式服装的特点，设计出一种直翻领有袋盖的四贴袋服装——中山装。这种服饰有西服的优点，但比西服更合乎中国人的口味，民国初年亦比西服更容易代替长袍马褂，且价格廉于西服，因而大为流行，一度成为中国男子最喜欢的标准服装之一。

（3）改称呼、禁跪拜

1912年3月2日，南京临时政府发布了《令内务部通知革除前清官厅呼文》的命令，明令废除清朝的叩拜、相揖、请安、拱手等旧式礼节，代之以鞠躬、脱帽、握手之礼；称呼也由过去的大人、老爷，一律改为先生、君；书信落款中的"顿首"、"再拜"及带有封建等级色彩的称谓，均被新式名词所代替。民国初年通常的文明仪式为脱帽、鞠躬、握手、鼓掌、洋式名片，以此表明人格平等。鞠躬、握手、互递名片等新式礼仪日渐流行，"男子礼节脱帽鞠躬，大礼三鞠躬，常礼一鞠躬，寻常相对，只用脱帽礼。女子大礼大致相同，惟不脱帽，专行鞠躬礼"。

称谓是社会关系的产物及表现者，以官职、先生、君代替老爷、大人，显示了资产阶级自由、平等、博爱精神对于封建主义不平等的否定。以鞠躬之礼代替此前的跪拜、相揖、请安、拱手等旧式礼节，反映了礼节上的尊卑等级观念已逐渐被平等观念所取代。

（4）废贱民制度

有清一代，人口贩卖一直处于非法与合法的矛盾政策界定中。一方面加重对于"略卖人"罪的处罚，首犯"绞监候"，从犯一律处杖一百、流三千里。如果使用"邪术迷拐"儿童的，首犯绞立决，从犯发极边四千里充军。如果是将诱拐的妇女儿童"开窑"的，无论妇女儿童是良民还是奴婢，首犯处斩立决，从犯发黑龙江给披甲人为奴。另一方面，乾隆年间定型的条例规定：外省民人可以在贵州收买"穷民子女"，只要地方官府在契约上盖印证明，一次购买不超过四五人的，就可以带往外省，以后允许的范围扩大至云南。

这样的政策制定，不仅不能根绝人口贩卖，更增加了具体司法工作的困难。鉴于此，两江总督周馥、修律大臣沈家本先后上"禁革买卖人口折"、"禁革买卖人口变通旧律议"，建议禁止人口买卖，经过几年的激烈讨论，1910 年公布的《大清现行刑律》终于明令禁止人口买卖，1911 年公布的"新刑律"对之进一步确认，只是未及实施，清政府就灭亡了。

辛亥革命后，中华民国南京临时政府痛斥"奸人市利买卖人口"、"拐贩猪仔"，以及"贱民"制度，强调"重人权而彰公理"：

> 天赋人权，胥属平等。自专制者设为种种无理之法制，以凌轹斯民，而自张其毒焰，于是人民之阶级以生。前清沿数千年专制之秕政，变本加厉，抑又甚焉。若闽、粤之蛋户，浙之惰民，豫之丐户，及所谓发功臣暨披甲家为奴，即俗所称义民者，又若薙发者并优倡隶卒等，均有特别限制，使不得与平民齿。一人蒙垢，辱及子孙，蹂躏人权，莫此为甚。当兹共和告成，人道彰明之际，岂容此等苛令久存，为民国玷。为此特申令示，凡以上所述各种人民，对于国家社会之一切权利，公权若选举、参政等，私权若居住、言论、出版、集会、信教之自由等，均许一体享有，毋稍歧异，以重人权，而彰公理。该部接到此令之后，即行通饬所属一体遵照，并出示晓谕该省军民人等，咸喻比意。①

孙中山亦以大总统的名义令内务部禁止贩卖人口，"其从前所结买卖契约，悉予解除，视为雇主雇人之关系，并不得再有主奴名分"。此后，又电令外交部妥筹禁绝贩卖人口、"猪仔"，"除令广东都督严行禁止'猪仔'出口外，合亟令行该部妥筹杜绝贩卖及保护侨民办法，务使博爱、平等之义，实力推行"②。尽管贩卖人口的罪恶行为并未在中国绝迹，但"贱民"作为一类社会群体在中国正式结束。

六　相关阅读书目

1. 康有为：《大同书》，上海古籍出版社 2009 年版。

---

① 《南京临时政府公报》第四十一号。
② 《南京临时政府公报》第二十七、四十三号。

2. 梁启超:《新民说》,中州古籍出版社 1998 年版。

3. 谭嗣同:《仁学》,中州古籍出版社 1998 年版。

4. 孙中山:《建国方略》,生活·读书·新知三联书店 2014 年版。

5. 桑兵:《孙中山的活动与思想》,北京师范大学出版社 2015 年版。

6. 姜义华:《章太炎思想研究》,中国人民大学出版社 2009 年版。

7. 〔美〕萧公权:《近代中国与新世界:康有为变法与大同思想研究》,汪荣祖译,江苏人民出版社 2007 年版。

8. 〔美〕史华兹:《寻求富强:严复与西方》,叶凤美译,江苏人民出版社 1990 年版。

第十章　新文化运动与新思潮的
勃兴(1915—1928)

一　新文化运动

新文化运动是五四前后由胡适、陈独秀、鲁迅、钱玄同、李大钊等一批受过新式教育的人发起的一次"反传统、反孔教、反文言"的思想文化革新、文学革命运动。在救亡、变政、启蒙的近代多重奏中，新文化运动的突出贡献不是变政、救亡，而是思想领域的启蒙。其根本目的在于"立人"（改造国民性），摧毁旧传统，重建崭新的华夏文明。新文化运动标志着近代中国学习西方由物质层面的坚船利炮演变到思想文化层面的政治社会学说，是中国社会新的经济政治力量的发展在思想文化领域内的客观反映。

1.《新青年》等对旧传统的挑战

1915 年 9 月，陈独秀在上海创办《青年杂志》（一年后改名《新青年》），标志着新文化运动的开始。陈独秀应蔡元培邀请赴北京大学就任文科学长后，《新青年》编辑部迁到北京，其作者群亦由最初的以陈独秀为首的皖籍知识分子为主体扩大到较为广泛的北京知识界，李大钊、鲁迅、胡适等参与编辑并成为主要撰稿人。以提倡民主、反对专制，提倡科学、反对迷信，提倡新道德、反对旧伦理，提倡新文学、反对旧文学为主要内容的新文化运动轰轰烈烈地展开了。"在思想文艺上替中国政治建筑一个革新的基础"①，"只有这两位先生（德先生、赛先生）可以救治中国政治上、道德上、学术上、思想上一切的黑暗。若

---

① 李燕珍编：《胡适自叙》，团结出版社 1996 年版，第 224 页。

因为拥护这两位先生，一切政府的压迫，社会的攻击笑骂，就是断头流血，都不推辞"①。

批判君主思想、道统观念，提高民众的政治素质是新文化运动的重要命题。"如今要巩固共和，非先将国民脑子里所有反对共和的旧思想，一一洗刷干净不可。因为民主共和的国家组织、社会制度、伦理观念和君主专制的国家组织、社会制度、伦理观念全然相反。一个是重在平等精神，一个是重在尊卑阶级，万万不可调和的。若是一面要行共和政治，一面又要保存君主时代的旧思想，那是万万不成；而且此种脚踏两只船的办法，必至非驴非马，既不共和，又不专制，国家无组织，社会无制度，一塌糊涂后已。"②

至于彻底根除帝制思想的方法，陈独秀认为首先在于"输入西洋式社会国家之基础"，并"对与此新社会新国家新信仰不可相容之孔教，行彻底之觉悟，勇猛之决心"③。当然，要从根本上改变专制政治对民众的束缚，关键在于提高民众的政治素质，有能力行使民主国家的公民权利。正如高一涵所说："专制国家，其兴衰隆替之责，专在主权者之一身；共和国家，其兴衰隆替之责，则在国民之全体。专制国家本建筑于主权者独裁之上，故国家之盛衰，随君主之一身为转移。共和国本建筑于人民舆论之上，故国基安如泰山，而不虞退转。为专制时代之人民，其第一天职，在格君心之非与谏止人主之过。以君心一正，国与民皆蒙其麻也。至共和国之政治，每视人民之舆论为运施。故生此时代之人民，其第一天职，则在本自由意志，造成国民总意，为引导国政之先驰。"④ 所以，"政治实质之变更，在国民多数心理所趋，不在政治之形式"⑤。

构建新型的中国文化系统是新文化运动的根本目的，新文化运动的价值和意义不在于其反帝反封建的政治要求，而在于振聋发聩的理性启蒙。不过，新文化运动的领导者虽意识到以批判和否定传统为基础的思

① 陈独秀：《本志罪案之答辩书》，《新青年》第6卷第1号，1919年1月15日。
② 陈独秀：《旧思想与国体问题》，《新青年》第3卷第3号，1917年5月1日。
③ 陈独秀：《宪法与孔教》，《新青年》第2卷第3号，1916年11月1日。
④ 高一涵：《共和国家与青年之自觉》，《青年杂志》第1卷第1号，1915年9月15日。
⑤ 高一涵：《共和国家与青年之自觉》，《青年杂志》第1卷第2号，1915年10月15日。

想文化变革是近代中国步入现代化的根本前提，也采用了思想文化自身的方式作为解决问题的手段，但缺乏自始至终、一以贯之的决心。陈独秀富有战斗气质的大无畏精神，但却对政治和文化所涉及的精微而曲折的含义或复杂情况并不十分关心；胡适是杜威式的自由主义分子，却从未介入有关社会和文化的深层探索；鲁迅具有一个机智、敏锐、精微而富有创造力的心灵，却往往使人敬而远之。并且，启蒙者本身对"政治启蒙"缺乏透彻的认识：陈独秀对"民主"的定义不甚了了①；胡适视"民主"为一种生活方式，是一种习惯性的行为②，而对民主制度的内涵则缺乏深入的论述。民主观念阐述的先天不足，使"民主"仅成为一个神圣的招牌。道统的思维模式与未经充分理解的民主观念相结合，提供了暴民专制和君主制复活的温床。

新文化运动是近代中国一次伟大的思想启蒙运动，但近代中国空前严重的民族屈辱和危机所激发的强烈救亡意识，阻碍了民主启蒙运动的纵深发展。"5 月 4 日冲上北京街头的年轻人已无心在从事政治行动前等待中国文化的转变，而且像别处常有的情况一样，学生们成功地'转变'了他们的教授。"③ 新文化运动的阵营也随之分裂，"问题"与"主义"之争是新文化运动统一战线彻底分化的标志。

1919 年 7 月 20 日，胡适在《每周评论》发表《多研究些问题，少谈些"主义"》一文，劝说人们"多多研究这个问题如何解决，那个问题如何解决，不要高谈这种主义如何新奇，那种主义如何奥妙"，因为"'主义'的大危险，就是能使人心满意足，自以为寻着包医百病的'根本解决'，从此用不着费心力去研究这个那个具体问题的解决法了"。在该文中，胡适还嘲讽说："空谈好听的'主义'，是极容易的事，是阿猫阿狗都能做的事，是鹦鹉和留声机都能做的事。"④

《多研究些问题，少谈些"主义"》发表后，蓝公武在《国民日

---

① 张宪文等：《中华民国史》第一卷，南京大学出版社 2005 年版，第 346 页。

② 欧阳哲生编：《胡适文集》第 1 册，北京大学出版社 1998 年版，第 355—356 页。

③ ［美］本杰明·史华慈：《思想的跨度与张力　中国思想史论集》，中州古籍出版社 2009 年版，第 208 页。

④ 胡适：《多研究些问题，少谈些"主义"》，《每周评论》第 31 号，1919 年 7 月 20 日。

报》上发表《问题与主义》一文进行回应，认为"问题与主义紧密相连，在某些时候是相似的。高谈主义，是为了主动揭示问题，吸引舆论注意这个问题，以便更好地解决该问题，解决热点与重点问题"。李大钊亦认为"问题与主义有不能十分分离的关系"，"因为一个社会问题的解决，必须靠着社会上多数人共同的运动。那么我们要想解决一个问题，应该设法使他成了社会上多数人共同的问题。要想使一个社会问题，成了社会上多数人共同的问题，应该使这社会上可以共同解决这个那个社会问题的多数人，先有一个共同趋向的理想、主义，作他们实验自己生活上满意不满意的尺度（即是一种工具）"[1]。

对于蓝公武、李大钊的评论文章，胡适强调"主义"的具体性，"主义初起时，大都是一种救时的具体主张。后来这种主张，传播出去，传播的人，要图简便，便用一两个字来代表这种具体的主张，所以叫他做某某主义。主张成了主义，便由具体的计划，变成一个抽象的名词。我所说的是主义的历史，他们所说的是主义的现在的作用。试看一切主义的历史，从老子的无为主义，到现在的布尔什维克主义，那一个主义起初不是一种"救时的具体主张?"[2] 针对国人存在的"目的热"和"方法盲"，胡适认为，需要拿主义的前因来说明主义的性质，用效果来评价价值和功用，"不明前因，便不能知道那主义本来是作什么用的；不明后果，便不能知道那主义是究竟能不能作什么用的"[3]。大致来讲，胡适主张一点一滴改革社会具体问题，李大钊则认为中国问题需要在马克思主义的指导下"来一个根本解决"，即用革命手段，改变社会经济制度。

当然，"问题"与"主义"之争不是敌对双方的政治斗争，是"新文化运动阵营内部发生的一场以方法论争论为核心的政治色彩很浓厚但充满自由平等气氛的健康学术争论"[4]，直至《新青年》内部分裂、《新青年》杂志南迁，这种"内部、温和争论"才最终结束。1919 年 9

---

① 李大钊：《由经济上解释中国近代思想变动的原因——再论问题与主义》，《每周评论》第 31 号，1919 年 8 月 17 日。

② 胡适：《三论问题与主义》，《每周评论》第 36 号，1919 年 8 月 24 日。

③ 胡适：《四论问题与主义》，《每周评论》第 37 号，1919 年 8 月 30 日，未刊出。

④ 张传鹤：《重新解读胡适及"问题与主义"之争》，《文史哲》2003 年第 6 期。

月 16 日，陈独秀被保释，"查察尚知悛悔，姑念系属学子，拟从宽准予保释"，由于研究系的挑拨，陈独秀与陶孟和发生矛盾以至决裂。①此外，胡适认为《新青年》"色彩过于鲜明"，陈独秀则"不以为然"，这样，导致"北京同人抹淡的工夫决赶不上上海同人染浓的手段之神速"②，《新青年》同人只好分道扬镳。自 1920 年 9 月的第 8 卷第 1 号起，《新青年》成为上海共产党人的机关刊物。接受初步共产主义思想的知识分子放弃了单纯的思想启蒙，转向革命道路。一场以启蒙为目标、以批判传统为特色的思想文化革命运动和文学革命运动，终于在内在和外来的双重逼迫下改变了既定的航标，以专注于文化批判始，以复归政治斗争终。

　　2. 思想自由、兼容并包与北京大学的自由学风

　　北京大学源自戊戌变法时期创办的京师大学堂，是中国近代第一所国立大学，也是最早以"大学"身份及名称建立的学校，其成立标志着中国近代高等教育的开端。但在蔡元培任职之前，北京大学是一座封建思想、官僚习气充斥的学府，"学生于讲堂上领受讲义，及当学期、学年考试时要求题目范围特别预备外，对于学术，并没有何等兴会。讲堂以外，又没有高尚的娱乐与自动的组织，遂不得不于学校之外，竟为不正当的消遣。这就是著名腐败的总因"③。教员中不少人不学无术，课堂讲授因循守旧、敷衍塞责。

　　北京大学的自由学风，是从蔡元培接任北大校长后培养起来的。蔡元培，浙江绍兴人，字鹤卿，又字仲申、民友、孑民，乳名阿培，并曾化名蔡振、周子余。早年治小学、经学，25 岁中进士，27 岁授职翰林院编修。辛亥革命后，蔡元培就任南京临时政府教育总长，主张采用西方教育制度，废止祀孔读经、实行男女同校等。在教育思想方面，蔡元培深受德国教育家洪堡自由主义办学理念的影响："他们主张学术独立，将大学自由视为金科玉律，教授有充分的讲授自由，只要确信为真

---

　　① 胡适：《致陈独秀》，见耿云志、欧阳哲生编《胡适书信集》（上），北京大学出版社 1996 年版，第 262 页。

　　② 胡适：《答陈独秀》，见耿云志、欧阳哲生编《胡适书信集》（上），北京大学出版社 1996 年版，第 258 页。

　　③ 高平叔编：《蔡元培教育论著选》，人民教育出版社 2011 年版，第 742 页。

理，任何人不得干涉；学生有学习的自由，以培养独立研究的能力；对学生的生活，也不强为干涉。这些特色，都为蔡元培所潜接而默受，成为他办理北京大学时的借镜。"①

初到北京大学，蔡元培对学生提出三点要求——"抱定宗旨"、"砥砺德行"、"敬爱师友"，明确"大学者，研究高深学问者也"、"循思想自由原则、取兼容并包之义"的办学宗旨。② 至于教师，坚决辞退不称职的中国、外国教员，聘请陈独秀、胡适、李大钊、鲁迅、刘半农、梁漱溟、夏元瑮、李四光、王星拱、颜任光、钟观光、任鸿隽、李书华、丁西林、马寅初、陶孟和、陈启修、王世杰、黄节、吴梅、刘文典、陈垣、马裕藻、沈兼士、朱希祖、马衡、康心孚、辜鸿铭、刘师培、黄侃等著名学者到校任教，由陈独秀、夏元瑮分别出任文科、理科学长。

学科设置方面，蔡元培将商科并入法科，工科并入北洋大学，1919年撤销文、理、法科，学门不再隶属于科，改学门为学系，设14个学系。并废除年级制，实施选科制，以发展学生个性，沟通文理。1920年，北京大学允许3名女生进入文科旁听，同年秋，正式开始招收女学生，开中国公立大学男女同校之先河。1917年，北京大学创设文、理、法三科研究所，进行研究生培养，这是中国高校最早的研究所。1918年设立的《北京大学月报》，是中国最早的大学学报。

蔡元培倡导教育独立，认为官僚政客不应干涉教育，"教育有二大别，曰隶属于政治者，曰超轶乎政治者。专制时代（兼立宪而含专制性质者言之），教育家循政府之方针，以标准教育，常为纯粹之隶属政治者。共和时代，教育家得立于人民之地位，以定标准，乃得有超轶政治之教育"③。校内则推行教授治校、民主管理的制度，设置评议会作为学校的最高权力机关和立法机关，评议员由教授选出，各学门（系）亦相应设立教授会。随后又设立北京大学行政会议、教务会议、总务

---

① 陶英惠：《蔡元培与北京大学（1917—1923）》，《中研院近代史研究所集刊》第5期，第274页。

② 蔡元培：《孑民自述》，江苏人民出版社1999年版，第119页。

③ 蔡元培：《对于教育方针之意见》，见新潮社编《蔡孑民先生言行录》，北京大学出版部1920年版，第189页。

处，至此，北京大学教授治校的管理体制已经基本成熟。

北京大学的自由学风，首先表现在互相对立的学派可以共存共荣，教员格局新旧一体、中西合璧。当时，新派聚集辩论的地方主要有两个：一个是汉花园北大一院二层楼上国文教员休息室——群言堂，以南方人为主体；另一个是一楼图书馆主任室——饱无堂，以北方人为主体。"这两个房子里面，当时确实是充满学术自由的空气。大家都是持一种处士横议的态度。谈天的时候也没有时间的观念。有时候从饱无堂出来，走到群言堂，或者从群言堂出来走到饱无堂，总以讨论尽兴为止。……当时的文学革命可以说是从这两个地方讨论出来的，对于旧社会制度和旧思想的抨击也产生于这两个地方。"[①] 旧派教员以曾经拥护袁世凯复辟帝制的刘师培为首，包括顽固守旧的黄侃、反对共和的辜鸿铭以及尊孔为教的梁漱溟等人。

在新派教员的影响下，北京大学中国文学门二年级学生傅斯年、英国文学门二年级学生罗家伦、哲学门二年级学生顾颉刚等，联络同学杨振声、徐彦之、康白情、俞平伯等人，发起成立"新潮社"。"同人等集合同趣组成一月刊杂志，定名曰《新潮》。专以介绍西洋近代思潮，批评中国现代学术上、社会上各问题为职司。不取庸言，不为无主义之文辞。成立方始，切待匡正，同学诸君如肯赐以指教，最为欢迎！"[②]《新潮》杂志社下设编辑部和干事部两个部门，均为 3 人编制，任事者由社员自主选举产生。旧派教员周围的薛祥绥、张煊、罗常培等同学，则"慨然于国学沦夷欲发起学报以图挽救"，于 1919 年 1 月 26 日，在刘师培宅内成立了《国故》月刊社，标明"以昌明中国固有之学术为宗旨"[③]。1919 年 3 月 20 日第 1 期出版，文言直排，内容"极端守旧"[④]。

除不同学派可以共存外，各种各样社团的建立也是北京大学自由学

---

① 罗家伦：《蔡元培时代的北京大学与五四运动》，《传记文学》第 10 卷第 5 期，第 15 页。

② 《新潮杂志社启事》，《北京大学日刊》1918 年 12 月 13 日。

③ 《国故月刊社记事录》，见王学珍、郭建荣主编《北京大学史料》第 2 卷（1912—1937）第 3 册，北京大学出版社 2000 年版，第 2715 页。

④ 萧超然：《北京大学与五四运动》，北京大学出版社 1995 年版，第 150 页。

风的体现。蔡元培到北大后，鼓励师生积极组织社团，活动经费由学校帮助解决。在他的倡导扶植下，北大校园涌现出一大批师生都有人参加的社团组织：每系有会，如国文学会、史学会、哲学会、地质学会、数学会、心理学会等；全校性或者跨系科性的社团也有很多，如北大学术研究会、教育研究会、新文学研究会、歌谣研究会、世界语研究会、书法研究会、画法研究会、音乐会、雄辩会、武术会、静坐会等。以及带有政治倾向的新闻学研究会、进德会、哲学研究会、国民社、新潮社、国故社、平民教育演讲团、马克思学说研究会、画法研究会、音乐会、雄辩会、少年中国学会等。

　　蔡元培主持北京大学期间，积极开展中外学术交流。"为集思广益起见，对于各友邦之文化，无不欢迎；以国体相同，而对于共和先进国之文化，尤所欢迎；以思想之自由，文学美术之优秀，彼此互相接近。"① 欧美著名学者杜威、罗素、孟禄、班乐卫、杜里舒等相继到北京大学讲学，爱因斯坦因换约问题未能遂愿，"我方函件迟发了几天，对方到日本后又行踪无定，……临时改变计划，中止赴华"，居里夫人、倭铿也在被邀请之列，只是由于太忙碌而无法成行。② 此外，蔡元培也注意将本国的学者推向国际讲坛，想方设法帮助北京大学的学生和青年教师出国深造，为国家造就了一批高水平的人才。③

　　蔡元培扶植、提倡形成的北京大学的自由学风，使北大一扫过去的沉闷空气，学术活动非常活跃，占主流的学术思想尤为新鲜。"沙滩文科大楼的第一院、马神庙公主府的第二院和骑河楼译学馆的第三院，办得各有特色，自成一格。踏进公主府，既富丽，又清幽，使人心旷神怡。跑到文科大楼（即沙滩红楼），左一间政治学会研究室，右一间'新湘杜'办公室，楼底下在赶印教授、学生们所办的各种定期刊物，楼上面是分门别类的各种图书阅览室，门房内则堆满着各种各样代售的杂志，使人应接不暇。译学馆里呢？那个顶大顶大的大礼堂上，不是今天有什么学术演讲，名人演说，就是明天有什么学生大会，纪念大会，

---

　　① 蔡元培：《欢迎柏卜先生演说词》，见新潮社编《蔡孑民先生言行录》，北京大学出版社 1920 年版，第 393 页。

　　② 王世儒编撰：《蔡元培先生年谱》上册，北京大学出版社 1998 年版，第 313、409 页。

　　③ 高平叔：《蔡元培与北京大学》，《传记文学》第 72 卷第 1 期，第 20 页。

使人兴奋，使人振发。蔡先生长校时的北大师生，真有如鸢飞戾天，鱼跃于渊，既活泼又愉快。这种气象，这种生活，那得不令人怀念无已。"① 北京大学的这种自由学风对中国教育乃至社会发展影响深远，它不仅使民主自由的思想在北方扎下根，而且以北京大学为依托，使新文化运动推向全国，为中国培养、造就了一代人，深深地影响了中国历史的发展。

3. 白话文运动

白话文运动是新文化运动的重要组成部分，是中国有史以来汉语书面语最大的颠覆活动，是百年来中国语文演进的关键所在。战国以前，中国人的语言和文言基本是合一的，随着历史的发展，二者逐渐分离，文言没有随着语言的进化而变化，成了记录语言的主要形式。为了让更多的人看懂书面文字，历代均有学者主张书面语、口语一致："不须古典之言"，"总须切实明透，使人一目了然"②，"我手写我口"，"崇白话而废文言"。梁启超创制的"新文体"，用的虽还是文言，但平易畅达，杂以俚语、韵语及外国语法，已向着白话文迈出了第一步。接着白话书报在各地涌现，日见兴盛，其中白话报纸有 10 多种，白话教科书有 50 多种，白话小说有 1500 多种。

晚清以降，西方思想文化随着坚船利炮涌进中国，文言的语言特点已经不适应中西文化交流的需要及文化推广的要求，先进的中国人认识到："中国问题的解决和希望在一般人民身上"③，"必须唤起那最大多数的民众来共同负担这个救国的责任，他们知道民众不能不教育，而中国的古文古字是不配作教育的利器的"④。但直到胡适大张旗鼓地提倡以前，白话文运动始终处于自发状态。

1917 年 1 月，胡适在《新青年》上发表《文学改良刍议》一文，提出文学改良的八点建议：一曰，须言之有物；二曰，不摹仿古人；三

---

① 《怀念蔡孑民先生》，重庆《新华日报》1943 年 3 月 5 日。

② 洪仁玕：《戒浮文巧言谕》，见《太平天国文选》，第 99 页。

③ 李孝悌：《清末的下层社会启蒙运动（1901—1911）》，《中研院近代史研究所专刊》（67），1992 年，第 224 页。

④ 胡适编选：《中国新文学大系·建设理论集》"导言"，上海文艺出版社 1982 年影印本，第 6 页。

曰，须讲求文法；四曰，不作无病之呻吟；五曰，务去滥调套语；六曰，不用典；七曰，不讲对仗；八曰，不避俗字俗语。吹响了白话文运动的号角。接着，陈独秀发表《文学革命论》一文，主张"推到雕琢的阿谀的贵族文学，建设平易的抒情的国民文学；推到陈腐的铺张的古典文学，建设新鲜的立诚的写实文学；推到迂晦的艰涩的山林文学，建设明了的通俗的社会文学"①。教育界亦积极探讨、推行白话文教学，"同人等以为国民学校之教科书必改用白话文体，此断断乎无可疑者，惟既以白话为文，则不可不有一定之标准，而今日各地所行白话之书籍报章类，皆各杂其地之方言，既非尽人能知，且戾于统一之义，是宜详加讨论，择一最易明了而又于文义不相背谬者，定为准则，庶可冀有推行之望，此同人等发起斯会之旨也……"②，"查所选教材皆为文话，于实际上甚不适用，因拟将小学所用课本一律改用白话，俟征集妥协编辑完全后，即饬令一律改用"③。

　　以白话文为主要表现形式的新文学运动大张旗鼓地展开后，知识随着白话文逐渐普及，"有少年宣讲团之组织，专以启化村童知识，维持社会道德，改良风俗为宗旨，每逢星期及纪念节日休假之期，分赴内地乡村，宣讲并编成各种歌辞韵语，以引起听者之兴趣，刊印浅易白话讲义到处分送或张贴街衢"④。五四运动爆发后，白话文成为学生、知识分子发动人民群众的语言利器，用人民群众的语言阐述国家大义，争取社会各阶层的支持，"北京女学界近几个月思潮亦甚激昂，现决议二事不日执行，一组织演讲团以唤起国民之觉悟，惟演讲地点则借学校或公共之场，不取露天演讲形式。二发行白话报以鼓励大众之进行……"⑤；"每逢单日印刷白话传单随地分发二组织露天演说团唤醒同胞发挥爱国精神……"⑥。

　　随着白话文运动的深入，对文学的认识也逐渐深入。1917 年 5 月，

---

① 胡适编选：《中国新文学大系·建设理论集》"导言"，上海文艺出版社 1982 年影印本，第 44 页。

② 《国语研究会讨论进行》，《申报》1917 年 3 月 9 日。

③ 《太原》，《申报》1918 年 6 月 16 日。

④ 《少年宣讲团呈请立案》，《申报》1918 年 10 月 31 日。

⑤ 《罢课中之京学界消息》，《申报》1919 年 5 月 23 日。

⑥ 《罢课后之学生进行》，《申报》1919 年 5 月 28 日。

胡适发表《历史的文学观念论》一文，认为文学的形式与内容都是随着时代的改变而改变的，白话文学成为今日文学的正宗有其历史的必然性。1918年4月，在《建设的文学革命论》一文中，胡适进一步指出，"我们所提倡的文学革命，只是要替中国创造一种国语的文学。有了国语的文学，方才可有文学的国语。有了文学的国语，我们的国语才可算得真正国语。国语没有文学，便没有生命，便没有价值，便不能成立，便不能发达"①。

实事求是地讲，此时胡适注重的还是文学工具论的讨论，还没有对"新文学"的内容进行深入探讨。直至周作人将"新文学"概括为"人的文学"，"应该排斥的，便是反对的非人的文学"②。1920年1月6日，周作人在北平少年学会所作的题为《新文学的要求》的讲演中，指出新文学应具备两个条件："一、这文学是人性的；不是兽性的，也不是神性的。二、这文学是人类的，也是个人的；却不是种族的，国家的，乡土及家族的。"③

白话文运动的蓬勃发展，引起部分旧式知识分子的强烈不满，"国立北京大学自蔡子民氏任校长后气象为之一新，尤以文科为最有声色。文科学长陈独秀氏以新派首领自居，平昔主张新文学甚力，教员中与陈氏沆瀣一气者有胡适、钱玄同、刘半农，沈尹默等学生闻风兴起，服膺师说张大其辞者亦不乏人。其主张以为文学须应世界思潮之趋势，若吾中国历代相传者，乃为雕琢的、阿谀的贵族文学，陈腐的、铺张的古典文学，迂晦的、艰涩的山林文学，应根本推翻。代以平民的、抒情的国民文学，新鲜的、立诚的写实文学，明了的、通俗的社会文学，此其文学革命之主旨也。自胡适氏主讲文科哲学门后，旗鼓大张新文学之思潮，益澎湃而不可遏，既前后抒其议论于《新青年》杂志，而于其所教授之哲学讲义亦且改用白话文体裁，近又由其同派之学生组织一种杂志曰《新潮》者，以张皇其学说。《新潮》之外更有《每周评论》之

① 胡适：《建设的文学革命论》，《胡适文集》第2册，第45页。
② 胡适编选：《中国新文学大系·建设理论集》，上海文艺出版社1982年影印本，第193页。
③ 郑振铎编选：《中国新文学大系·文学论争集》，上海文艺出版社1982年影印本，第142页。

印刷物发行，其思想议论之所及，不仅反对旧派文学，冀收摧残廓清之功，即于社会所传留之思想亦直接、间接发见其不适合之点，而加以抨击"①。

但是，旧派知识分子对白话文运动没有形成根本的冲击，在旧派文人的反对声浪中，新文学运动取得了巨大的成绩。1920 年 4 月，教育部通告，明令国民学校其他各科教科书，亦相应改用语体文。"定自1920 年秋季起，凡国民学校一二年级，先改国文为语体文，以期收言文一致之效。查本部审查教科图书规程第二条，审定图书，系认为合于部令学科程度及教则之旨趣，堪供教科之用者。如今坊间出版国民学校所用各种教科书，曾经本部审定者，自经此次部令公布以后，其教材程度，即不免多所不符，兹特依据部令酌定办法如下：凡照旧制编辑之国民学校国文教科书，其供第一第二两学年用者，一律作废，第三学年用书，秋季始业者，准用至民国十年夏间为止。春季始业者，准用至民国十年冬季为止。第四学年用书，秋季始业者，准用至民国十一年夏季为止。春季始业者，准用至民国十一年冬季为止。至于修身、算术、唱歌等科，所有学生用书，其文体自应与国语科之程度相应。凡照旧制编辑之修身教科书，其第一学年全用图画者，暂准通用。第二学年所用文体，与国语科程度不合者，应即作废。第三第四两学年用书，均照国文教科书例，分期作废。算术教科书，在未改编以前，准就现行之本，于教授时将例题说明等修改为语体文，一律用至民国十一年冬季为止。唱歌教本，均应一律参改语体文，恐未周知，特此通告。"② 自此，白话文占据了教育高地，白话文运动取得彻底的胜利。

白话文运动的另一项重要成果是标点符号的推广。1919 年 4 月，胡适、钱玄同、刘复、朱希祖、周作人、马裕藻六位教授在国语统一筹备会第一次大会上，要求政府颁布通行"，。；：?! —（）《》"等标点。1920 年 2 月 2 日，北洋政府教育部发布第 53 号训令——《通令采用新式标点符号文》，中国第一套法定的新式标点符号从此诞生。

经过白话文运动的洗礼，现代思想借助于白话在社会上广泛传播，

---

① 《北京大学新旧之暗潮》，《申报》1919 年 3 月 6 日。
② 《小学国文科改授国语之部令》，《申报》1920 年 1 月 18 日。

白话文学得到社会的广泛承认，打破了传统知识阶层对文学的垄断。新文艺逐步得到完善，诗歌、小说、散文、戏剧等文学形式被重新解释并赋予新的时代意义。胡适的《谈新诗》《论短篇小说》，腾固的《论散文诗》，傅斯年的《戏剧改良各方面观》，欧阳予倩的《予之戏剧改良观》等，都是这一时期具有代表性的文论。文学创作的主流逐渐转向写实主义、批判现实主义和自然主义，一大批优秀的文学作品涌现出来。诸如胡适的《尝试集》、鲁迅的《狂人日记》《孔乙己》《阿Q正传》、徐志摩的抒情诗。平民文学亦因白话文运动受到重视，许多民间歌谣、诗词被收集整理出来，繁荣了中国新文艺，也为新文学的发展提供了源头和活水。

白话文运动还促进了中国社会新的语义系统的建立，使中国在文化思想上脱离了古典时代。新的语义系统的建立，适应了中国社会心态的变迁及与外部世界交流的需要，知识分子的眼光开始下移，自觉尝试与民众结合，"俯下身来"唤醒民众、发动民众。

二　五四以后的社会思潮

五四运动以后，社会发展风云激荡，各种新思潮层出不穷，人们的思想经历着前所未有的解放和变换。在诸多学说流派争鸣斗胜的形势下，马克思主义以其高度的科学性和革命性逐渐吸引着越来越多的进步青年。

1. 马克思主义

新文化运动学习西方的同时，部分先进的中国人已经对西方资产阶级民主主义有所怀疑和保留。陈独秀赞颂法国文明时，把创立（空想）社会主义看作法国人对于近代文明所作的三大贡献之一，开始有意识地探讨资本主义制度的内在矛盾，"自竞争人权之说兴，机械资本之用广，其害遂演而日深：政治之不平等，一变而为社会之不平等：君主贵族之压制，一变而为资本家之压制。此近世文明之缺点，无容讳言者也"[①]。李大钊对"欧洲文明之权威大生疑念"，"代议政治虽今犹在试

---

①　陈独秀：《法兰西人与近世文明》，《青年杂志》第1卷第1号，1915年9月15日。

验之中，其良其否，难以确知，其存其易，亦未可测"①。毛泽东亦认为"东方思想固不切于实际生活，西方思想亦未必尽是"②。中国人学习西方屡屡失败的事实，亦使他们对资产阶级共和国方案在中国的可行性产生了极大的怀疑，眼光开始转向马克思主义。

马克思主义产生于 19 世纪的欧洲。早在 1899 年，上海《万国公报》刊登的《大同学》一文，就提及马克思、恩格斯，"其以百工领袖著名者，英人马克思也"，"德国讲求安民新学者有名人焉，一曰马克思，一曰恩格斯"③。其后，马克思及社会主义学说屡屡出现在中国报端上，"麦喀士，社会主义之鼻祖……德国人，著述甚多"④，"马克司者，以唯物论解历史学之人也，马氏尝谓阶级斗争为历史之钥"⑤。朱执信所著的《德意志社会革命家小传》，专门介绍了马克思、恩格斯的生平及《共产党宣言》的要点。

但是，五四运动之前，由于中国社会条件的限制，马克思主义仅仅在资产阶级、小资产阶级圈子里被曲解和误解。直至十月革命的消息传来，"黑暗的中国、死寂的北京"，才"分得那曙光的一线，好比在沉沉深夜中得一小小的明星，照见新人生的路"。据统计，自十月革命胜利的消息传到中国至 1922 年初为止，先后有近 30 种马克思主义的经典著作被翻译成中文，绝大多数社会科学方面的出版物亦从不同的角度谈论过或转译过国外介绍马克思主义的专著或论文⑥，李大钊负责编辑的《新青年》第 6 卷第 5 号甚至开辟了"马克思主义研究专号"。

李大钊是中国最早的马克思主义者，也是早期最积极的马克思主义学说的宣传者。第一次世界大战期间，李大钊已开始用马克思主义的观点分析"战争的真因"，"资本家的政府想靠着大战，把国家界限打破，

---

① 李大钊：《李大钊文集》上卷，人民出版社 1984 年版，第 168 页。

② 毛泽东：《毛泽东早期文稿（1912.6—1920.11）》，湖南人民出版社 1990 年版，第 86 页。

③ ［英］李提摩泰译，蔡尔康笔述：《大同学》，上海《万国公报》第 121 期，1899 年 4 月。

④ 《二十世纪之巨灵托辣斯》，《中国之社会主义》，原载《新民丛报》第 46 号，1902 年 10 月。

⑤ 马君武：《社会主义与进化论比较》，见《译书汇编》，1903 年版。

⑥ 林茂生：《马克思主义在中国的传播》，书目文献出版社 1984 年版，第 10—11 页。

拿自己的国家做中心，建一世界的大帝国，成一个经济组织，为自己国内资本家一阶级谋利益。俄、德等国的劳工社会，首先看破他们的野心，不惜在大战的时候，起了社会革命，防遏这资本家政府的战争"①。"今后世界的人人都成了庶民，也就都成了工人"，"须知今后的世界，变成劳工的世界。我们应该用此潮流为使一切人人变成工人的机会，不该用此潮流为使一切人人变成强盗的机会"②。1919 年，李大钊发表《我的马克思主义观》，阐明了马克思主义的三个组成部分——唯物史观、政治经济学和科学社会主义。在《再论问题与主义》《物质变动与道德变动》《由经济上解释中国近代思想变动的原因》等文章中，李大钊不仅主张用马克思的学说去认识社会和改造社会，而且积极提倡与各国的实际相结合。"一个社会主义者，为使他的主义在世界上发生一些影响，必须要研究怎么可以把他的理想尽量应用于环绕着他的实境"，"在我们这不事生产的官僚强盗横行的国家，我们也可以用他作工具，去驱除这一班不劳而生的官僚强盗"③。李大钊还帮助《晨报》副刊开辟"马克思研究"专栏，先后发表马克思的《劳动与资本》、考茨基的《马氏资本论释义》、河上肇的《马克思唯物史观》等。除专栏外，《晨报》副刊还用一定篇幅发表了马克思、列宁、李卜克内西等的传记以及介绍国际共产主义运动的文章。

新文化运动的重要领导者陈独秀也逐渐转变为一位早期的共产主义者。1920 年 9 月 1 日，陈独秀发表《谈政治》一文，开始自觉运用马克思主义的阶级斗争学说分析中国的社会矛盾，要用"革命的手段建设劳动阶级（即生产阶级）的国家，创造那禁止对内对外一切掠夺的政治、法律，为现代社会第一需要"④。除了李大钊、陈独秀，毛泽东、周恩来、瞿秋白、蔡和森、李达、邓中夏等人也成为马克思主义的积极宣传者，并逐渐成长为中国早期的共产主义者。

马克思主义在中国的传播，其重要表现是知识分子与工农运动的结

---

① 《李大钊文集》上册，人民出版社 1984 年版，第 594 页。
② 同上书，第 595 页。
③ 《李大钊文集》下册，人民出版社 1984 年版，第 34 页。
④ 陈独秀：《陈独秀文章选编》（中），生活·读书·新知三联书店 1984 年版，第 10 页。

合。1920 年 1 月 25 日，李大钊《知识阶级的胜利》一文指出，"五四以后，知识阶层的运动层出不已。到了现在，知识阶级的胜利已经渐渐证实了。我们很盼望知识阶级作民众的先驱，民众作知识阶层的后盾。知识阶级的意义，就是一部分忠于民众作民众运动的先驱者"①。"我们的青年要立志出了研究室就入监狱，出了监狱就入研究室，这才是人生最高尚优美的生活。"② 李大钊、陈独秀等早期共产主义者，经常到工人当中讲演，加强了马克思主义在工人中的影响，1921 年 8 月成立的郑州铁路工人俱乐部即是在李大钊直接影响下成立的工人组织。

马克思主义在中国的传播，催生了一大批"探索社会主义"的进步团体，进步团体的大规模涌现也使马克思列宁主义的传播由自发的、无组织的、范围狭小的状态转变为有组织的、同工人运动相结合的、范围较为广泛的传播。③ 移到上海的"新青年社"除了《新青年》外，还出版了《劳动界》等刊物。毛泽东等人在长沙成立的"新民学会"，积极宣传社会主义学说、研究马克思主义，天津的"觉悟社"、北京大学的"马克思学说研究会"、"平民教育讲演团"等社团组织也积极宣传马克思主义。马克思主义已成为五四运动后的重要社会思潮。

2. 无政府主义

无政府主义（Anarchism），中国的近代文献上有时将其译为无强权主义、无治主义，有时又取其译音，称为安那其主义。无政府主义产生于 19 世纪上半叶，流行于 19 世纪后半叶的欧洲，以法国的蒲鲁东，俄国的巴枯宁、克鲁泡特金为代表，是一股小资产阶级的政治思潮。无政府主义者认为："（当时）流行的土地私有制度，和为着利息的资本家生产，代表一个垄断，这不特违背公道的原理，也不是有利的规则。他们是近世技术不能为一切人类幸福服务的障碍。无政府党以为那工钱制度和资本家的生产，都是进步的一个遮拦。"④ 从这个层面观察，无政府主义实为小商品生产者对于社会化的资本主义工业生产带来的冲击以

① 李大钊：《李大钊文集》（下），人民出版社 1999 年版，第 208 页。
② 陈独秀：《陈独秀文章选编》（上），生活·读书·新知三联书店 1984 年版，第 424 页。
③ 向青：《共产国际与中国革命关系论文集》，上海人民出版社 1985 年版，第 77 页。
④ ［俄］克鲁泡特金：《无政府主义》，台北帕米尔书店 1987 年版，第 189 页。

及造成的种种社会不公正现象做出的近乎本能的反应，并从自身的立场出发，设计自己理想的未来社会。

小资产阶级占人口绝大多数的中国社会，具有无政府主义流传的深厚基础。中国历史袭传的老庄的"无为而治"主张、儒家的"人性本善"说、墨家的"兼爱"思想，以及令人迷恋不已的"大同理想"，也提供了无政府主义流行中国的文化认同背景，"无父子，无夫妇，无家庭之束缚，无名分之拘牵，所谓不独亲其亲，不独子其子，斯不亦大同社会之权舆欤？"① 此外，无政府主义者高度关注"人的解放"问题，而该问题正是五四运动的核心与精髓。无政府主义将中国传统中所谓的大同理想由此隐秘地与时髦的"自由、民主"话语联系起来，使它顺利地在中国找到媒介人和追随者。正如许纪霖先生指出的那样，无政府主义"不仅为吴稚晖、李石曾、刘师培这些无政府主义者所信奉，而且渗透到蔡元培、陈独秀、胡适、傅斯年等人深处，使得启蒙知识分子或多或少都带有藐视国家的无政府主义色彩"。②

无政府主义在中国的活动，大致可以分为四个阶段。

第一阶段（1901—1911），是无政府主义在国外留学生中传播的阶段。在中国首先打出无政府主义旗帜的是吴稚晖、刘师培等人。1907年6月，中国留日学生刘师培、张继、何震等人，模仿日本无政府党，组织了"以无政府主义为目的"的"社会主义讲习会"，出版《天义报》《衡报》。与此同时，在巴黎的吴稚晖、张静江、李石曾、褚民谊等人则组织了"新世纪社"，创办《新世纪》周刊，介绍巴枯宁、克鲁泡特金、蒲鲁东等人的学说，报道社会党和无政府党的活动情况，提倡颠覆一切强权的"社会革命"。至此，无政府主义在中国形成独立的政治流派。

第二阶段（1912—1917），是无政府主义在国内系统传播阶段。1912年，刘师复在广州组织了"晦鸣学舍"，创办机关刊物《晦鸣录》（后改名为《民声》），发表《无政府共产主义同志社宣言书》，制定无政府主义的行动纲领——《无政府共产党之目的与手段》。常熟、南

---

① 《礼记·礼运》。
② 许纪霖主编：《启蒙的遗产与反思》，江苏人民出版社2010年版，第263页。

京、上海、广州等地也先后出现了一批无政府主义组织。

第三阶段（1918—1923），是无政府主义在中国广泛流行及分化的阶段。这一时期，全国各地都出现了无政府主义的团体和刊物，根据每个团体及刊物的政治主张，大体分为三派——无政府共产主义派、无政府个人主义派、无政府工团主义派，黄凌霜、朱谦之、郑佩纲分别为这三派的代表人物。随着马克思主义者与无政府主义者论争的展开，以及无政府主义者实践活动的挫败，中国无政府主义开始分化。

第四阶段（1924—1927），是中国无政府主义衰落的阶段。"四一二"政变后，无政府主义作为中国政治思想史上的一个重要流派，在理论上、实践上和组织上彻底破产。1927年后，中国仍然存在无政府主义的信仰者和刊物，但已属个别现象。

中国无政府主义具有一套泛杂的思想理论体系，其思想主张大致如下。

第一，反对一切强权，排斥任何形式的国家和政治组织，鼓吹极端个人主义。无政府主义者认为，人们的道德和自由才是公理，人的自由权利不应受任何强权的压制，也不应受任何条件的约束，主张个人绝对自由。这一思想是无政府主义的基础和中心。

第二，仇视私有制度。无政府主义者主张生产资料和消费资料归社会公有，废除财产私有权。无国家、无法律、无权威、无阶级、无压迫、无家庭……，每个人竭自己所能为社会出力，劳动成为享受和义务。每个人尽自己所需领取社会公有的财物。对照专制统治下的黑暗现实，无政府主义者描绘的理想社会图式，自然令人兴奋无比。

第三，强调人的社会公平地位，主张权利和义务均等。刘师培曾设想一张图表：每个人从出生至5岁，由栖息所（托儿所）抚养；6岁至10岁读书；11岁至20岁半天读书半天做工；21岁至36岁工作，根据年龄段分别从事建筑、制造、纺织等不同的工种；37岁至50岁，从事高级的社会服务工作，如当厨师、工技师、医生等；50岁以后到栖息所担任养育幼童和教育工作。这样就使"一人而兼众艺"，义务、权利均等。这实际上是以绝对平均主义的眼光来认识社会分工和人的权利义务，是小资产阶级世界观的体现。

第四，提倡废"姓"，抨击宗法家族制度。中国无政府主义者认为，"姓"代表着血缘关系，是人身依附关系的象征，与极端个人主义的精神不符。刘师复发起组织的"心社"，戒规中明确规定"不称族姓"，旨在摆脱封建宗法家族制度的束缚。无政府主义者对宗法家族制度的批判，在一定程度上触及中国封建宗法制度的黑暗层面，对进步青年有较大影响。

第五，幻想革命即日成功，醉心于暴力、暗杀等恐怖活动。中国无政府主义者对现实不满，但又不赞同有组织的团体活动，反对通过组建政党以阶级斗争的方式推翻专制统治。由于找不到实现革命的正确途径，无政府主义者只能幻想突发性的侥幸成功，这也反映出小资产阶级难熬革命的艰巨性，不愿脚踏实地进行长期革命的弱点。

从内容观察，中国无政府主义的这些主张不完全是欧洲无政府主义的简单重复，而是欧洲无政府主义、中国近代农业社会主义和中国古代大同思想的混合物。与欧洲无政府主义的历史作用不同，中国无政府主义在马克思主义居于中国社会思想领域主导地位以前，曾经起过一定的积极作用。1907年《天义报》曾刊载了《共产党宣言》英文版序言和第一章《资产者和无产者》，《新世纪》曾如实地介绍过巴黎公社的革命作用。有的无政府主义者还组织工人进行反剥削的经济斗争，许多无政府主义者先后与各个时期的革命者合作过。不过，作为一种思想体系和政治派别，中国无政府主义一开始就是与科学社会主义对立的：反对专制、强权，也反对建立无产阶级专政国家；主张绝对自由，反对建立政党，反对一切组织纪律。

无政府主义在中国的最终破产，主要是其自身存在的缺陷所造成的。无政府主义所宣扬的绝对自由主义、人人平等、反对一切权威和国家，只是"看上去很美"，实际上根本不具备操作的可能性。无政府主义者也逐渐认识到自身存在的理论缺失，"正统派"有感于过去强调"绝对自由"和"破坏一切"，遭到北洋政府的制裁和一些民主主义者的非难与批驳，改而将宣传的要点侧重于组织、联合和建设方面，强调他们的学说是"有社会"的"建设"的无政府主义，而且是有科学根据的，希望以此获得更多的支持。但效果却适得其反，不仅未能完善自己的理论，反而暴露出他们在理论上的矛盾和逻辑上的混乱。而"新虚无主义派"所宣扬的"要人类退回到穴居野处的蒙昧时代去"，简直就是"愤青"言论。随着科学的社会主义在中华大地上广为流传，无政府主义最终不可避免地走到了尽头。

3. 空想社会主义

空想社会主义也叫作乌托邦主义，"是缺乏科学根据而设想建立社会制度的社会政治思想"，流行于 19 世纪初期的西欧，代表人物有欧文、圣西门和傅立叶。新文化运动前后，中国空想社会主义派别主要有工团主义、基尔特社会主义、新村主义等。

工团主义　工团主义也叫工联主义，鼓吹通过纯粹的工业组织和斗争来推翻资本主义，强调会员的主动性、战斗精神（包括怠工破坏活动）。早在 1907 年，张继等无政府主义者就将"总同盟罢工"视为实现工团主义的具体战略，只是当时中国还没有形成有觉悟的无产阶级队伍，工团主义的实施缺乏现实基础。

1918 年 3 月，吴稚晖与梁冰弦等人在上海创办《劳动》月刊，"介绍世界各国工运情况和苏俄革命，鼓吹劳动运动，号召工人组织起来，与资本家作斗争"[1]。当然，工人"自觉组织起来"，须具备两个必备条件：一、当了悟劳动主义之真理；二、当巩固工团主义之团体。吾人当打破命运之迷信，当了然于今日之社会所以有贫富之不平等者，原非命运使然，不过富贵者兼并吾人之幸福以去，故使吾人沦于悲境。此不正当之社会，终当破坏之，以改造一正当平等之社会，务使达到生产物类之劳动家直接支配生产物类，打破资本制度而后已。该文呼吁"劳动同胞可以大觉矣，请速起以组合工团主义之新团体，普及劳动主义于大众，协同致力于改革之事业，吾辈将来之命运，于是乎基之矣"[2]。此外，民生社 1918 年出版的《工人宝鉴》，工余社和互助社于 1923 年分别出版的《工余》和《互助》，以及《闽星》《光明》，加拿大的《明星》，法国巴黎的《工会》，都是宣传工团主义的重要刊物。[3]

---

①　刘石心口述：《关于无政府主义活动的点滴回忆》，见葛懋春等编《无政府主义思想资料选》（下），北京大学出版社 1984 年版，第 934 页。

②　葛懋春等编：《无政府主义思想资料选》（下），北京大学出版社 1984 年版，第 376、378 页。

③　汤庭芬：《五四时期无政府主义派别及其分化》，《华中师范学院学报》1981 年第 3 期。

工团主义主张"直接行动","自己干自己的事，不依靠他们（资本家、官僚），不畏怯他们，振起自觉的精神，联合我们的工团，把资本家从前掠夺工人据为己有的生产机关，如土地、工厂、机器……等和管理权一概取回，归诸公有，大家协同工作，共同生活，依着'各尽所能、各取所需'的原则去自由生产、自由消费，造成一个真正'共产主义'的社会，普及'全人类的正当生活和幸福'"①。广州自来水公司、电灯公司的工会以及机器工会的成立均有工团主义的影响。工团主义下的工会组织，规模最大的属黄爱、庞人铨等人指导，1920 年 7 月在湖南长沙成立的"湖南劳工会"，会员达四五千人。"直切了当，收回工厂和机器，自家制造一切东西出来，单供给劳动同胞，不再供给那些'吃现成饭'的资本家就对了。"② 国民革命兴起后，工团主义的社会影响逐渐淡化以至最终消失。

基尔特社会主义　基尔特（Guild，行会），是欧洲中世纪的一种同业自治团体。基尔特社会主义主张在工会基础上成立专门的生产联合会来改善资本主义，但否定阶级斗争，反对建立无产阶级的政党，是费边社会主义之外、介乎社会主义与工团主义之间的一种调和理论。代表人物主要有阿瑟·约瑟夫·彭蒂、塞缪尔·乔治·霍布逊、乔治·道格拉斯·霍华德·柯尔、贝兰特·罗素等。

五四新文化运动期间，基尔特社会主义传入中国。梁启超担任主编的《改造》杂志、张东荪创办的《解放与改造》杂志是宣传基尔特社会主义的主要阵地。徐六几、许新凯、郭梦良、郭虞裳等学者翻译和撰写了大量基尔特社会主义的理论文章，周佛海、昔尘、王名烈、金侣琴等对基尔特社会主义的宣传也作出了一定的贡献。

基尔特社会主义在中国的传播，大致分为以下三个阶段。

第一阶段（1919 年 9 月至 1920 年 3 月）：宣传基尔特社会主义的文章开始出现。张东荪在《解放与改造》创刊号上发表的《罗塞尔的"政治理想"》一文，是中国第一篇宣传基尔特社会主义的文章。郭虞

---

① 志平：《直接行动》，见葛懋春等编《无政府主义思想资料选》（下），北京大学出版社 1984 年版，第 593 页。

② 《告工人》（《劳工》期号不详，1921 年 5 月），《五四时期期刊介绍》第二集上册，生活·读书·新知三联书店 1979 年版。

裳著《基尔特社会主义》、明权译《基尔特组合员社会》、俞颂华著《读罗素的社会改造原理首末两节》、献书译《基尔特社会主义的国家原理》等，均提及基尔特社会主义。除了《解放与改造》杂志外，学者们还利用《时事新报》副刊《学灯》《东方杂志》等报刊，发表传播基尔特社会主义的文章。[①]

第二阶段（1920年3月至1920年9月）：柯尔的基尔特社会主义学说被介绍到中国，梁启超成为基尔特社会主义的积极传播者。旅欧归来的梁启超创办"讲学社"，接任《解放与改造》主编并将之改刊名为《改造》，"在《欧游心影录》中，梁启超陈述了西方资本主义的危机和社会主义代之而兴的趋势"[②]。

第三阶段（1920年9月至1922年9月）：基尔特社会主义与科学社会主义的论战时期。这场论战持续了一年多的时间，双方发表了大量文章，较具代表性的有张东荪的《由内地旅行而得之又一教训》、李汉俊的《浑朴的社会主义者底特别的劳动运动意见》《自由批评与社会问题》。1922年秋，《改造》杂志停刊，基尔特社会主义逐渐淡出学者视线，论战结束。

基尔特社会主义不反对现政权，承认国家存在的积极作用，主张国家与基尔特组织之间的分权，国家代表消费者的利益，基尔特组织代表生产者的利益。但近代中国积弱积贫、落后挨打的局面，国人认为根源正在于清政府和北洋政府的腐败无能，国内形势迫切要求进行革命。这样一来，具有改良性质的基尔特社会主义学说就不能满足当时中国社会的需要。此外，中国知识分子对基尔特社会主义理论缺乏全面、深刻的认识，有关基尔特社会主义的文章大多为译著，理论水平高、分析透彻的研究性文章很少，基本停留在基尔特社会主义"是什么"的初始传播阶段，未能找到理论与中国实际结合的办法，理论本身渐失活力。

新村主义　新村主义也叫新村运动，幻想无政府、无剥削、无强权，既读书又劳动的田园般的新生活，对五四时代的爱国青年有较大影

---

① 高军等：《中国现代政治思想评要》，华夏出版社1990年版，第186页。

② 高力克：《五四时期研究系的"第三条道路"》，《中共杭州市委党校学报》2002年第5期。

响。刘师复、郑彼岸曾计划在九龙宋王台畔建立"红荔山庄"；周作人专程奔赴日本九州参观日向新村；毛泽东、张昆弟等寄居长沙岳麓书院时，曾计议建设新村；恽代英、林育南在湖北时，也对建设新村做过设想。少年中国学会内部也有人主张通过新村建设理想的少年中国，认为只有新村才是自由社会的大本营。

五四时期，介绍新村运动的文章很多，诸如周作人的《日本的新村》《新村运动的解说》《新村的精神》《新村的理想与实际》《访日本新村记》等。概而言之，新村运动的思想主要包含以下内容：一、建立新村的原因："新村的人不满现今的社会组织，想从根本上改革它"①；二、建立新村的手段：通过"和平改革"而非"暴力革命"，建立一个理想的新村，以至扩大到全世界；三、建立新村的目的："在于过正当人的生活"，人人平等，互助友爱，消灭阶级、消灭国家；四、新村的理想是要建立"各尽所能，各取所需"的社会。

新村主义脱离了社会化大生产的历史趋势，是自给自足小农生产意识的反映。但新村主义在中国的实施，缺乏上层人物的支持，"石河内区长也有几分田地在下城，新村想要收买，区长说非照实价加倍不可，无非借此刁难罢了"②。普通民众也不理解新村活动，"以为他们是有钱人，聊以种田当作娱乐"③。新村倡导人人平等，但事实上存在不平等：劳动的分配，由第一流的政治家公平办理；会员分两种，权利与义务存在差别。正如时人所言，"薄弱的经济基础与共产主义的分配原则的矛盾，团员的个人主义、自由主义思想与集体主义生活方式的矛盾，在资本主义私有制的社会中，这两个矛盾都是不可克服的，这也是一切新村式的乌托邦组织失败的根本原因"④。

1920年3月23日，北京工读互助团宣告解散，中国思想界震动极大。恽代英从实践中认识到"个人主义的新村是错了"，"新村的运动，虽不纯然起源于寻求个人幸福的动机，但因为利己的本能得了个合宜擎

---

①　周作人：《新村的理想与实际》，《民国日报》1920年6月26日。
②　周作人：《访日本新村记》，《新潮》第2卷第1号，1919年10月30日。
③　同上。
④　《五四时期期刊介绍》第一集上册，生活·读书·新知三联书店1978年版，第245页。

生的场所，利它的本能因为遇不着适当的刺激，遂得不着适当生长，所以精神每易太趋重了对内的完成，太疏忽了对外的发展。结果一部分的成功，无益于全世界的改造，而这一部分的生机，亦每为别部分恶势力所摧毁挫丧，不能继续存在"①。李大钊也认为"都市上的工读团，取共同生活组织，是我们根本的错误"②。1924 年春天，周作人发表《教训的无效》之后，亦从这场"蔷薇色的梦"中觉醒过来。③

4. 实用主义

20 世纪西学东渐中，实用主义作为一种哲学思潮传入中国。其中，杜威一派的实用主义在中国的影响较大。杜威派实用主义最初通过中国留学生传播，代表人物为胡适。1915 年暑假，胡适"发愤尽读杜威先生的著作"，"从此以后，实验主义成了我的生活和思想的一个向导，成了我自己的哲学基础"④。

杜威实用主义哲学对中国的影响，在五四以后达到高潮。从 1919 年 4 月 30 日杜威应邀到中国讲学，到 1921 年 7 月 11 日回国，在两年零两个月的时间里，杜威足迹遍及中国的 14 个省，进行学术演讲 200 多次。⑤ 他在福建、广东、山东、山西等地的活动，许多报刊有追踪报道，其影响力可见一斑。杜威在华讲学，促进了实用主义在中国的传播，麦累的《实验主义》被翻译成中文，到 1933 年 2 月已经再版 5 次；詹姆士的《实用主义》再版了 3 次。中国学术界掀起了一股实用主义浪潮。

实用主义能在中国思想界风靡一时，有其理论本身的内在根源。首先，实用主义适应了当时中国社会的需要。辛亥革命失败后，封建复辟、军阀割据的混乱局面让知识分子和青年学生产生了强烈不满，有变革现状、在思想文化领域开展反封建斗争的内在动因。经胡适"化约"的实用主义，主张以科学的观点、方法分析和解决一切问题（包括人

① 恽代英：《论社会主义》，《少年中国》第 2 卷第 5 期，1920 年 11 月。
② 张允候编：《五四时期的社团》（三），生活·读书·新知三联书店 1979 年版，第 413 页。
③ 李景彬、邱梦英：《周作人评传》，重庆出版社 1996 年版，第 108 页。
④ 胡适：《胡适留学日记》"自序"，安徽教育出版社 2006 年版，第 5 页。
⑤ 元青：《杜威与中国》，人民出版社 2001 年版，第 66 页。

生观和历史观问题），反对封建迷信，抨击封建礼教和伦理道德，启发国民觉悟，提倡积极进取的科学精神，正好能够满足知识分子和青年学生"变革现状、反封建"的需要，"实验主义的哲学，刚刚能用他的积极性来满足这种需求"①，从而为知识分子和青年学生所信服。

其次，实用主义的价值观与中国传统文化的价值取向具有相通之处。实用主义继承休谟、孔德等人的经验论传统，主张把哲学研究限于经验范围之内，反对经验之外的"形而上学"的争论，所关注的并不是事物的本体、本质，而是事物的价值、效果和效用。中国传统文化的一个重要特征即为"经世致用"的价值取向，重实用轻思想、重功利轻学说、重现实轻"超越"，关注点在于现实的人生和社会，而不是抽象思辨的本体论探讨。西学东渐，"中学"受到"西学"的强烈冲击，但积淀在人们思想深处的传统观念和思维方式在短时期内难以改变。因此，以效用、价值为主旨的实用主义，经胡适等人介绍到中国后，对当时致力于救亡图存的知识分子和青年一代颇具吸引力和影响力。

但是，由于实用主义不重视实在论、真理论而过于强调方法论，与中国的哲学传统相去甚远，所以，在纯粹的哲学层面，实用主义对中国并没有产生太大影响。实用主义对中国的影响主要反映在教育方面。"四一二"事变后，以胡适为首的实用主义者遭到来自左右两方面的攻击，实用主义在中国的影响逐渐减弱。

五四以后，中国思想界出现空前活跃的局面。在各种异彩纷呈的社会、政治和文化思潮中，除了上面已经论述的几种影响比较深远的以外，还有国家主义、民族主义、好政府主义以及学衡派、新儒家、甲寅派等社会思潮的涌现。

三　东西文化论争

五四时期的东西文化问题论争，约从 1915 年《新青年》创刊开始，到 1927 年被中国社会性质问题的争论所代替，期间双方发表文章、论著 1000 多篇（部）。论争双方——东方文化派、西方文化派，在东

---

① 瞿秋白：《实验主义与革命哲学》，《新青年》季刊第 3 期，1924 年 8 月。

西文化何优何劣、差异何在、能否调和、各自在未来世界文化中的地位如何等问题上，争论不休，互不相让。然而，在激烈的对垒中，双方却不约而同地关注、赞许社会主义，社会主义思想成为双方对抗中的统一点。

东西文化论战按时间发展大致分为三个阶段：1915—1919 年为第一阶段。基本上是延续前人的问题展开，讨论主要集中于比较东西文化优劣方面，从而引申出东西文明的异同。争论主要在以陈独秀、李大钊等人为主的《新青年》与杜亚泉任主编的《东方杂志》间展开。1919—1921 年为第二阶段。东西文化能否调和是这一时期争论的焦点。由比较东西文化的差异发展为如何处理东西文化间的关系，辩论新旧文化能否融合。这一时期的代表人物有陈独秀、李大钊、蔡元培、张东荪、蒋梦麟等。1921—1927 年为第三阶段。梁启超的《欧游心影录》、梁漱溟的《东西文化及其哲学》相继发表，东西文化之争开始关注东西文化如何结合的实践问题。这一时期的代表人物有梁启超、梁漱溟、冯友兰、张东荪、胡适、瞿秋白、郭沫若等人。

东西文化论争的内容，大体集中于以下三个方面。

1. 东西文化优劣

西方文化派将东西文化的差异概括为"奴性"与"自主"、"保守"与"进步"、"隐退"与"进取"、"锁国"与"世界"、"虚文"与"实利"、"想象"与"科学"，把"人权"与"科学"归为西方现代文明的两大基石，力倡中国文化的西方化。"（西方文化）最足以变古之道，而使人心划然一新者，厥有三事：一曰人权说，一曰生物进化论，一曰社会主义是也。"[①] 中国的旧道德即使达到了"人人亲其亲长其长"的理想，"也只是分裂的生活，利己的生活；去那富于同情心利他心相爱互助全社会共同生活的思想，还远得很"。而西方的光明前途，就在于他们"正在要抛弃私有制度之下的一个人一阶级一国家利己主义的旧道德，开发那公有、互助、富有同情心、利他心的新道德"[②]。西方近代文明虽然有缺点，造成了社会上的不平等，但又产生

---

① 陈独秀：《法兰西人与近世文明》，《青年杂志》第 1 卷第 1 号，1915 年 8 月 15 日。
② 陈独秀：《调和论与旧道德》，《新青年》第 7 卷第 1 号，1919 年 12 月 1 日。

了"去此不平等"的社会主义;社会主义"可谓之反对近世文明之欧罗巴最近文明"①。针对西方文化派的西方中心主义的进化论文化范式,东方文化派提出文化多元论的东西文化观,认为东西文化的差异为"性质之异",而非"程度之差"。"西洋文明是人为(反自然)的,中国文明则是顺自然的;西洋人的生活是向外的,中国人的生活是向内的;西洋社会有兼具权利义务的人格化的团体,中国社会则只有自然人而无团体;西洋社会崇尚竞争胜利,中国社会则重视道德修身;西洋社会多战争,中国社会贵和平。"② 在东方文化派看来,中西文化的上述差异,皆源于"竞争存在"和"自然存在"两种文化精神的差异,一为"静的文明",一为"动的文明"。

2. 如何对待中国传统文化

西方文化论认为"道德随社会生活而进化","孔子生长封建时代,封建时代之礼教,封建时代之生活状态也"③,因而孔教在现代社会已丧失存在之价值。主张废弃宗教,以"科学代宗教",宗教道德法律等"人为法"是部分的、暂时的、当然的,而科学的"自然法"则是普遍的、永久的、必然的。不过,西方文化派以科学民主取代儒家传统的启蒙理性主义新文化模式,含有内在的文化矛盾:世俗的西方现代性能否取代东方古典精神传统,而成为中国新的道德精神资源?西方基督教传统与现代性并行不悖的现象怎么解释?对此,东方文化派提出护存光大中国传统文化以救治现代中国面临的危机,"中国传统文化长于统整,几千年来演成以儒家为主干而整合道释的中国精神文化之结晶体。源于希腊文化和希伯来文化的西洋文化则自古以来难以统一,文艺复兴以后更是众说纷杂",若以中国传统文化统整和融合西洋文化,"中国和世界都可得救济"。关于中西精神文明的评判,东方文化派反对西方文化派"富强"至上的功利主义取向,认为西方富强的物质成就,并不能掩盖其深刻的精神冲突。东方文化派的代表人物梁漱溟甚至断言:世界未来的文化就是中国文化的复兴,并列举了许多西方文化正在向中国文

① 陈独秀:《法兰西人与近世文明》,《青年杂志》第 1 卷第 1 号,1915 年 9 月 15 日。
② 许纪霖、田建业编:《一溪集 杜亚泉的生平与思想》,生活·读书·新知三联书店 1999 年版,第 81 页。
③ 陈独秀:《孔子之道与现代生活》,《新青年》第 2 卷第 4 号,1916 年 12 月 1 日。

化靠近的例子：西方的经济是不合理的，现在正在要求改正，"这出来要求改正的便是所谓社会主义，西方的转变就萌发于此"①。西方社会主义，无论是圣西门一派"宗教气味"的，还是马克思一派"科学气味"的，以及基尔特一派"哲学气味"的，均使人们对物质生活"恬淡许多而且从容不迫，很像中国人从来的样子"②。

3. 全盘西化还是东西调和

西方文化派坚信儒学已被文化进化所淘汰而丧失了存在价值，中国文化应该全盘西化、整体西化，"无论政治学术道德文章，西洋的法子和中国的法子，绝对是两样，断断不可调和迁就的"③。东方文化派主张东西文化调和。东方文化派认为，欧战已暴露了西洋文明的弊端，对西洋文明也应像对东洋文明一样进行重新评判：世界大战结束以后，西方的经济变动"必趋向于社会主义"，"西洋之社会主义，虽有种种差别，其和平中正者，实与吾人之经济目的无大异。孔子谓'不患寡而患不均'，社会主义所谓'各取所需，亦即均之意义。……实则社会主义，乃吾国所固有"④。鉴于此，东方文化派建议国人：不要醉心欧化，而要注意中西文化的折中调和，应该"以现代文明为表，以未来文明为里。表面上为奋斗的个人主义，精神上为和平的社会主义"⑤，等等。"吾人之天职，在实现吾人之理想生活，即以科学的手段实现吾人经济的目的。以力行的精神，实现吾人理性的道德。"⑥ 对中国传统道德，当确信其为"最纯粹最中正者"，同时研究世界各国贤哲的思想以资借鉴。东西文明的调和，在于"以彼之长补我之短"。

东西文化论争，西方文化派胜在思想启蒙的宣传效应，东方文化派胜在文化学理的思想价值。在西方文化派的文化进化图式中，只有人类文化由传统向现代、由东方向西方的一元进化，没有东方文化在现代世界文化中的位置，也没有传统与现代的连续性。东方文化派则坚持对西

---

① 梁漱溟：《东西文化及其哲学》，商务印书馆 1987 年版，第 164—165 页。
② 同上书，第 193 页。
③ 陈独秀：《今日中国之政治问题》，见任建树等编《陈独秀著作选》第 1 卷，上海人民出版社 1993 年版，第 386 页。
④ 伧父：《战后东西文明之调和》，《东方杂志》第 14 卷第 4 号，1917 年 4 月。
⑤ 伧父：《新旧思想之折衷》，《东方杂志》第 16 卷第 9 号，1919 年 9 月。
⑥ 伧父：《战后东西文明之调和》，《东方杂志》第 14 卷第 4 号，1917 年 4 月。

方文化本身进行反向的"价值重估"，主张社会进化独立而超越自然进化的"心物"二元进化论。应当说，东西文化论分别把握了中国文化的"创新"和"守成"两大主题，东方文化派护存传统资源的稳健观点，是对西方文化派的文化激进主义路线的制衡和纠正。二者的一"进"一"挽"，缩影了一幅具有辩证张力的启蒙运动的思想图景。①

四　相关阅读书目

1. 陈独秀：《陈独秀文章选编》，生活·读书·新知三联书店 1984 年版。

2. 李大钊：《李大钊文集》，人民出版社 1984 年版。

3. 胡适：《胡适留学日记》，安徽教育出版社 2006 年版。

4. 蔡元培：《孑民自述》，江苏人民出版社 1999 年版。

5. 林茂生：《马克思主义在中国的传播》，书目文献出版社 1984 年版。

---

① 高力克：《重评杜亚泉与陈独秀的东西文化论战》，见冯林主编《重新认识百年中国》，改革出版社 1998 年版，第 207 页。

第十一章 南京国民政府时期文化建设与运动(1928—1949)

一 20 世纪 30 年代不同政治文化的论争

1. 政治保守主义思潮的泛起

第一次世界大战后，由于世界政治和经济危机的蔓延，"民主"在许多国家束手无策而备受攻击，"专制"却因战后某些独裁国家经济、军事的崛起而得以发展。由于辛亥革命以来建立民主制度尝试的一再失败，中国人尤其是知识分子对政治产生厌倦和失望，国民党当局出于加强一党专制、控制民众思想的需要，也急于为其专制内涵的意识形态寻找学理依据。于是，20 世纪 30 年代，中国政坛和文坛上以"保守"形态出现的思潮纷纷登台亮相。

法西斯主义 法西斯主义是"个人的地位被压制于集体（某个国家、民族、种族或社会阶级）之下的社会组织"。法西斯主义反对资本民主主义和乌托邦思想，主张建立以超阶级相标榜的集权主义统治，鼓吹沙文主义。

法西斯主义与中国发生联系，源自胡愈之《棒喝主义与中国》一文。该文认为，想在中国"建立妥协的议会政治，使政局走上轨道，这简直是梦想"，意大利驻沪领事建议的中国商人阶级"效法棒喝团的组织，起来收拾政局"，倒是一条可行的道路，"我国要是真有以国家主义为前提的政团出现，真有像慕沙里尼那样的英杰产生，那么棒喝主义也未始不是无办法中的一个办法"[①]。早期，在中国传播法西斯主义

---

① 化鲁:《棒喝主义与中国》,《东方杂志》第 20 卷第 19 号, 1923 年 10 月。

思潮的，主要是对抗左翼文艺运动的知识分子，"莫索里尼于民国十一年（1922）以法西斯蒂组织取得政权，早为国人所知，此在当时译为棒喝团，并不受重视。民国十八年世界经济大恐慌后，希特勒声势日大，始为国人所注意。最早受其影响者，是九一八前一年为对抗左翼文艺而起的民族文艺运动。九一八后，留学义德两国之青年军人鉴于日本侵略及共产党之猖獗，多欲效法德义政体以救国"①。

1931 年 5 月 5 日，蒋介石在国民会议开幕词中公开鼓吹法西斯主义，"致民治之道，则必经过训政之阶段。挽救迫不及待之国家危难，领导素无政治经验之民族，是非藉经过较有效能的统治权之实施不可"②。在蒋介石的号召下，国民党内蒋系人物，以复兴社、力行社、C.C 及其"文化建设学会"为主体，在中国掀起一股法西斯主义宣传的狂潮，《社会主义月刊》《血汗月刊》《前途》等法西斯主义刊物蜂拥而出，以《独裁政治论丛书》《法西斯蒂小丛书》等名义出版的大批传播、宣传法西斯主义的书籍充斥市场，"法西斯主义救中国"的叫嚷甚嚣尘上。

然而，法西斯主义思潮掀起后不久，即遭到来自各方的斥责和抵制，国民党理论家胡汉民连发数文，对中国法西斯运动的反动性进行了抨击和揭露，称之为"现代政治上最反动的运动"③。法西斯主义趋于沉寂，政府当局不再明目张胆引法西斯为同调，不再公开用法西斯主义这面旗帜。

新传统主义　辛亥革命后，传统政治秩序崩溃，新的政治体制未能确立，有增无减的社会动乱给社会和人群带来了长久而深远的沮丧和不安，"复兴传统"成了解救社会的良方，部分知识分子打起了"中国本位文化建设"的旗号。

1935 年 1 月 10 日，王新命、何炳松、陶希圣、萨孟武等十位知名教授联合署名在《文化建设》杂志第 1 卷第 4 期上发表《中国本位的文化建设宣言》一文，《宣言》的核心观点是：我们主张每个国家、民

---

① 胡秋原：《一百三十年来中国思想史纲》，台北学术出版社 1973 年版，第 134 页。
② 中国国民党中央党史史料编纂委员会编：《革命文献》第 23 辑，台北中央文物供应社 1978 年版，第 4752 页。
③ 胡汉民：《论所谓法西斯蒂》，中兴学会 1935 年版，第 36 页。

族都有权利和义务保存和发展自己的传统文化；都有权利自主选择接受、不完全接受或在某些具体领域完全不接受外来文化因素；同时也有权对人类共同面临的文化问题发表自己的意见……呼吁包括中国政府在内的各国政府推行积极有效的文化政策：捍卫世界文明的多样性，理解和尊重异质文明；保护各国、各民族的文化传统；实现公平的多种文化形态的表达与传播。推行公民教育，特别是未成年人的文化、道德教育，以及激励国家、民族和地区间的文化交流。

"十教授宣言"发表后，引起中国思想界的广泛讨论。大多数批评者把这个宣言的基本主张看作是顽固、保守、复古的。"我们不能不指出，十教授口口声声舍不得那个'中国本位'，他们笔下尽管宣言'不守旧'，其实还是他们的保守心理在那里作怪。他们的宣言也正是今日一般反动空气的一种最时髦的表现。时髦的人当然不肯老老实实的主张复古，所以他们的保守心理都托庇于折衷调和的烟幕弹之下。"①

对于西化论者的强烈批评，王新命等十教授又于同年 5 月 10 日在《文化建设》第 1 卷第 8 期上发表《我们的总答复》一文，算是对全盘西化论者的批评的反批评，以及对宣言内容的补充说明。《总答复》着重对以下六个问题进行说明：第一，所谓中国本位就是中国此时此地的需要，这是基础和前提，而其基本内涵则是在纵的（时间的）方面反对全盘复古，在横的（空间的）方面反对全盘西化；第二，所谓不守旧就是反对复古，因为文化形态应该是不断变动和进展的；第三，所谓不盲从就是反对全盘西化，否则会造成西方文化的反客为主；第四，"中国本位的文化建设"不但与"中体西用"不同而且是反对它的，因为体用一源，"有什么体便有什么用，有什么用便有什么体"，故体用是不可分的；第五，所谓中国此时此地的需要，就是人民生活需要充实、国民生计需要发展、民族生存需要保障；第六，中国本位的文化建设是一种民族自信力的表现，一种积极的创造，而反帝反封建也就是这种创造过程中的必然使命。此外，王新命本人还单独在《晨报》发表《全盘西化论的错误》一文。

---

① 胡适：《试评所谓"中国本位的文化建设"》，见《胡适文存四集》，黄山书社 1996年版，第 396 页。

"十教授宣言"虽然标榜"不守旧，不盲从；根据中国本位，采取批评态度，应用科学方法来检讨过去，把握现在，创造未来"。但其宣扬固本、立国、维护传统，客观上起了认同现政权的作用，迎合了官方保守的意识形态，无意中成了政府文化专制的维护者。

新法家运动　"新法家"源于20年代以陈启天、曾崎为首的"国家主义派"，认为个人的存在要以国家为前提，个人要为国家服务，牺牲个人而尽忠于国家，反对谋求个人之伸张及个性之发展的个人主义。

1935年，常燕生发表《法家思想的复兴与中国的起死回生之道》一文，认为两千年来法家和法家人物被攻击、埋没是"一件大冤狱，是我们必须要平反的"。在文中，常燕生提出"新法家"概念，"中国的起死回生之道就是法家思想的复兴，就是一个新法家思想的出现，对于这个结论，我可以毫不犹疑的向全国民胞保证"[1]。

陈启天则将韩非子同西方的亚里士多德并列，认为韩非子对中国古典政治学的贡献有如亚氏对西方政治学的贡献。在《先秦法家的国家论》一文中，陈启天也提到"新法家"概念，"近代中国已进入世界的新战国时代，似有产生新法家的必要"[2]。陈启天还著有《商鞅评传》《韩非子校释》《张居正评传》《中国法家概论》等著作，集中系统地阐述了他的观点，青年党内一班人起而附和，从而形成一个规模有限却有其特色的新法家运动。

20世纪30年代中国思想文化论争中的政治保守主义思潮尽管流派不同，但具有共同特征：第一，对未来事物深度不信任而眷恋于传统的和现行既定的秩序；第二，对下层和中层民众深度不信任而迷恋于政治上的最高权威和高度集中的政治权力；第三，对发展与世界的联系深度的不信任而偏向于国家主义、民族主义、国粹主义。在实践中，政治保守主义也总是和政治专制主义、经济统制及思想文化专制主义紧紧结合在一起，从不同方面为国民党政府的专制统治提供理论上的合法性依据。

2. 民主与独裁之争

1933年12月10日，蒋廷黻发表《革命与专制》一文，提出专制

---

① 常燕生：《法家思想的复兴与中国的起死回生之道》，《国论》1935年第2期。
② 陈启天：《先秦法家的国家论》，《国论》1935年第8期。

建国的主张，"像英俄时期的专制，先建国，再用国来谋幸福"①。此文发表后，立即引起胡适等人的反驳，思想界掀起了民主与独裁的论战。讨论分两个阶段，第一阶段始于福建事变，第二阶段由 1934 年 11 月 27 日汪精卫蒋介石联名通电全国所引起。论战的中心人物都是曾留学欧美的知识精英，大体分为三方，一方以蒋廷黻、丁文江为代表，主张独裁论，他们的支持者有张弘伯、徐道邻等人。另一方主张民主论，胡适是代表人物，支持者有胡道维、张熙若等人。第三方为折中者，主要代表是陈之迈和张佛泉，支持者有吴景超、萧公权等人。

专制建国论与民主建国论的分歧主要表现在建设一个民族国家的政治途径上。前者的路径是专制建国—民族振兴—个人幸福，后者的路径是民主建国—个人自由—民族振兴—个人幸福。作为自由主义知识分子，专制建国者、民主建国者均坚持民主宪政的理想，只是独裁论者视独裁为建国的有效途径，同时又想保留通向民主的通道；民主论者视民主为建国的治病良方，但又不得不面对理想与现实冲突的窘境。

独裁论者基于中国民智未开化、经济不发达、民族不统一而要求以领袖的集权及人格魅力来实现国家的统一和社会的进步；民主论者希望以尊重个人的权利、自由来塑造一个健全的民族，打造出一个理性、和平的国家。当然，这一时期独裁论者所主张的独裁是与旧式的专制根本不相容的新式独裁。

第一，独裁的首领要完全以国家的利害为利害。

第二，独裁的首领要彻底了解现代化国家的性质。

第三，独裁的首领要能够利用全国的专门人才。

第四，独裁的首领要利用目前的国难问题来号召全国有参与政治资格的人的情绪与理智，使他们站在一个旗帜下。

民主论者对于民主政治的界定各不相同：胡适认为民主政治只是一种幼稚的政治制度，最适宜于训练一个缺乏政治经验的民族，其"好处在于不甚需要出类拔萃的人才……在于给多数平庸的人有个参加政治的机会，可以训练他们爱护自己的权利"②；张熙若认为民主政治实为

---

① 蒋廷黻：《革命与专制》，《独立评论》第 80 号，1933 年 12 月 10 日。

② 胡适：《再论建国与专制》，《东方杂志》第 82 期，1933 年 12 月 24 日。

最高明的政治制度,其最重要的精神在于它是以"被治者的同意"作为一切政治设施或活动的根据。在民主政治下,对于"同意"和"不同意"都要"以理服人","以理服人"比"以力服人"要高人一等了。这就要求一般人民需要有相当的智识,需要有了解普通政治问题的能力。①

专制建国与民主建国的争论集中于两点:一,独裁政治与民主政治哪一个能救中国于危难;二,独裁政治与民主政治在当时中国的可行性。独裁论者认为,中国是一个缺乏政治经验的国家,而"政治经验比较缺乏的民族,如俄、如意、如德,都放弃了民主政治,采用了独裁制度","在今日的中国,独裁政治与民主政治都是不可能的,但是民主政治不可能的程度比独裁政治更大",因为"我们民治经验的短,民治传统的弱,当前危机的大十倍于欧洲任何的国家。在这种状况之下,我们应该想想,哪一种政治比较的容易实现,比较的可以希望使我们可以渡过空前的难关"。我们"唯一的希望是知识阶级联合起来,把变相的旧式专制改为比较的新式独裁"②。

民主论者胡适则认为专制训政是比自由民主更需要技术含量的事情,"我不信中国今日有能专制的人,或能专制的党,或能专制的阶级;我不信中国今日有什么有大魔力的活问题可以号召全国人的情绪与理智,使全国能站在某个领袖或某党某阶级的领导之下,造成一个新式专制的局面"。同时,"独裁政治之难学,不光是'独裁的首领'难得,也不单是专门人才难得,还有那一百万或四百万的'专政阿斗'最不易得"。他断言:"中国今日若真走上独裁的政治,所得的绝不会是新式的独裁,而一定是那残民以逞的旧式专制。"③ 相对而言,民主似乎是可以"唾手可得"的,"阿斗不用天天干政,然而逢时逢节他们干政的时候,可以画'诺',也可以画'NO'"。但是,胡适未能解决独裁论者及某些民主论者所担忧的"阿斗"如何知道怎样画"诺"与"NO"的问题,以及当时的中国能否满足实行民主的成本问题。

---

① 张熙若:《民治政治当真是幼稚的政制吗?》,《独立评论》1937 年第 239 期。
② 丁文江:《民主政治与独裁政治》,《独立评论》第 133 号,1934 年 12 月 30 日。
③ 胡适:《答丁在君先生论民主与独裁》,《独立评论》第 133 号,1934 年 12 月 30 日。

折中论者吴景超认为，中国现在实行的是一种什么政治，这是一个事实的问题；我们愿意要有一种什么政治，这是一个价值的问题；怎么就可以达到我们愿意要有的政治，这是一个技术上的问题。吴景超对民主与独裁之争所做的性质上的划分，应当说从理论上化解了二者的矛盾。

论战的最后，胡适以调和各方矛盾的态度，要求大家在保留各自主张的基础上实现"最低限度的共同信仰"，呼吁以孙中山所追求的民主宪政为共同"信仰"，以此达成争议各方的共识。随着欧洲独裁国家所暴露出来的越来越多的内政外交问题，独裁的光环逐渐消失，胡适所谓的"政制改革的大路"——民主宪政似乎成了真正的选择。

3. 新生活运动

新生活运动起于 1934 年 2 月，止于 1949 年国民党政权败退台湾，是国民党当局发起的以"重整道德、改造社会风气"为目的的遍及全国城乡的大规模社会运动。

1934 年 7 月，统领全国新运工作的新生活运动促进总会在南昌成立，蒋介石任总会长，江西省政府主席熊式辉为主任干事，设调查、设计、推行三个部门。1935 年底，蒋介石在南京就任行政院长，新运总会迁至南京，钱大钧任主任干事。次年 2 月，新运妇女指导委员会成立，宋美龄任指导长。1937 年 3 月，新运促进总会进行组织变更，改正、副主任干事为总干事、副总干事，由黄仁霖担任总干事；改设计、调查为学校、训练两部门。

新生活运动的基本内容包括：以"礼义廉耻"为基本准则；以改造国民全部日常生活的"衣食住行"为实行起点，以军事化为最后要求。"礼义廉耻"（四维）是新生活运动的中心思想。国民党当局希望民众自觉把"礼义廉耻"结合到日常的"衣食住行"当中，改头换面、具备"国民道德"和"国民知识"，从根本上革除陋习：礼不是单讲仪式，什么鞠躬、叩头、握手、作揖，而是重秩序、守纪律，无论持躬、待人、接物、处事，规规矩矩，都守着毕恭毕敬的态度；义为"一心济世，厚人薄己，不争权利；急公忘私，弗辞劳瘁；扶善除恶，以彰公理"；廉为"既明且洁。严慎取予，操守有节；辨别是非，力排谬说；

崇尚节约，以惜物力"①。"礼义廉耻"互相连贯，"发于耻，明于廉，行于义，而形之于礼"，相辅相成，缺一不可。

　　要养成"礼义廉耻"，绝对不是单靠内心修养所能办到的，外部训练相较内心修养更切实有效，"不能一日离弃"，"不但不能离弃并且要从食衣住行之中，随时随地都表现出来"②。若违反了"礼义廉耻"，"无论其个人、国家、与民族，未有不为之败亡者"。《新生活运动纲要》规定："食衣住行之遂行，可分为资料之获得、品质之选择与方式之运用三个方面。"其中"资料之获得应合乎廉"，即"食衣住行之资料，须以自己劳力换得，或以正当名分取予"，"品质之选择应合乎义"，即"因人制宜，因时制宜，因地制宜"；"方式之运用应合于礼"，即"合乎自然的定律"、"合乎社会的规律"、"合乎国家的纪律"。

　　如果说"礼义廉耻"是新运的理论基础，"三化"就是实践理论的行动指引。所谓"三化"，就是"生活艺术化、生活生产化、生活军事化"：艺术化就是以"艺术"为"全体民众生活之准绳"，告别"非人生活"，力行"持躬待人"、以传统的"礼、乐、射、御、书、数"六艺为榜样，以艺术陶养国民，达到"整齐完善，利用厚生之宏效"；生产化旨在"勤以开源，俭以节流，知奢侈不逊之非礼，不劳而获之可耻"，从而"救中国之贫困，弭中国之乱源"；军事化就是期望国民重组织、尚团结、严纪律、守秩序、知振奋、保严肃，一洗从前散乱、浪漫、推诿、因循、苟安之习性。

　　新生活运动的方式，"先以教导，后以检阅"：教导是以身教、口教，再以图画、文字、戏剧、电影为教；检阅是由促进会派人查考或由其本处每年分季比赛，评定甲乙以奖勉之。"一般普通朋友性质者，只可劝导而已。"教导方面，国民党当局创作的新生活歌曲主要有：《新生活》《好国民》《国民道德》《有礼貌》《扶老助弱》《勇于认过》《敬尊长》《明是非辩曲直》《爱弟妹》《意志要坚定》《见义勇为》《遵守秩序》《纯洁的心》《自省歌》《爱惜公物》《公共卫生》《整容

---

① 《新生活须知》，上海文华美术书店1936年版，第241页。
② 陈又新等编：《新生活运动之理论与实际》第三篇，南京警官高等学校1935年版，第29页。

仪》《衣服要朴素》《成功告诉我》《节俭》《身体常运动》《吃饭时的礼貌》《节饮食》《室内的卫生》《正当的娱乐》《用国货》《实行新生活》《新生活运动歌》《新生活须知歌》《青年服务团团歌》等。

抗战爆发前，新生活运动分两个时期进行：1934年2月至1935年3月为第一个时期，中心任务是实现全社会环境的整齐、清洁，开展了识字、体育、守时、节约、禁烟、禁赌、使用国货、造林、放足、举行集体婚礼等30多项活动；1935年3月以后，新生活运动进入实现"三化"时期，工作内容包括守时运动、民众识字运动、体育运动、开渠筑堤运动、修桥补路运动、提倡国货运动、戒烟戒赌运动等。其中又以实施民众训练与编组，促进社会合作事业的组织，加紧各种社会教育的普及为中心工作。"各地前一阶段成立的各种新运组织一律改组成新生活劳动服务团，各种劳动服务团须在21项新运工作项目中选择一两项，作为自身的活动内容，利用工余、课余进行劳动服务。"

抗日战争全面爆发后，新生活运动从理论到实践都体现出明显的战时特征，"我们的抗战已进入到第二期，我们国家既然处在这样的非常时期，新生活运动也就跟着抗战建国的进程，进到一个新的重要阶段"。新生活运动促进总会在抗战时迁到汉口，后迁至重庆，工作已由原本着重道德生活教化，转为一个"无所不包、无所不是"的运动。随着抗战的需要，节约献金、空袭救济、抢救难童、成立伤兵之友社，以及在重庆成立陪都新运模范区等，都成了新运的工作范围。虽然新生活运动的成效于战前一直不太理想，但新运组织的网络和动员能力却为战时的服务提供了方便，对抗战起了正面作用。

国共内战全面爆发后，新生活运动的社会实践越来越少，最终沦为一种聚会的形式，名存实亡，"目前暂时把新生活运动的一切活动，停止办理"。

4. 中国社会性质和社会史问题论战

大革命战争失败后，苏共和共产国际内部围绕中国革命和社会性质的问题，爆发了一场以斯大林和托洛茨基为代表的激烈论争。斯大林认为中国是"受国际帝国主义牵制的半殖民地"，军阀、官僚的封建残余"是中国国内的压迫的主要形式"，"中国的资产阶级民主革命是反封建残余的斗争和反帝国主义的斗争的结合"。托洛茨基、拉狄克等则断言资本主义关系在中国已"无条件的占优势和占直接的统治地位"，中国"已发展到资本主义国家了"。资产阶级民主革命在中国已经过去，再次爆发的革命必然是"社会主义性质"的革命。

　　共产国际关于中国革命和社会性质的论战观点，在中国共产党内都能找到自己的同道和支持者。1928 年 6 月至 7 月召开的中国共产党第六次全国代表大会，确认中国革命性质是半殖民地半封建社会的反帝反封建的民主主义革命，批判了"中国革命当时阶段已转变到社会主义性质革命"的错误论断。陈独秀则认为经过国民革命，"资产阶级得了胜利，在政治上对各阶级取得了优越地位"，"封建残余在这一大转变时期中，受了最后打击"，已经"变成残余势力之残余"。中国社会已是资本主义占优势并将持续和平发展的社会。中国资产阶级民主革命已经完结，无产阶级只有等到将来再去进行社会主义革命。中共党内分歧直接影响到中国思想界，20 世纪 30 年代初关于中国社会性质的论争，正是在这一背景下展开的。

　　论战一方以王学文、潘东周、刘梦云（张闻天）、李一氓、吴黎平（吴亮平）、杜鲁人（何干之）等为代表，因主要在《新思潮》杂志发表文章，故名"新思潮派"。另一方由两部分人组成，一部分以严灵峰、任曙等为代表，因文章多登于《动力》杂志，故名"动力派"；另一部分以陶希圣、周佛海等为代表，因文章多发表于《新生命》月刊，故名"新生命派"。

　　论战的焦点在于当时中国的社会性质是封建社会还是资本主义社会，或半殖民地半封建社会。"新思潮派"认为，帝国主义入侵促进了资本主义经济的发展，也维护着封建生产关系，中国社会是一个半殖民地半封建社会。中国的资本主义经济并没有在中国经济中占压倒的优势，"就地域的面积说来，不过少数大城市和少数地方；就发展的程度说来，所谓中国的资本主义经济，所谓中国的民族工业，还只限于资本主义工业初期时代的轻工业"。"动力派"否定中国的半殖民地半封建社会性质，认为帝国主义入侵破坏了封建经济，推动了资本主义经济发展，中国已是资本主义社会。进而对资产阶级民主革命的目标提出不同意见，在此基础上论证在中国实行社会主义革命或非资本主义革命的必要性。"新生命派"同样否定中国的半殖民地半封建社会性质。

　　论战的结果是更多的人接受了"新思潮派"的观点。动力派的答辩和反攻，由于在许多方面明显不符合中国社会的实情，如认为自帝国主义侵华以来，自然经济已经崩溃，"商品经济已经深入并支配了全国穷乡僻壤"，"中国毫无疑问的是资本主义关系占领导地位"[①] 等，因而论战中动力派的阵地和影响越来越小。新思潮派的文章虽也有不尽完善的方面，但总的推断是较为符合中国社会实情和现状的，其关于中国社会"半殖民地半封建性质"的结论，在论战中为越来越多的人所承认，对促进广大读者研究中国革命的问题、宣传马克思主义和中国共产党的革命战略都起到了一定的作用。

　　继中国社会性质问题的论战之后，1932—1933 年，又进行了关于中国社会史问题的论战。这场论战的主要参加者，马克思主义史学家有郭沫若、吕振羽、翦伯赞等，新生命派有陶希圣、梅思平等，托派有李季、陈邦国、王宜昌、杜威之等。论战的园地除专书外，主要为王礼锡和胡秋原主编的《读书杂志》。论战的问题有三个：一是亚细亚生产方式问题。争论的焦点是：什么是"亚细亚生产方式"，中国是否经历过这样的阶段。二是中国历史上有无奴隶社会。三是中国封建社会的特点及其发生、发展和没落的过程问题。

　　关于中国社会史问题的论战，实质内容是：中国历史的发展是否与人类一般的历史发展规律基本相同，马克思主义是否适用于中国。论战过程中，马克思主义史学家创作出一系列颇具影响的论著：郭沫若在研究大量卜辞金石文字等文献和考古学资料的基础上，写出《中国古代社会研究》，肯定西周是中国的奴隶制时代，春秋到鸦片战争是封建制时代。吕振羽撰写了《史前期中国社会研究》《殷周时代的中国社会》等，对殷代的奴隶制社会及其以前的原始社会做了有意义的探讨，他肯定秦汉以后是封建制时代，鸦片战争以后是半殖民地半封建社会。

　　社会史论战没有形成统一认识，但将一系列新的研究领域展现在历史学界面前，讨论中提出的关于奴隶制、封建主义、商业资本主义或亚细亚生产方式的存在问题，本身即为历史科学研究对象的扩充，其学术

---

① 严灵峰：《中国是资本主义的经济，还是封建制度的经济》，《动力》第 1 卷第 1 期，1930 年 7 月 15 日。

价值至今仍然存在。历史研究观念和方法的突破亦是这次论战的重要学理价值，经过论战，中国史学家开始摆脱传统的、由历史循环论决定的、按王朝世系对中国社会作做闭式研究的方法，开始把中国的社会和历史视作全球历史的一部分，着眼于中国与外部世界的关系和中国历史发展规律的探讨。

5. 关于中国社会发展道路的讨论

20世纪30年代，中国思想界围绕中国经济发展的道路问题有过一场激烈争论：以梁漱溟为代表的主张复兴农村的"以农立国"论者；以吴景超为代表的主张繁荣都市的"以工立国"论者；以郑庄林、马寅初为代表的农工并重论者。

持重农主义的"以农立国"论者认为，中国的现代化只能从发展农业入手。农村经济是中国工商各业的基础，只有在农业经济繁荣、农民富裕的前提下，工商业始有发展兴隆之可能。"救济农村，复兴农业，不只是个经济问题，特别还是一个紧急的政治问题、社会问题。农村经济如不积极恢复，农村秩序如不迅速安定，则一切经济建设都谈不到，而一切政治设施、社会安定都会成为重大问题。"① 至于复兴农村的步骤：一要排除四大障碍，即解决好治安、运输、农民负担和灾害四大问题；二要把握好三个要点，即流通金融、引入科学技术、促进合作组织。② 不过，"以农立国"论者只看到社会现象的表面病态——"愚、穷、弱、私"，至于中国农民为什么会愚、会穷、会弱、会私，他们没有进一步深究，批评者因而视其为"由空想走向失败"③。

持重工主义的"以工立国"论者认为，中国经济应该走发展都市以救济农村、实现工业化的发展道路，"生存在今日的世界中，我们只有努力走上工业化的路，才可以图存"④。只有优先发展工业，"迅速的

---

① 漆琪生：《中国国民经济重心安在》，《东方杂志》第32卷第10号，1935年4月13日；姚溥荪：《不复兴农村中国也可以工业化吗?》，《独立评论》第137号，1935年1月27日。

② 梁漱溟：《乡村建设理论》，见《梁漱溟全集》第2卷，山东人民出版社1990年版，第515页。

③ 陈序经：《乡村建设理论的探讨》，见罗荣渠主编《从"西化"到现代化》，黄山书社2008年版。

④ 吴景超：《我们没有歧路》，《独立评论》第125号，1934年11月4日。

利用机械生产来代替手工业生产",才能抵御帝国主义的经济侵略,挽救中国的危亡。"工业苟不发展,则农业出路也成问题"①。工业发展还必然会促进农业的发展,如纺织业发展了,需要的棉花就会增多,农民就能扩大种棉面积,"农业与工业,是互为目的,互为手段,而不是偏于一方面了"②。至于发展都市以救济农村、实现工业化的具体方法:一、兴办工业,使一部分农民迁入城市,以解决农村人口过剩;二、发展交通,货畅其流,以解决农产品过剩;三、扩充金融机构,在各地遍设支行和代理处,"一方面吸收内地现金,来做生产的事业;一方面又可放款于内地,使农民减轻利息上的负担"③。

在重工和重农两派中间,还有一个主张走"第三条路"的"农工并重派"。该派承认中国将来必然要步入工业化的阶段,但考虑到当时中国经济发展所处的客观环境尚不具备都市大规模工业所需的条件,所以在农业国向工业国发展中应有一过渡时期,期间要设法找到一条"能够兼有农工二者之长,同时既能安定农村,又不妨害工业发展"的建设之路,如"在农村里面培植小规模的农村工业",从"轻工业先行办起"等④。并认为发展民族工业"应走民生主义之计划经济的道路,因为民生主义的计划经济,不偏重于消极的限制,而偏重于积极的发展,把整个的中国国民经济建设,放在完整的通盘的国家计划之下去施行",这样"能使人民与政府合作,群策群力,把中国国民经济建设起来"⑤。

上述三派,尽管持论不同,但促进中国经济发展的愿望和目的是一致的。无论是以梁漱溟为代表的"以农立国"论者,还是以吴景超为代表的"以工立国"论者,以及主张"第三条路"的郑林庄和主张"发展农业资本主义"的漆琪生等人,都提出了一些值得我们重视的有

---

① 陈序经:《乡村建设的理论检讨》,《独立评论》第 199 号,1936 年 5 月 3 日。
② 贺岳僧:《解决中国经济问题应走的路》,《独立评论》第 131 号,1934 年 12 月 16 日。
③ 吴景超:《发展都市以救济农村》,《大公报》1934 年 9 月 9 日。
④ 郑林庄:《我们可走第三条路》,《独立评论》第 137 号,1935 年 1 月 27 日;方显廷:《中国之工业化与乡村工业》,见《中国经济研究》,商务印书馆 1938 年版。
⑤ 袁聘之:《论中国国民经济建设的重心问题》,《东方杂志》第 32 卷第 16 期,1935 年 8 月 16 日。

价值的思想和主张。"以农立国"论者强调经济发展过程中的工业与农业、城市与乡村、生产与消费的协调问题,力求探索出一条超越西方工业化模式、符合中国国情的经济发展道路,以避免欧美日本工业化过程中所出现的"工业剥削农业、城市掠夺乡村、生产与消费相脱节"的流弊在中国重现。"以工立国"论者强调中国是一个迫切需要工业化的国家,只有工业化才能使中国富强,才能使中国图存,其提出的"不但要建设工业化的都市,同时要建设工业化的农村——也就是农业的工业化"的主张,使工业化与农业相结合,极大地丰富了工业化的内容和含义。

不过,中国的现代化问题,先工业化抑或复兴农村,仅是途径、手段的分歧,"是集中在侧重那一生产部门的问题。像这样的争论,似乎是把握不住问题的本质的"[1]。在半殖民地半封建的中国,生产关系严重阻碍了生产力的发展,国家要搞经济建设,扫除现代化困难和障碍、创造先决条件,"应从打倒帝国主义,推翻现行制度入手","这两个问题如果没有先行解决,其余一切的实业计划的建设、工程步骤的谋划等,都是不切实的"[2]。然而对这些根本性的问题,无论是以梁漱溟为代表的"以农立国"论者,还是以吴景超为代表的"以工立国"论者,以及主张"第三条路"的郑林庄和主张"发展农业资本主义"的漆琪生等人,都很少涉及。这无疑影响到关于经济发展道路的论争的广度和深度。

6. 左联与左翼文艺的兴盛

左联是中国左翼文学作家联盟的简称,1930 年 3 月 2 日在上海成立,1936 年解散,主要发起人有鲁迅、沈端先、冯乃超等。左联主张用马克思主义评判现存的文学现象,强调对社会黑暗面的暴露和批判,强调作家的世界观和作品的真实性。主要文学活动:成立马克思主义文艺理论研究会,加强对马克思主义文艺理论的翻译、介绍和研究工作;努力输入苏联及世界其他各国的无产阶级文学作品;还积极推动文艺大众化运动。

---

① 许涤新:《关于中国以何立国的问题》,重庆《新华日报》1940 年 6 月 4 日。
② 罗吟圃:《对于中国现代化问题的我见》,《申报月刊》第 2 卷第 7 期,1933 年 7 月。

左联成立后，先后创办《萌芽月刊》《拓荒者》《文化月报》《北斗》《文学》《文艺群众》《文学月报》《文学新地》等几十种刊物，创作和发表了大量为群众所欢迎的作品。左翼社会科学工作者翻译出版了大量马克思主义著作，并在同反马克思主义思潮的斗争中，逐步提高自身的理论水平，自觉将马克思主义的基本原理与社会科学研究的实际结合起来。郭沫若的《中国古代社会研究》，是第一部用马克思主义观点系统研究中国历史的著作。哲学、经济学、政治学、社会学诸学科也出现了一批马克思主义的学术论著，李达、艾思奇、王亚南、郭大力等一批有影响的马克思主义理论工作者逐渐成长起来。

与社会科学工作者同步，左翼文化工作者在文艺思想战线上展开对新月派、民族主义文学派的错误观点的批判。新月派宣扬资产阶级人性论，反对无产阶级革命文学。民族主义文学派以超阶级的"民族意识"来反对马克思主义的阶级论。左翼文化工作者用马克思主义的阶级分析方法揭露这两派文艺观的实质，"与在上的统治者同其命运"，其超阶级意识只是他们所维护的统治阶级利益的掩饰。左翼文化工作者还批评了自称居于国民党和左翼文艺阵营之间的"第三种人"（或称"自由人"）所宣扬的文艺与革命斗争脱离的文艺观。文艺思想战线上的这些斗争，推进了文艺工作者同现实生活和人民群众的联系、结合。

左联及其掀起的左翼文学运动、文艺批判，是中国近代思想文化发展进程当中的重要活动，有着不可磨灭的历史功绩。

（1）左翼文学运动给中国带来了有实践经验的马克思主义，形成了建立在唯物史观基础上的马克思主义文学批评。鲁迅、瞿秋白、茅盾、胡风、周扬、冯雪峰等人的文章，有相当一部分是"依据社会潮流阐明作者思想与其作品底构成，并批判这社会潮流与作品倾向之真实否"[1] 的优秀文学理论作品，对中国左翼文学直至以后文学的发展起了重要的指导作用。

（2）左翼文学运动加速了中国文艺的大众化进程。反映劳动人民和小资产阶级的痛苦与要求的优秀作品不断涌现，工农兵通讯员运动、街头文学运动等实践活动成长为常态化的文学形式。

---

[1] 冯雪峰：《社会的作家论·题引》，光华书局 1930 年版。

（3）左翼文学运动加强了中国文学与世界文学特别是无产阶级文学运动的联系。一批优秀的外国文学作品被引进到国内，诸如高尔基的《母亲》、法捷耶夫的《毁灭》、绥拉菲摩微支的《铁流》、肖洛霍夫的《被开垦的处女地》、雷马克的《西线无战事》等。鲁迅、郭沫若、茅盾、张天翼、沈从文、沙汀等人的作品先后被介绍到国外，中国的左翼文学在世界上有了自己的声音，成为世界无产阶级文学的有机组成部分。

（4）左翼文学在文学创作各个领域均取得了辉煌的成绩。以鲁迅为代表的杂文，以茅盾、蒋光慈为代表的小说，以蒋光慈、殷夫为代表的诗歌，以田汉、夏衍为代表的话剧均取得了重大的成就。涌现出《新梦》《别了，哥哥》《丽莎的哀怨》《莎菲女士的日记》《蚀》《子夜》等一大批优秀文学作品。

不过，左翼文化运动也曾受到"左"倾教条主义、冒险主义和关门主义的影响。左联成立初期，不会利用合法形式开展工作，不少杂志都是出版一两期即被查封。在工作中不顾文艺组织的特点，忽视创作，把主要精力集中在散传单、贴标语、参加游行示威和飞行集会等冒险行动上。曾对鲁迅、茅盾、叶圣陶等著名作家进行错误的批判，思想理论斗争有公式化、简单化的缺点。由于过于强调文学的"工具"属性和阶级属性，左翼文学忽视了其他文学力量的一些正确观点，并对本应成为同志的一些作家进行了集团式的打压。例如与梁实秋关于人性论的论战、对"自由人"和"第三种人"的批判在今日看来均有些值得商榷的地方。

二　抗战时期的思想文化

抗战时期，国民党当局十分重视文化建设，"文化建设之于建国工作，与国防建设、经济建设同其重要"[①]。中共亦主张"用一切方法在

---

① 《国民党临时全国代表会议通过陈果夫等关于确定文化建设原则纲领的提案》（1938年3月31日），见《中华民国史档案资料汇编》第5辑第2编"文化"，江苏古籍出版社1998年版，第1页。

精神上、物质上保障文化人写作的必要条件，使他们的才力能够充分的使用，使他们写作的积极性能够最大的发挥"①。

1. 国民精神总动员

国民精神总动员本质上是新生活运动的延续，"新生活运动要把'礼义廉耻'表现在'衣食住行'，国民精神总动员要把'礼义廉耻'表现在'管教养卫'"②。其根本目的在于强化国民党的一党独裁地位。但不可否认，在中国这样一个从未经历过战争动员的国家，进行国民精神总动员有其积极意义。

抗战爆发后，面对物质力量远胜中国的日本，国民政府强调对国民进行精神动员的重要性，"抗战期间所最要者，莫过于提高国民之精神，而精神之最纯洁者，莫过于牺牲"③，重点是"加强民众之国家意识，使能辅助政府肃清反动"④。

1939年3月12日，国民政府颁布《国民精神总动员纲领》，提出"物质条件之欠缺固甚明显，而精神条件之未备尤居首要"，因此，"动员一切国内之物质与人力，亦必动员全国国民之精神"，精神动员，就是集中全体国民之一切思想意识与精神力量于一个方向，集中一切年龄职业思想生活各个不同之国民精神力量于一个目标；坚持民族固有道德，坚持三民主义中心信仰；实行精神改造，纠正纷歧错杂之思想。国民精神总动员的目标，《纲领》界定为"国家至上，民族至上；军事第一，胜利第一；意志集中，力量集中"；要求全国国民"确立同一的救国道德"，即"忠孝仁爱信义和平之八德"⑤。国民精神总动员的实施步骤，《纲领》设想为：拟订具体计划、贯彻所属分子、利用固有团体和

---

① 中央档案馆编：《中共中央文件选集》第12册，中共中央党校出版社1991年版，第496页。

② 肖继宗主编：《革命文献》第68辑，台北中国国民党中央委员会党史史料编纂委员会1975年版，第326页。

③ 《中国国民党临时全国代表大会宣言》（1938年4月1日），见中国第二历史档案馆编《中华民国史档案资料汇编》第5辑第2编"政治"（1），第414—415页。

④ 彭明主编：《中国现代史资料选辑》第5册上，中国人民大学出版社1989年版，第161页。

⑤ 《国民精神总动员纲领及实施办法》，见秦孝仪编《中华民国重要史料初编——对日抗战时期》第4编，台北中国国民党中央委员会党史委员会1988年版，第586—587页。

主义联络进行。

《国民精神总动员的实施办法》主要提出国民精神总动员的组织办法：在国民党中央，由国防最高委员会组织"精神总动员会"，并以该委员会委员长为会长、行政院院长为副会长，国防委员会秘书长、中央党部秘书长及组织部、宣传部、社会部、经济部、教育部、政治部等党政军各部部长为委员，每两周开会一次。省市组织"动员委员会"和"精神动员协会"，"动员委员会"为官办组织，每周开会一次；"精神动员协会"为民间组织，聘请省市公正人士及新生活运动人士参加，协助"动员委员会"开展工作。各县组织"动员委员会"，每周开会一次。

为实施总动员，国民党当局在全国范围内组织国民月会，每月按时活动。国民月会活动内容有三项：（1）宣誓，由主持人领读《国民公约》；（2）讲解《国民精神总动员纲领》，尤其对《纲领》中关于"精神之改造"的内容，要逐条逐句理解和执行；（3）与国民党当时在全国进行的新生活运动相配合，对国民进行社会纪律化、国防科学化、生活现代化的"三化"教育。1939 年 5 月 1 日，国民精神总动员会宣布正式开始举行国民月会，此后，国民月会逐渐在全国展开，在城市以同业公会、学校、机关等为单位，农村深入保、甲。国民月会每次均制定活动主题：1939 年 10 月，中心工作为宣传"征募寒衣运动"；1940 年 3 月中心工作是：提倡正当娱乐、发动春礼劳军，扩大兵役宣传，推行节约储蓄建国运动；1940 年 4 月以"禁烟"为国民月会主题。

对于国民政府的国民精神总动员活动，中共表示"拥护"，"共产党员必须号召全国同胞积极拥护国民精神总动员，并赞助政府推行于全国。以达到高度发扬民族自尊心与自信心，坚持抗战到底，克服悲观失望情绪，反对妥协投降之目的"①。1939 年 4 月 26 日，中共中央发表《为开展国民精神总动员运动告全党同胞书》，积极响应国民政府的国民精神总动员运动，"精神动员即政治动员，它不依靠于强迫命令，而依靠人民之政治的自觉"，"中央希望全体党员协同友党党员与各界先

---

① 中央档案馆编：《中共中央文件选集》第 11 册，中共中央党校出版社 1986 年版，第 50 页。

进人士，一致努力，认真地进行这一动员运动……全国人民真正奋起之日，就是抗日建国大功告成之时"①。此外，中共在抗日根据地展开了民众总动员，发出了"动员一切力量，争取抗战胜利，一切为着抗战，一切服从抗战"的号召，要求全党全军保持"坚定正确的政治方向，艰苦奋斗的工作作风"。

2. 战时文化的繁荣

抗战全面爆发后，国民党政权提倡"民族国家为本位"的建国文化政策，"所谓民族国家本位之文化，有三方面之意义，一为发扬我固有之文化，一为文化工作应为民族国家而努力，一为抵御不适合国情之文化侵略"②。知识分子则自发成立民间文化救亡组织，1937 年 7 月 28 日，上海文化界救亡协会成立；1938 年 3 月 27 日，中华全国文艺界抗敌协会在武汉成立，戏剧界、电影届、美术界抗敌协会亦纷纷成立，产出了大量具有战时特色的优秀作品。"我们应该把分散的各个战友的力量，团结起来，像前线战士用他们的枪一样，用我们的笔来发动民众，捍卫祖国，粉碎敌人，争取胜利。"③

（1）文学、戏剧

文学方面，首先是短篇小说的繁荣。丘东平的《一个连长的战斗遭遇》、荒煤的《支那傻子》、肖乾的《刘粹刚之死》、奚如的《萧连长》、艾芜的《两个伤兵》等，都从不同角度讴歌了中华儿女英勇抗敌的英雄气概。姚雪垠的《差半车麦秸》，描述了一个农民在抗战游击队中成长的故事，参加游击队前，他憨厚、质朴、善良，但愚昧落后、懵懂无知，有着小生产者的狭隘、自私观念和习气。参加游击队后，在集体斗争生活中受到了教育和锻炼，使他从昏睡中觉醒并奋起抗争，成为一名勇敢干练的革命战士，是反映农民在抗战中成长的经典著作。中长篇小说中较有影响的是茅盾的《腐蚀》、老舍的《四世同堂》、巴金的

① 中央档案馆编：《中共中央文件选集》第 11 册，中共中央党校出版社 1986 年版，第 55 页。

② 《国民党临时全国代表会议通过陈果夫等关于确定文化建设原则纲领的提案》（1938 年 3 月 31 日），见《中华民国史档案资料汇编》第 5 辑第 2 编 "文化"，江苏古籍出版社 1998 年版，第 1 页。

③ 《中华全国文艺界抗敌协会发起旨趣》，《文艺月刊·战时特刊》1938 年第 9 期。

《寒夜》、钱钟书的《围城》、沙汀的"三记"（《淘金记》《困兽记》《还乡记》）、姚雪垠的《牛全德与红萝卜》等。大众化、民间化是战时文学的一个重要特点，《放下你的鞭子》《三江好》等被改编为街头剧形式，深受群众好评。

抗战时期，诗歌创作迎来一个高潮。郭沫若的《女神》、艾青的《大堰河——我的保姆》等是这一时期自由体诗的代表作。"七月"诗派（作品发表在胡风的《七月》杂志而得名）坚持现实主义，涌现了一大批优秀的抗战主题的诗歌，诸如艾青的《雪落在中国的土地上》、田间的《假使我们不去打仗》《给战斗者》以及冀访的《跳动的夜》、邹荻帆的《朗诵给北平听》等。深度反映战争情况的报告文学，在抗战时期得到快速发展，主要代表作有骆宾基的《东战场别动队》《救护车里的血》《我有右臂就行》、碧野的《太行山边》《北方的原野》、萧乾的《血肉筑成的滇缅路》、曹白的《这里，生命也在呼吸》《在死神底黑影下面》、何其芳的《七一五团和大青山》《日本人的悲剧》、丘东平的《第七连》《我们在那里打了败仗》等。

在戏剧方面，首先是历史剧的突出成就。较具代表性的有郭沫若的《棠棣之花》《屈原》《虎符》《高渐离》《孔雀胆》和《南冠草》、阳翰笙的《前夜》《李秀成之死》《塞上风云》《槿花之歌》《草莽英雄》《万家灯火》《天国春秋》《两面人》《三人行》、夏衍的《一年间》《心防》《愁城记》《水乡吟》《法西斯细菌》《离离草》《芳草天涯》《草木皆兵》《戏剧春秋》《再会吧！香港》、宋之的的《雾重庆》《自卫队》等。以重大抗战事件为题材创作的戏剧，因契合时代特征而颇为引人注意，诸如《保卫卢沟桥》《台儿庄》《八百壮士》《突击》等集体创作的多幕剧。上海的"孤岛"文学也是抗战文学的重要组成部分，于伶的《夜上海》《花溅泪》《长夜行》、阿英的《碧血花》、李健吾的《爱与死之搏斗》等，轰动上海"孤岛"剧坛，激发了沦陷区民众的民族意识，对侵略者也有一定的威慑作用。

（2）美术、音乐、舞蹈、体育

宣传画方面，美术家李可染创作了《我们需要建立强大的空军》《是谁杀了你的孩子》《纪念九一八，打回老家去》《是谁毁了你快乐的家园》《前线战士需要寒衣》等战时宣传画。漫画因其通俗易懂，在抗战时期广为流传，代表作有张乐平的《消灭主义，自取灭亡》《仇货》《幻想中的无敌空军》等。刊印在杂志报纸上的木刻版画也是抗战美术界的重要部分，其中较有影响力的画家是马达，他创作了《保卫大西北》《轰炸出云舰》《建功而返，英雄殉国》《为自救而战》《侵略者的末日》《焚毁神像，破除迷信》等。

音乐在抗战时期也得到了较快的发展，因其能够迅速组织群众，激发广大群众的参与热情，成为战时文艺工作的重点。冼星海是抗战时音乐界最有成就的音乐家之一，在此期间，他创作了大量的以抗战为题材的音乐作品，如《到敌人后方去》《保卫卢沟桥》《在太行山上》及《祖国的孩子们》等。张曙的《保卫国土》《洪波曲》《壮士上前线》等也是战时颇为流行的音乐作品。这些作品的广泛传播对于增强民族凝聚力作出了一定的贡献。

（3）社会科学

在历史学方面，这一时期涌现了一大批经典著作，诸如郭沫若的《青铜时代》《十批判书》、吕振羽的《关于中国社会史诸问题》《亚细亚生产方式和所谓中国社会的"停滞性"问题》《中国社会史上的奴隶制度问题》等、侯外庐的《近代中国思想学说史》《中国古代思想学说史》、华岗的《中国民族解放运动史》、翦伯赞的《历史哲学教程》、范文澜的《中国通史简编》等、钱穆的《国史大纲》《中国近三百年学术史》、张荫麟的《中国史纲》、李剑农的《中国近百年政治史》、蒋廷黻的《中国近代史》、郭廷以的《近代中国史》、陈寅恪的《隋唐制度渊源略论稿》《唐代政治史述论稿》、陈垣的《明季滇黔佛教考》《清初僧净记》《通鉴胡注表微》、汤用彤的《汉魏两晋南北朝佛教史》、朱东润的《张居正大传》、萧公权的《中国政治思想史》、金毓黻的《东北通史》《中国史学史》《宋辽金史》。

哲学方面的研究，主要是杜国庠的《先秦诸子思想概要》《先秦诸子的若干问题》，对诸子中的墨子、公孙龙子做了深入研究。冯友兰抗战期间发表了《新理学》《新世训》《新源人》等哲学著作。

（4）新闻出版、教育

抗战全面爆发后，国民政府首先强调教育秩序的稳定，"战争发生时，全国各地各级学校及其他文化机关，务力求镇静，以就地维持课务为原则";"各级学校之教职员及中等以上学校之学生，得就其本地成立战时后方服务团体，但需严格遵照部定办法，不得以任何名义妨害学校之秩序"[1]。并积极组织高校及科研机构向西南大后方迁移，抓紧在西南发展各类教育，对学生实施贷金制等。《抗战建国纲领》中，国民政府提出建立国防教育的工作方针，"（1）改订教育制度及教材，推进战时课程，注重于国民道德之修养，提高科学之研究与扩充其设备；（2）训练各种专门技术人员，予以适当分配，以应抗战之需要；（3）训练青年，俾能服务于战区及农村；（4）训练妇女，俾能服务于社会事业，以增加抗战力量"[2]。推行战时国防教育，需做到"政教合一、建教合一、文武合一"。

全面抗战爆发后，国民党逐渐放松了对新闻界的"钳制"，"在抗战期间，于不违反三民主义最高原则及法令范围内，对于言论、出版、集会、结社，当予以合法之充分保障"[3]。在这种相对宽松的政策环境下，全国新闻出版事业达到了高潮。在上海，主要有邹韬奋主编的《抗战》，茅盾编辑、巴金发行的《呐喊》，郭沫若任社长、夏衍任总编的《救亡日报》等，由进步作家和艺术家集资、在上海创办的出版机构"复社"，先后出版了20卷本的《鲁迅全集》、郑振铎的《中国版面史》、斯诺访问苏区的《西行漫记》等。在武汉，影响较大的报纸是《武汉日报》和《扫荡报》，杂志方面有周扬、夏衍创办的《自由中国》《战斗旬刊》等。武汉失守后，重庆成为国统区的新闻出版中心，影响较大的报刊主要有《中央日报》《大公报》《扫荡报》《时事新报》《益世报》等。

3. 抗日根据地的文化建设

抗日根据地的文化政策是以新民主主义文化和抗战文化为中心的，"民族的形式，新民主主义的内容——这就是我们今天的新文化"[4]。毛

---

① 《总动员时督导教育工作办法纲领》，见中国第二历史档案馆编《中华民国史档案资料汇编》第5辑第2编，江苏古籍出版社1997年版，第1—2页。

② 彭明主编：《中国现代史资料选辑》第5册上，中国人民大学出版社1989年版，第161页。

③ 同上。

④ 《新民主主义的政治与新民主主义的文化》，《毛泽东选集》第二卷，人民出版社1991年版，第707页。

泽东的《在延安文艺座谈会上的讲话》，确立了"文艺为工农兵服务"的文化方向。

在文学方面，主要有反映中共与根据地民众生活的小说，如周立波的《牛》、梁彦的《磨麦女》、温馨的《凤仙花》、赵树理的《小二黑结婚》《李有才板话》、黄树则的《老实人》、马加的《过梁》、晋驼的《结合》、庄启东的《夫妇》等，以及与抗战背景结合的生活小说，如孙犁的《荷花淀》，丁玲的《我在霞村的时候》，马烽、西戎的《吕梁英雄传》。此外，记录根据地生活、反映战争形势的报告文学也很流行，如沙汀的《随军散记》、卞之琳的《第七七二团在太行山一带》、陈荒煤的《刘伯承将军会见记》、黄钢的《我看见了八路军》、刘白羽的《三颗手榴弹》、柳青的《空袭延安的二日》、雷佳的《前线的故事》、田间的《最后一颗手榴弹》、宋昕的《大杨庄之战》等。在延安文艺座谈之后，广大文艺工作者将目光转向工农兵，诞生了一大批描写工农兵生活的报告文学，诸如周而复的《诺尔曼·白求恩》、周立波的《王震将军记》、刘白羽的《延安生活》等。诗歌在根据地以街头诗的形式得到迅速发展，"在墙壁、石头上创作街头诗，使诗歌为战斗服务"①，较有影响力的街头诗有田间的《复仇》《假使敌人来进攻边区》、季纯的《给我一支枪》、敏夫的《边区自卫军》等作品。

在艺术方面，成立了多种群众性的戏剧组织，如人民抗日剧社、西北战地服务团、抗战文艺工作团、民众剧团等。戏剧组织结合根据地民众生活改编了多种话剧，如王大化、李波主演的《兄妹开荒》《逼上梁山》《三打祝家庄》《刘巧团圆》《晋察冀的小姑娘》等，还有新歌剧代表作《白毛女》。在音乐方面，1938 年 4 月 10 日，鲁迅艺术学院在延安正式成立，冼星海在音乐系任教期间创作了《黄河大合唱》，成为抗战时期的经典作品。此外，根据地还创作了《新四军之歌》《渡长江》《延水谣》《新山歌》《在太行山上》等抗战歌曲。

在教育方面，鉴于根据地民众识字率较低，中共实施了一系列的社会教育运动，创办识字组、冬学、夜校、识字馆等，有效地培养了民众识字能力。当然，"社会教育不仅是教育民众识字，而主要的是给民众

---

① 《街头诗运动宣言》，《新中华报》1938 年 8 月 7 日。

以民族革命意识，民族自卫战争中所必需的理论和技能，参加实际救国行动，争取抗战胜利"①。在干部教育方面，创办了干部培训学校，如1937年在延安成立的陕北公学、1939年在晋察冀边区成立的华北联合大学、1941年成立的延安大学等。

在新闻出版方面，影响较大的是1941年5月中共中央在延安创办的《解放日报》，作为中共中央的机关报，在抗战中后期对于中共政策的宣传、对战事的报道等方面起到了重要作用。此外，还有1946年5月在晋冀鲁豫边区创办的中央局机关报《人民日报》、淮北敌后根据地创办的《拂晓报》等。

4. 日本在沦陷区的奴化教育

日本占领中国东北、华北等地之后，开始在沦陷区施行全方位的殖民奴化政策，"在精神上，摧残中国人民的民族意识。在太阳旗下，每个中国人只能当顺民，做牛马，不许有一丝一毫的中国气"②。1938年7月制定的《从内部指导中国政权的大纲》提出，"尊重汉民族固有的文化，特别尊重日华共通的文化，恢复东方精神文明，彻底禁止抗日言论，促进日华合作"③。1941年10月7日，伪华北政务委员会总署举办的教育行政人员实习班开班，督办周作人在训话中说："现在所施行的教育方针，是以亲仁善邻为主"、"藉着教育行政的力量，以圆满达到善邻友好，共同防共，经济提携的三种目的"。④ 在教育方针上，充满忠君色彩，明确提出培养"忠良国民"：遵照建国精神及访日宣诏之趣旨，以咸使体会日满一德一心不可分之关系及民族协和之精神，阐明东方道德，尤致意于忠教之大义，涵养旺盛之国民精神；陶冶德性，并置重于国民生活安定上所必需之实学，通过授与知识技能，更图保护增进身体之健康，养成忠良之国民。

建立奴化团体是日伪推行奴化统治的重要措施。在东北地区的主要奴化团体是"协和会"，在华北地区为"新民会"，在汪伪控制区则为

① 陕西师范大学教育研究所编：《陕甘宁边区教育资料》（社会教育部分）上册，教育科学出版社1981年版，第60页。

② 《论持久战》，见《毛泽东选集》第二卷，人民出版社1991年版，第455页。

③ 日本外务省编：《日本外交年表及主要文书》下，原书房1969年版，第390—391页。

④ 《教育时报》第3期，1941年11月1日。

"东亚联盟中国总会"。奴化团体均有一套完整的奴化理论："协和会"鼓吹日本大和民族是优秀人种，不遗余力地宣传"日满亲善"、"日满不可分"；"东亚联盟中国总会"鼓吹中日亲善、中日提携、共存共荣、黄色人种革命，认为"日本是东亚强国，没有日本则没有东亚，解放东亚，日本有领导之权利和义务，东亚各国应以对待兄长的态度对待日本，接受日本的指导"①。

　　为配合殖民宣传，日伪控制、出版和发行了大量书刊报纸，大肆宣扬"中日亲善、共同防共、经济提携"等奴化理论。截至 1943 年 10 月，在汪伪政权控制地区登记核准的报纸有 80 余家，杂志 110 余种，以及日本人主办的报纸 10 余家。影响较大的有东北的《康德新闻》、华北的《新民报》、华中的《中华日报》《中报》《南京新报》、华南的《中山日报》等。日本还从国内向中国输入各种报刊、书籍，伪满时期，平均每天从日本进口报纸 15 万余份，杂志 2.2 万多份，书籍 4.9 万多册。② 电影、戏曲也是日本文化渗透的重要方式。为贯彻"担负大东亚战争中文化战思想战之任务"，"中华电影联合股份公司"先后摄制了《万紫千红》《春江遗恨》等 80 余部故事片，向民众播放了大量的所谓"启民电影"、"时事电影"、"娱乐电影"等。

　　在大力灌输殖民文化的同时，日伪政府还严格控制民众的反日思想，书籍、报刊和杂志的出版、登记、发行及审查，均有严格的规定。凡记述内容与抗日、共产主义、社会主义和马克思主义直接或间接有关者，均列为禁书，密令予以彻底查禁。

　　奴化教育是日本推行殖民统治的重要措施。为配合奴化教育，日伪有计划地恢复与发展中小学教育与师范教育、职业教育以及高等教育，重点是师范教育与职业教育，开办了一系列师范学校与实业学校。例如 1934 年在吉林成立的吉林高等师范学校、1936 年开办的奉天农业大学、1938 年在北平开设的中华新闻学院和北京市立体育专科学校等。教学内容方面，不符合"日中亲善"的均被删除甚至篡改，重点向学生灌输封建文化思想，开设修身、国文、历史等课程，废止了国民政府规定

---

① 汪精卫：《东亚联盟的理想》，上海《政治月刊》第 1 卷第 3 期，南京图书馆藏。
② 姜念东等：《伪满洲国史》，大连出版社 1991 年版，第 436 页。

的"党义"教科书。并且规定日语为全部学校必修课之一,把日语的学习渗透进各个时期的教育中,"为使日语教育符合其殖民统治需要,兴亚院华北联络部还举办日语教育讲习会。由兴亚院华北联络部及各省、特别市分别实施"①。奴化教育的另一个体现是要求学生"勤劳奉公",无偿为国家劳动,1942年12月23日,伪满民生部公布《学生勤劳奉公令》,规定大学生要组成勤劳奉公队,每年在政府有关官员监督下服劳役一个月至45天。不能完成规定的勤劳奉公劳役者不许毕业。并且将体育与军事教育相结合,培养学生尚武意识。

除了在学校实施奴化教育,日伪还设立多种形式的训练机构,对青少年进行精神和术科训练。1937年7月1日,伪满政府颁布《社会教育规程》,强调以"建国精神为指导,阐明王道德治之理想,充分认识国家政治,促进日满亲善"②,在清乡地区实施教、养、卫兼顾之特种教育。日伪还组织了一些诸如新民图书馆、新民教育馆、新民识字班的社会团体,向民众宣传奴化思想。1938年,在北京创办的一次作文比赛中,"中日亲善之意义"、"中日同文同种之史实"、"说国共两党之祸国"③ 的规定题目,在一定程度上体现出日伪希望彻底改造民众思想的意图。当然,中国人民的民族意识并不会因日伪的奴化教育而泯灭,沦陷区人民的反日斗争从未停止。

三 抗战胜利后思想界的变动

1. 自由主义理想的幻灭

抗日战争与世界反法西斯战争的胜利,使寡头政治、专制统治遭到全世界人民的一致唾弃,民主成为一股不可抗拒的历史潮流。"今日的世界,正是民主的世界,世界政潮的主流汹涌起伏,流向于民主。"④

在世界民主潮流的推动下,中国的自由主义思潮再度苏醒,20世纪40年代在国统区先后爆发了两次轰轰烈烈的民主宪政运动,要求自

---

① 王士花:《华北沦陷区教育概述》,《抗日战争研究》2004年第3期,第89页。
② 中央教科所编:《中国现代教育大事记》,教育科学出版社1988年版,第369页。
③ 北京市档案馆编:《日伪北京新民会》,光明日报出版社1989年版,第118—119页。
④ 张清华:《民主政治面面观》,《东方杂志》第41卷第17号,1945年9月15日。

由的呼声日渐高涨，"我们需要什么？第一，是自由！第二，是自由！
第三，仍是自由！"①

战后自由主义思想的活跃，标志就是一大批信奉和崇尚自由主义报
刊的诞生，诸如上海的《观察》、南京的《世纪评论》、北京的《新自
由》等。《观察》周刊在其发刊词中明确表示他们"都是爱好自由思想
的人"，他们代表"一般自由思想份子"，他们在"重视自己的思想自
由时，亦须同时尊重他人的思想自由"。《新自由》表示："政府对人
民，不是管制与束缚，而是服务与代劳，尤其故罗斯福总统所倡导的四
大自由，必须使之全部实践。"一向坚持自由主义立场的《自由批判》
《东方杂志》《民主世界》《大公报》等也纷纷表明其政治立场，"《大
公报》有自由主义的传统作风，《大公报》同仁信奉自由主义"。

战后自由主义思潮形形色色，但主旨均为政治自由和经济平等。
"没有政治自由，经济平等不能良久保持，而人类的精神生活，不能得
到解放；没有经济平等，政治自由的根基也不坚实，而人类的物质生
活，常有匮乏之虞。吸有兼采资本主义制度中之政治自由，与共产主义
制度中之经济平等两大原则，调和而为一种新的主义，新的路线，才能
够把人类引入真正的和平幸福之境。"②

政治民主或者政治自由包括三方面的内容：（1）政治民主是多数
统治的一种政制，"本这样的精神，来制定一套制度。在中央政府有人
民选出的代表来组织的权力机关，在地方政府有人民所选出的官吏为他
们忠实的服务。无论中央与地方，如果发现有危害于他们（人民）的
份子，他们有权力向之攻击、弹劾，甚至罢免。人民在平日有舆论作他
们的武器，在选举的时候，他们更可以表现主人的权力"③。（2）政治
民主是保障人民权利的利器，人民可以利用政治的自由与资产阶级进行
斗争——对富人征收所得税、遗产税及过分利得税，保护劳动阶层的工
作时间、组织工会的自由等。（3）政治民主的实行须民众可以凭他们

---

① 达生：《大后方民主运动消息》，见《中国现代史资料选辑》第五册（下），中国人
民大学出版社 1986 年版，第 603 页。

② 周绶章：《政治自由与经济平等——新社会主义路线的提出》，《世纪评论》第 1 卷第
20 期。

③ 李澈庐：《以民主缔造统一》，《观察》第 1 卷第 12 期，1946 年 11 月 16 日。

的自由意志投票，不受统治者的威胁或约束。须人民有言论的自由，和
统治者相反的主张，许其公开发表。须人民有得到事实的自由，对于国
内外情形许报纸自由报告。①

经济平等或经济自由，最基本的含义就是国家要有能力或意愿对经
济生活进行干预，增加社会福利投入，使社会全体成员都能得到必需的
生活保障。根除"企业自由"的弊端，彰显"'不虞缺乏的自由'和
'免除失业的自由'"②。具体地说，国家要提供至少两种保障，"其一
是工作权（即人人都有就业的权利）的保证；其二是生存权（即人人
都有基本生活的权利）的保证"③。

为实现政治民主、经济自由，自由主义者竭力反对国共内战，积极
鼓吹由他们来领导中国的发展。"现在留下的只有一条可走的路，让中
间派来领导革命，实行新政。中间派是什么？它就是知识阶层和自由主
义的温和分子；他们有理智，有信仰，有专长；他们懂得人民的需要，
可博得人民的支持。"④

但战后时局的发展并未达到自由主义者的预期，中国实际政治中的
两大政党让他们大失所望，"容忍是谈不到的。你不是我的朋友，就是
我的仇敌"。但不论是执政党还是在野党，对待自由主义知识分子"都
觉得是眼中钉，时时刻刻想把它拔去。……这种剥削自由分子的办法，
就在野党而言，是所见不广；就在朝党而言，实无异于自失人心"。朝
野两大政党的这种做法"都是把可能的朋友驱遣到仇敌的旗帜之下"，
其结果就是使社会力量简单化——不是敌人就是朋友，没有一个缓冲的
地带，社会失去了调和的功能，"结果就只能有冲突，而冲突还是无结
果"，无法实现一个缓冲、妥协或调和的社会。⑤ 民众也未能形成一种
强大的力量，要求现政权下台而让他们这些自由主义者上台执政。随着
国共内战局势的明朗，中国的自由主义知识分子在失望之余开始分化，
他们中的右翼投靠了国民党，中、左翼逐渐接受了中国共产党的领导。

①　商治：《政治民主与经济民主》，《世纪评论》第 1 卷第 11 期，1947 年 3 月 15 日。
②　戴世光：《中国经济向何处去?》，《观察》第 1 卷第 10 期，1946 年 11 月 2 日。
③　郑林庄：《经济正义与社会安全》，《观察》第 2 卷第 3 期，1947 年 3 月 15 日。
④　周钟歧：《论革命》，《观察》第 1 卷第 22 期，1947 年 1 月 25 日。
⑤　朱光潜：《自由分子与民主政治》，《观察》第 3 卷第 19 期，1948 年 1 月 3 日。

自由主义理想在中国的最终幻灭，有其历史必然性。

首先，近代中国缺乏自由主义者生存、发展的政治环境，自由主义循序渐进的改革方式在动荡的政治环境下根本得不到保障。自由主义的核心价值和思想内涵是强调以理性为基础的个人自由，主张维护个性的发展，认为国家存在的根本目的是为了保障个人的自由和权利。但在民族危机日益加深的紧要关头，国人对民族解放、国家强大的渴望远远超过对个人自由、民主、权利的追求。

其次，近代自由主义思潮未能继承和融合中国传统文化。部分自由主义者甚至主张全盘西化、彻底否定传统。历史证明，任何思想文化的发展都离不开传统，来自西方的自由主义思想，只有与中国传统文化相融合，才能获得中国民众的传统文化心理的支撑，才能在中国的土壤中生根发芽。没有被任何改造的西方自由主义观念生硬植入中国，生活在传统习惯中的中国民众难以断然接受这"进口"思想。

最后，近代中国不具备自由主义生长的经济基础和社会基础。自由主义的产生和发展，需以稳定的市场经济和权利意识彰显的市民阶级为前提，近代中国显然不具备这些必要条件。官僚买办资本横行的半殖民地半封建社会，大多数民众都是农民无产阶级，不可能产生强大的中产市民阶层，代表其利益的自由主义很难从社会政治思想中得到支持和发展。此外，近代中国的自由主义者大多是"个人主义者"，轻视群众，不愿"俯下身"发动群众，其主张缺乏广泛的社会支持，失败也就在所难免。

2. 马克思主义影响日益扩大

抗战胜利后，国民党政权迅速腐败。缺乏约束的接管官员各谋私利、滥用权力，给收复区人民留下极坏的印象，当时称之为"三洋开泰"（爱东洋、要西洋、捧现洋）、"五子登科"（房子、条子、票子、车子、婊子）。国民党在政治上逐渐失去民心，"二十几天时间，几乎把京沪一带的人心丢光了"。共产党则声称建立一个没有腐败的真正民主的新政府，中共解放区也表现出惊人的活力并不断壮大，人们对中共的认识和态度有了较大变化，开始有意识地了解、认同马克思主义。

研究、宣传马克思主义是中共的重要活动，抗战胜利后，中共更是有意识地强化马克思主义对于社会大众的影响力。在国统区，中共地下组织在上海、武汉、北平、广州等大城市建立进步书店，专门出版销售进步书刊：骆驼书店 1946 年出版、1948 年再版罗稷南翻译的《马克思传》，读书生活出版社 1947 年出版郭大力翻译的《恩格斯传》，上海大用图书公司 1948 年出版周建人翻译的《新哲学手册》；民间出版社先后出版林若译的《共产主义原理》、林超真（即郑超麟）译的《马克思恩格斯书信选》和《马克思致顾格曼的信》，上海文源出版社先后出版曹真译的《社会主义》和《费尔巴赫》、梁武译的《新哲学典范》和《新经济学典范》，《共产党宣言》出版、重印 40 余次。新解放区，战争刚一结束，马克思主义著作和中共宣传资料就开始发放。富平解放战，前线还在打枪，中共宣传人员就已经开始向群众宣传和发行革命图书，彭德怀风趣地称这种宣传活动"比炮弹还厉害"①。

自觉运用马克思主义来研究中国政治、经济、历史和文化的著作，这一时期也大量涌现。较具代表性的有吕振羽的《简明中国通史》、范文澜的《中国通史简编》、翦伯赞的《中国史纲》、侯外庐的《中国古代思想学说史》《中国近代思想学说史》、何干之的《近代中国启蒙运动史》、胡绳的《帝国主义与中国政治》、邓初民的《中国社会史教程》、王亚南的《中国经济原论》等。

随着对马克思主义认识的加深和对战后国统区现状的不满，知识分子开始倾向于中国共产党领导的社会主义，"社会主义不仅被看作实现经济正义的手段，而且也被视为经济发展的合理模式"，"在资本主义的社会里，虽有经济的自由，却尢经济的正义。在社会主义的国家里，则正因为有了经济正义，才能让社会安定。……我们相信，经济正义和社会安全终是当前社会发展的主潮。同时我们更相信，凡是赶不上潮流的，终必被时代所淘汰"②。至于"政权更迭"的道路，则为马克思主义倡行的联合社会上的"被剥削阶层"，"向剥削者阶层以和平的或战争的手段，夺取政权，根绝或限制剥削者的权利，以保障被剥削者的生命、健康与自由"③。马克思主义经典著作及进步书刊也成了国统区知

① 中央编译局马恩室编：《马克思恩格斯著作在中国的传播》，人民出版社 1983 年版，第 332 页。

② 郑庄林：《经济正义与社会安全》，《观察》第 2 卷第 3 期，1947 年 3 月 15 日。

③ 樊弘：《只有两条路》，《观察》第 4 卷第 16 期，1948 年 4 月 10 日。

识分子尤其是青年学生的必备阅读物，据《上海文化》1946 年的调查，青年知识分子最喜爱看的杂志包括《周报》《西风》《文萃》《家庭》《民主》《科学画报》《女声》《宇宙》等①，这些报刊大多为进步刊物，有的本身就是中共地下组织创办的刊物。

出于对马克思主义、社会主义道路的向往，大批爱国知识分子从国统区奔赴中共领导的解放区，积极投身到中国革命的熔炉里。据统计，仅 1948 年 8 月，就有 1700 名来自上海、北平和天津等国统区的城市学生奔往解放区②；各民主党派负责人及无党派爱国人士也纷纷从国统区经香港坐船前往东北陆续进入解放区，通过这种方法到达解放区的各界人士在 350 人以上。③ 全国解放后，马克思主义成为中国人民政治生活中的一个重要组成部分。

四　相关阅读书目

1. 胡汉民：《论所谓法西斯蒂》，中兴学会 1935 年版。

2. 《新生活须知》，上海文华美术书店 1936 年版。

3. 《梁漱溟全集》，山东人民出版社 1990 年版。

4. 姜念东等：《伪满洲国史》，大连出版社 1991 年版。

5. 中央教科所编：《中国现代教育大事记》，教育科学出版社 1988 年版。

6. 张静如、卞杏英主编：《国民党统治时期中国社会之变迁》，中国人民大学出版社 1993 年版。

---

① 张静如、卞杏英主编：《国民党统治时期中国社会之变迁》，中国人民大学出版社 1993 年版，第 238 页。

② ［美］杰克·贝尔登：《中国震撼世界》，外文出版社 2003 年版，第 503 页。

③ 金冲及：《周恩来传》第二册，中央文献出版社 1998 年版，第 941 页。

参考文献

一 文献资料

[1]《周易》，中华书局十三经注疏本 1980 年版。

[2]《庄子》，山西古籍出版社 2003 年版。

[3]《左传》，岳麓出版社 1988 年版。

[4]《国语》，中州古籍出版社 2010 年版。

[5]《礼记正义》，上海古籍出版社 1990 年版。

[6]《论语集释》，中华书局 1990 年版。

[7]《中庸》，中华书局 2015 年版。

[8]《荀子》，中华书局 1963 年版。

[9]（春秋）晏婴：《晏子春秋》，中华书局 1985 年版。

[10]（汉）司马迁：《史记》，中华书局 1975 年版。

[11]（汉）班固：《汉书》，中华书局 1962 年版。

[12]（南朝宋）范晔：《后汉书》，中华书局 1965 年版。

[13]（西晋）陈寿：《三国志》，中华书局 2013 年版。

[14]（西汉）陆贾：《新语》，艺文印书馆 1970 年版。

[15]（东汉）王充：《论衡》，上海人民出版社 1974 年版。

[16]《淮南子》，中华书局 2009 年版。

[17]（战国）商鞅：《商君书》，中华书局 2011 年版。

[18]（晋）葛洪：《抱朴子》，上海古籍出版社 1990 年版。

[19]（南朝梁）沈约：《宋书》，中华书局 1974 年版。

[20]（南朝梁）刘勰：《文心雕龙》，上海古籍出版社 2008 年版。

[21]（唐）张彦远：《法书要录》，辽宁教育出版社 1998 年版。

[22]（唐）姚思廉：《梁书》，中华书局 1973 年版。

[23]（北齐）魏收：《魏书》，中华书局 1974 年版。

[24]（南朝梁）萧统：《文选》，中华书局 1977 年版。

[25]（唐）刘知几：《史通新校注》，重庆出版社 1990 年版。

[26]（唐）房玄龄等：《晋书》，中华书局 1982 年版。

[27]（南朝宋）刘义庆：《世说新语》，浙江古籍出版社 1999 年版。

[28]（唐）吴兢编著：《贞观政要》，上海古籍出版社 1999 年版。

[29]（唐）李延寿撰：《北史》，中华书局 1974 年版。

[30]（唐）杜佑：《通典》，中华书局 1984 年版。

[31]（宋）欧阳修：《新唐书》，中华书局 1975 年版。

[32]（唐）魏征：《隋书》，中华书局 1973 年版。

[33]（唐）柳宗元：《柳河东全集》，北京燕山出版社 1996 年版。

[34]（唐）刘禹锡：《刘禹锡诗文选注》，陕西人民出版社 1982 年版。

[35]（北宋）司马光：《资治通鉴》，中华书局 2007 年版。

[36]（清）王夫之：《宋论》，商务印书馆 1979 年版。

[37]（元）脱脱等：《宋史》，中华书局 1977 年版。

[38]（宋）王栐：《燕翼贻谋录》，台北商务印书馆 1979 年版。

[39]（清）张伯行辑：《周濂溪集》，康熙四十七年正谊堂本。

[40]（宋）朱熹编：《河南程氏遗书》，商务印书馆 1935 年版。

[41]（宋）朱熹：《四书集注》，三秦出版社 1998 年版。

[42]（宋）张载：《张子全书》，商务印书馆 1935 年版。

[43]（宋）李心传：《建炎以来系年要录》，中华书局 2013 年版。

[44]（宋）陆游：《渭南文集》，北京图书馆出版社 2004 年版。

[45]（明）丘浚：《大学衍义补》，京华出版社 1999 年版。

[46]（宋）陆九渊：《陆九渊集》，中华书局 2008 年版。

[47]（明）宋濂等：《元史》，中华书局 1976 年版。

[48]（元）虞集：《道园学古录》，商务印书馆 1937 年版。

[49]（元）陶宗仪：《南村辍耕录》，中华书局 1959 年版。

[50]（宋）徐梦莘：《三朝北盟会编》，大化书局 1979 年版。

[51]（明）魏良辅：《南词引证》，嘉靖二十六年（公元 1547 年）文
征明手抄本。

［52］（清）张廷玉：《明史》，中华书局 1974 年版。

［53］赵尔巽等编：《清史稿》，中华书局 1977 年版。

［54］（清）张伯行：《思辨录辑要》，商务印书馆 1936 年版。

［55］（清）黄宗羲：《明儒学案》，中华书局 2008 年版。

［56］（明）王阳明：《王阳明全集》，上海古籍出版社 2014 年版。

［57］（明）张羽：《静居集》，《四部丛刊三编集部》影印本，上海书店 1986 年版。

［58］（清）顾炎武：《日知录》，巴蜀书社 1992 年版。

［59］（清）王夫之：《读通鉴论》，中华书局 1975 年版。

［60］（清）钱大昕：《潜研堂文集》，商务印书馆 1936 年版。

［61］《康熙与罗马使节关系文书》影印本，北平故宫博物院 1936 年版。

［62］《明太祖实录》，中华书局 1962 年版。

［63］陈登原：《国史旧闻》，中华书局 1980 年版。

［64］徐世昌：《清儒学案》，中国书店 2012 年版。

［65］梁启超：《饮冰室合集》，中华书局 1994 年版。

［66］（清）龚自珍：《定庵文集》，辽宁人民出版社 1998 年版。

［67］《林则徐诗文选注》，上海古籍出版社 1978 年版。

［68］（清）魏源：《海国图志》，巴蜀善成堂 1887 年版。

［69］（清）王韬：《扶桑游记》，湖南人民出版社 1982 年版。

［70］（清）徐继畲：《瀛寰志略》，上海书店出版社 2001 年版。

［71］（清）王韬：《弢园文录外编》，上海书店出版社 2002 年版。

［72］（清）容闳：《西学东渐记》，岳麓书社 1985 年版。

［73］（清）冯桂芬：《校邠庐抗议》，光绪丁酉岁聚丰坊校刻本。

［74］朱维铮校注：《梁启超论清学史二种》，复旦大学出版社 1985 年版。

［75］（清）曾国藩：《曾文正公全集》，上海鸿宝书局 1938 年版。

［76］王栻主编：《严复集》，中华书局 1986 年版。

［77］康有为：《康有为全集》，中国人民大学出版社 2007 年版。

［78］谭嗣同：《谭嗣同全集》，中华书局 1981 年版。

［79］李华兴编：《梁启超选集》，上海人民出版社 1984 年版。

［80］汤志钧编：《康有为政论集》，中华书局 1981 年版。

［81］沈鹏等编：《梁启超全集》，北京出版社 1999 年版。

［82］苑书义等主编：《张之洞全集》，河北人民出版社 1998 年版。

［83］夏东元编：《郑观应集》，上海人民出版社 1988 年版。

［84］刘晴波、彭国兴编：《陈天华集》，湖南人民出版社 2011 年版。

［85］中国社科院近代史所等编：《孙中山全集》，中华书局 2011 年版。

［86］汤志钧编：《章太炎政论选集》上册，中华书局 1977 年版。

［87］孙嘉璐编：《籀廎述林　孙诒让全集》，中华书局 2010 年版。

［88］王国维：《王国维文集》，中国文史出版社 1997 年版。

［89］高平叔编：《蔡元培全集》，中华书局 1953 年版。

［90］欧阳哲生编：《胡适文集》，北京大学出版社 1998 年版。

［91］耿云志、欧阳哲生编：《胡适书信集》，北京大学出版社 1996
　　年版。

［92］蔡元培：《孑民自述》，江苏人民出版社 1999 年版。

［93］新潮社编：《蔡孑民先生言行录》，北京大学出版部 1920 年版。

［94］陈独秀：《陈独秀文章选编》，生活·读书·新知三联书店 1984
　　年版。

［95］汤志钧编：《章太炎政论选集》，中华书局 1977 年版。

二　资料汇编

［1］《马克思恩格斯选集》，人民出版社 1995 年版。

［2］中国史学会编：《太平天国》，上海人民出版社 2000 年版。

［3］中国史学会编：《洋务运动》，上海人民出版社 1961 年版。

［4］中国史学会编：《戊戌变法》，上海人民出版社 1961 年版。

［5］中国第二历史档案馆编：《中华民国史档案资料汇编》，江苏古籍
　　出版社 1998 年版。

［6］中央档案馆编：《中共中央文件选集》，中共中央党校出版社 1991
　　年版。

［7］彭明主编：《中国现代史资料选辑》，中国人民大学出版社 1989
　　年版。

［8］陕西师范大学教育研究所编：《陕甘宁边区教育资料》（社会教育
　　部分），教育科学出版社 1981 年版。

［9］　日本外务省编：《日本外交年表及主要文书》，原书房 1969 年版。

［10］　中央教科所编：《中国现代教育大事记》，教育科学出版社 1988 年版。

［11］　北京市档案馆编：《日伪北京新民会》，光明日报出版社 1989 年版。

［12］　故宫博物院明清档案部编：《义和团档案史料》，中华书局 1959 年版。

［13］　中国第一历史档案馆编辑部：《义和团档案史料续编》，中华书局 1990 年版。

［14］　中国史学会编：《义和团》，上海人民出版社 2000 年版。

［15］　王学珍、郭建荣主编：《北京大学史料》，北京大学出版社 2000 年版。

［16］　高军编：《中国社会性质问题论战资料选辑》，人民出版社 1994 年版。

三　学术著作

［1］　胡汉民：《论所谓法西斯蒂》，中兴学会 1935 年版。

［2］　冯雪峰：《社会的作家论》，光华书局 1930 年版。

［3］　鲁迅：《鲁迅经典杂文集》，吉林出版集团有限责任公司 2010 年版。

［4］　萧枫主编：《唐诗宋词全集》，中国文史出版社 2001 年版。

［5］　薛洪绩、李伟实：《元明清短篇小说选》，吉林人民出版社 1981 年版。

［6］　郭学德：《中国法制史》，中国经济出版社 2000 年版。

［7］　刘琴：《悠悠古今》，广西人民出版社 1999 年版。

［8］　牟宗三：《智的直觉与中国哲学》，台北商务印书馆 2000 年版。

［9］　余英时：《中国思想传统的现代诠释》，江苏人民出版社 1989 年版。

［10］　赵又春：《论语名家注读辩误》，岳麓书社 2012 年版。

［11］　罗家伦：《历史的先见：罗家伦文化随笔》，学林出版社 1997 年版。

［12］　田秀芳编著：《简读中国文化》，黄山书社 2009 年版。

［13］　葛兆光：《中国思想史》，复旦大学出版社 1998 年版。

［14］魏向东等：《中国古代文化史》，苏州大学出版社 1998 年版。

［15］张自慧：《礼文化的价值与反思》，学林出版社 2008 年版。

［16］张维青、高毅清：《中国文化史》，山东人民出版社 2002 年版。

［17］武树臣、李力：《法家思想与法家精神》，中国广播电视出版社 2007 年版。

［18］冯天瑜、何晓明、周积明：《中华文化史》，上海人民出版社 1997 年版。

［19］周山主编：《中国学术思潮史纲》，上海社会科学出版社 2008 年版。

［20］顾颉刚：《秦汉的方士与儒生》，上海古籍出版社 1978 年版。

［21］张全新：《塑造论哲学之政治学哲学论证》，山东人民出版社 2005 年版。

［22］金春峰：《汉代思想史》，中国社会科学出版社 2006 年版。

［23］庄华峰：《魏晋南北朝社会》，安徽人民出版社 2009 年版。

［24］宗白华：《美学散步》，上海人民出版社 1981 年版。

［25］林岷：《中国文化史概论》，中国科学技术出版社 2005 年版。

［26］戴明扬：《嵇康集校注》，人民文学出版社 1962 年版。

［27］王俊奇：《魏晋南北朝体育文化史》，北京体育大学出版社 2010 年版。

［28］路浩青：《心若莲花处处开：跟着南怀瑾悟佛学》，新世界出版社 2012 年版。

［29］范文澜：《中国通史简编》（修订本），人民出版社 1964 年版。

［30］林红、王镇富：《中外文化的冲突与融合》，山东大学出版社 2010 年版。

［31］邓宝剑、王怡琳：《集古录跋尾》，人民美术出版社 2010 年版。

［32］贾植芳、李东：《历代名家尺牍新钞》，文汇出版社 1992 年版。

［33］李克强：《古代自叙传文精选》，广西师范大学出版社 2011 年版。

［34］孙亦平：《中国思想家评传丛书　杜光庭评传》，南京大学出版社 2011 年版。

［35］李清凌：《中国文化史》，高等教育出版社 2002 年版。

［36］常青：《中华文化通志》，上海人民出版社 1998 年版。

［37］王介南：《中外文化交流史》，书海出版社 2004 年版。

［38］王小甫、范恩实、宁永娟：《古代中外文化交流史》，高等教育出版社 2006 年版。

［39］胡世庆、张品兴：《中国文化史》，中国广播电视出版社 1991 年版。

［40］刘祯：《勾栏人生》，河南人民出版社 2000 年版。

［41］冯友兰：《中国哲学史》，商务印书馆 2011 年版。

［42］李海清：《当代中国改革路向》，中央党校出版社 2012 年版。

［43］张立文等：《中国学术通史》（宋元明卷），人民出版社 2004 年版。

［44］钱穆：《中国近三百年学术史》，商务印书馆 1997 年版。

［45］陈胜利、茅家琦主编：《南京经济史》，中国农业科技出版社 1996 年版。

［46］吴立群：《吴澄理学思想研究》，上海大学出版社 2011 年版。

［47］江文汉：《中国古代基督教及开封犹太人》，知识出版社 1982 年版。

［48］孙悟湖：《汉族、藏族、蒙古族宗教思想文化交流研究》，中央民族大学出版社 2006 年版。

［49］苏鲁格、宋长红：《中国元代宗教史》，人民出版社 1994 年版。

［50］赖新元主编：《中国通史》，延边人民出版社 2000 年版。

［51］白寿彝总主编，陈得芝主编：《中国通史》，上海人民出版社 2013 年版。

［52］徐季子、姜光斗主编：《中国古代文学》，华东师范大学出版社 2009 年版。

［53］上海师范大学历史系：《中国古代史辅导讲座》，福建人民出版社 1985 年版。

［54］龚书铎：《求是室文集》，社会科学文献出版社 2011 年版。

［55］袁晓国主编：《中国历史文化》，高等教育出版社 2006 年版。

［56］张岂之主编：《中国思想文化史》（修订版），高等教育出版社 2013 年版。

［57］南炳文、何孝荣、陈安丽：《明代文化研究》，人民出版社 2005 年版。

［58］李泽厚：《中国近代思想史论》，人民出版社 1979 年版。

［59］张绍军、孙燕京主编：《中国近代文化史》，中华书局 2012 年版。

［60］曾长秋、周含华编著：《中国思想通史纲要》，湖南人民出版社

2013 年版。

[61] 陈旭麓：《近代中国社会的新陈代谢》，上海社会科学院出版社 2006 年版。

[62] 刘诚等：《毛泽东邓小平现代化理论研究　20 世纪中国现代化的历史考察》，青海人民出版社 2001 年版。

[63] 李时岳：《近代中国反洋教斗争》，人民出版社 1958 年版。

[64] 张力等：《中国教案史》，四川省社会科学院出版社 1987 年版。

[65] 陈振江、程清：《义和团文献辑注与研究》，天津人民出版社 1985 年版。

[66] 钱仲联：《人境庐诗草笺注》，上海古籍出版社 1981 年版。

[67] 张宪文等：《中华民国史》，南京大学出版社 2005 年版。

[68] 萧超然：《北京大学与五四运动》，北京大学出版社 1995 年版。

[69] 高军等：《中国现代政治思想评要》，华夏出版社 1990 年版。

[70] 李景彬、邱梦英：《周作人评传》，重庆出版社 1996 年版。

[71] 元青：《杜威与中国》，人民出版社 2001 年版。

[72] 张静如、卞杏英主编：《国民党统治时期中国社会之变迁》，中国人民大学出版社 1993 年版。

[73] 金冲及：《周恩来传》，中央文献出版社 1998 年版。

[74] ［美］杰克·贝尔登：《中国震撼世界》，外文出版社 2003 年版。

[75] ［美］德雷克：《徐继畬及其〈瀛寰志略〉》，任复兴译，文津出版社 1990 年版。

[76] ［美］德克·卜德：《中国物品西传考》，孙西摘译，见《中国文化》第二辑，复旦大学出版社 1985 年版。

[77] ［英］威尔斯：《世界简史》，相德宝译，安徽人民出版社 2003 年版。